中共武汉市委党校（武汉市行政学院）学术著作出版项目资助出版

社会共识论

朱玲琳　著

WUHAN UNIVERSITY PRESS
武汉大学出版社

图书在版编目(CIP)数据

社会共识论/朱玲琳著．—武汉:武汉大学出版社,2022.11
ISBN 978-7-307-23256-3

Ⅰ.社…　Ⅱ.朱…　Ⅲ. 认识论—研究　Ⅳ.B017

中国版本图书馆 CIP 数据核字(2022)第 149051 号

责任编辑:韩秋婷　　责任校对:鄢春梅　　版式设计:马　佳

出版发行:**武汉大学出版社**　(430072　武昌　珞珈山)
(电子邮箱:cbs22@whu.edu.cn 网址:www.wdp.com.cn)
印刷:武汉中科兴业印务有限公司
开本:720×1000　1/16　印张:16.5　字数:235 千字　插页:1
版次:2022 年 11 月第 1 版　　2022 年 11 月第 1 次印刷
ISBN 978-7-307-23256-3　　定价:58.00 元

目　　录

导　言

第一节　选题意义和目的

人类从自然中分化伊始，其实践就不仅表现为人与自然之间的联系，同时也表现为人与人之间的关系。“人与人之间的关系是近乎无限丰富多样的，它们展现着社会生产、社会生活和社会交往活动所具有的多样性和丰富性：经济的、政治的、思想的、文化的、审美的、艺术的、宗教的……它们各自从一定侧面，表现着人类社会生活的不同方面和层次。”①在这种丰富多样的社会生产、生活尤其是社会交往中，人们总是会面临着共识能否达成的难题。或许我们可以说在传统社会中，如古希腊哲人倾向于相信他们所生活的世界有一个共同、超验的本源，但是在充满着各种差异、分化和冲突的现代社会中，共识能否达成的难题越来越凸显出来(更何况即使是在古希腊，人们也仍然存在着“存在难以被言说”的困境)。“与传统社会结构完全相反，现代社会结构的典型恰恰是‘异质性’和‘分化性’。”②在异质性和分化性的现代社会中，人们在社会生活的经济、政治、思想文化等各个层面都可能产生分歧甚至冲突。

尤其是处在急剧的现代化转型过程中的中国社会，社会结构的异质性和分化性表现得更为突出。其一，利益诉求的多元化。社会结构分化带来

---

① 欧阳康. 社会认识论导论[M]. 北京：中国社会科学出版社，2010：218.
② 贺来. 道德共识与现代社会的命运[J]. 哲学研究，2011(5)：25-30.

了不同的利益主体以及主体的不同利益诉求，低收入群体、中产阶级与高收入群体之间，东部、中部与西部地区之间都存在着利益差异，个人也存在着长期利益与短期利益、个人利益与公共利益的差异，等等。其二，意识形态的多样性。在当代中国，新自由主义、新左派、民主社会主义、后现代主义、无政府主义、民粹主义等意识形态和社会思潮与马克思主义的交锋从未停止过，形成了一幅各种社会意识争锋交错的重要理论景观。其三，文化的多样化。传统中国社会相对比较单一的文化价值观念被打破，然而新的统摄性的价值观仍在建立之中，更何况现代社会已经不可能建立起高度同质化的文化观念。这些都影响到中国社会共识的实现。当然，如果只是私人交往过程中的分歧或者争端，悬置争议、一方妥协都是可供选择的处理方式，没有必要一定求得共识，但对于整个社会来说，没有一定程度的共识，社会生活、社会交往将面临诸多障碍。如何化解各种社会矛盾和冲突？如何才能保证社会的长治久安？如何使社会成为一个稳定、有序、和谐的社会？对这些问题的回答都涉及社会共识的达成问题。本书将立足于实践，以共识作为研究的视角与逻辑切入点，针对当今社会转型过程中的诸多社会矛盾和冲突，通过对社会共识理论的哲学探讨与反思，思考如何在社会中包容差异、实现适度共识，以促进社会和谐有序地发展。

从实践来看，社会共识问题的研究具有重大的现实意义。

其一，其有助于协调矛盾和利益冲突。马克思主义认为，人们在社会实践交往中最首要的是物质资料的生产，并指出人们各自利益诉求的客观性和正当性，“人们为之奋斗的一切，都同他们的利益有关”，①但是，由于阶级、身份等诸多差异，人们的利益诉求也会不同。我国近年来诸如拆迁、PX 项目等重大项目导致的激烈的利益冲突，就是不同的利益诉求所带来的，通过妥协或强制的方式固然也是协调利益冲突的手段，但在现代社会中，诉诸理性沟通，达成基本利益共识乃根本之道。

其二，其是整合多元文化价值冲突的选择。在现代社会中，从理论上

① 马克思恩格斯全集(第 1 卷)[M]. 北京：人民出版社，1995：187.

看，各种哲学学说、宗教学说、政治学说等都提出自己的价值观念。而从实践上来说，社会生活层面上的诸如风俗习惯、生活方式、行为方式等文化样态都表现出多样化的特征，对“个性”“自我”的追求已经为人们所普通接受。文化的多元化带来了精彩纷呈的世界，但同时也不可避免地导致各种文化价值观念的冲突，如果价值观念只涉及私人生活，与公共生活无涉，则不需要达成共识，但在公共交往中，在认同社会核心价值观的基础之上达成一定程度的共识，成为整合多元文化价值的有效手段。

其三，其是建设和谐社会、实现伟大中国梦的内在要求。和谐社会应该是“倡导共识、尊重差异、对话沟通、包容多元”的社会。和谐社会并不是要消除差异和矛盾，也不是传统的总体性的“同质社会”，而是人们在摆脱思想、道德、宗教等方面的绝对外在权力束缚的基础上，通过理性的对话和沟通，相互理解，达成一定程度的共识，减少由于缺乏共识所引起的道德失范、诚信缺失、信任危机、人际交往异化等现象，最终实现建设和谐社会、实现中国梦的伟大目标。

从理论上看，社会共识研究还具有以下方面的理论意义。

首先，对社会共识问题的研究可以拓展有关共识问题研究的维度。虽然政治学和政治哲学对共识问题进行了较多研究，但研究对象主要集中在政治共识与价值共识上，共识不仅存在于政治领域与价值领域，而且存在于社会生活的方方面面，有必要对这些研究进行扩展和深化，以更加全面的视角把握共识的前提、基础、困境及出路。

其次，社会共识是社会认识的题中应有之义，同时也是唯物史观的重要范畴，是对历史唯物主义理论中社会实践交往问题的深化。我们可以利用历史唯物主义的基本理论、观点和方法去认识和把握人类社会发展的基本规律与特点，但我们更需要进一步深化研究复杂多变的社会现象、具体社会矛盾和冲突等问题背后的理论问题。而社会共识研究将立足于人类的实践活动，对社会有序、和谐发展的根本共识问题做出深层次的探讨。

最后，社会共识研究为社会冲突理论提供另一视角。从马克思的阶级斗争的学说到达伦多夫的现代社会冲突理论，都对冲突产生的根源、表现、功能、调解与化解等进行了充分的阐发。尤其是马克思站在人类历史解放的高度指出了消除社会冲突的最终途径，就是在生产力高度发达的前提下，无产阶级通过革命，在解放自身的同时解放全人类，实现每个人的自由和全面发展。但是，当下中国社会还远远没有达到生产力高度发达的状态，并且当前的社会矛盾主要也不再表现为阶级矛盾，在这种情况下如何实现一个稳定、有序的发展生产力的社会环境是我们需要对马克思的冲突理论加以深化研究的问题。相对于强制(甚至是革命)等手段来说，达成社会共识以化解矛盾冲突无疑是其中更好的途径，从共识的角度来看社会冲突问题，我们可以发现新的视角，拓宽研究视野。

第二节　国内外研究现状述评

国内外关于共识问题的研究涉及哲学、政治学、社会学、人类学、管理学、心理学等学科，研究对象有社会共识、民族共识、价值共识、正义共识、政治共识、道德共识、文化共识，尤其是对于正义共识与价值共识问题，许多学者从政治哲学和政治学角度进行了研究，取得了较为丰硕的研究成果。

一、国外的研究

在政治学、政治哲学以及文化人类学的视野中，基本共识在价值多元的社会中是否存在，以及如果存在将如何达成，一直是许多学者关注的问题。从最近 30 年来的研究看，持彻底多元论观点的学者如 Connolly (1991)，Honig (1993)，Young(1996)、Mouffe(2000)、Nicholas Rescher (2005)、Nico Krisch(2011)认为，人们在价值、认知、利益等诸方面都是多元的，没有必要也不可能达成共识，比起共识，他们更重视差异、歧见，基于此，他们批评共识论及自由主义的普遍主义观念。也有学者从跨文化研究的角度提出共识的不可能。如维特根斯坦的“家族相似”、蒯因的“翻译的不确定性原则”、库恩的“不可公度性理论”、利奥塔的“异识”概念等，都认为不同语言文化之间达成共识是不可能的。

但是，更多学者却认为共识有必要并且可能达成，他们对共识的研究大致可以分为四类。

第一类走的是霍布斯、卢梭等古典契约论者所留下的路线，他们可以被称为现代契约论者。在他们看来，可以用社会契约来代替共识，例如Albert Weale(2013)就认为人们可以通过协商达成共识，形成某种契约，虽然他并没有强调现代民主国家是起源于社会契约，但是他认为某些共同体确实是在一些经验的社会契约基础之上进行管理的，在这些共同体中要调和“相互独立、冲突的利益以保证共同利益的实现”①就需要社会契约，因此他认为社会契约是一个伟大社会(great society)的基础。

第二类是在协商民主理论和共识民主理论的语境中研究共识。协商民主理论者大多是哈贝马斯的追随者，他们在对其协商民主理论的论述中，对共识的作用予以充分的肯定。在他们那里，民主不能简单地通过计算投票来获得，而是应该通过各方协商，最后实现真诚、理性的共识或一致同意。这些学者大多认可共识(尤其是政治共识)对于实现民主、实现政治合法性以及对社会稳定起到积极的促进作用(Berg，Kjar，2007；Hansen，2008)。而在共识民主理论中，共识更被看作是民主的要义和需要追求的目标。当然，由于一致同意和理性共识被认为过于理想化而难以实现，许多协商民主学者(包括哈贝马斯本人)在后来的研究中也开始承认妥协、谈判在协商中的重要作用，以使得其理论更具有现实性。但是，这并不意味着他们放弃了共识，相反，他们提出了许多与理想的共识相关的概念。例如 Alfred Moore 和 Kieran O’Doherty (2012)提出了“明显共识”的概念，来说明在未取得全体一致同意的情况下可以接受的结果；Jane Mansbridge 等(2010)认为协商的首要目标并不一定是要实现实质的共识，并就此提出了四种非哈贝马斯传统的共识手段，即“聚集、不完全理论化的一致意见、

① Albert Weale. Democratic Justice and the Social Contract[M]. New York：Oxford University Press，2013：xii.

综合谈判、完全合作分配的谈判”，而“这四种形式都最终仍实现某种形式的共识，即参与者的真实同意，其结果是好的或者公平的”。① 而美国学者Christian List(2002)区分了两种共识：实体层面的共识(agreement at a substantive level)与元层面的共识(agreement at a meta-level)，前者指两个及以上个体的偏好及观点相同，后者指两个及以上的个体在某一问题得以概念化的共同维度上达成一致。二者的关系在于，人们可能会在元层面上达成完美一致，但同时在实体层面对此维度最偏好的立场是什么这一问题上却不一致。② 并且他把罗尔斯的重叠共识的理念归入实体层面共识概念的特殊情形。澳大利亚学者约翰·德雷泽克(John S. Dryzek)和西蒙·奈尔米亚(Simon Niemeyer)(2006)则在此基础上更进一步，对价值、信仰和偏好上的多元主义所能达到的元共识进行了论证。他们认为多元主义属于简单的层面，而共识则属于元层面。共识首先意味着对要做的事情的同意，但同时共识又指有助于解释某种偏好的价值和信念。据此，德雷泽克和奈尔米亚认为共识应该分为三类：(关于价值的)规范性共识、(对政策产生影响的信念的)认知性共识和(关于应该如何行事的同意程度的)偏好共识。并且认为这三类共识都相应地对应着“元共识”的成分。如规范性元共识是指在某种价值合法性的认同上具有一致意见，但并未发展到在给定的多种价值中哪一个应该优先的问题上形成一致意见。③ 认知性元共识是指在冲突性信念的可靠性以及定义所涉及问题的标准的相关性上所达成的一致。④ 偏好性元共识是指对可选的相互冲突的选项的本质所达成的一致意见，包括两个方面，一是涉及可接受的选项的限度(例如在宪法或法律限制范围

① Jane Mansbridge, et al. The Place of Self-interest and the Role of Power in Deliberative Democracy[J]. Journal of Political Philosophy, 2010, 18(1): 64-100.

② Christian List. Two Concepts of Agreement[J]. The Good Society, 2002, 11(1): 72-73.

③ John S. Dryzek, Simon Niemeyer. Reconciling Pluralism and Consensus as Political Ideals[J]. American Journal of Political Science, 2006, 50(3): 634-649.

④ John S. Dryzek, Simon Niemeyer. Reconciling Pluralism and Consensus as Political Ideals[J]. American Journal of Political Science, 2006, 50(3): 634-649.

内)，二是涉及可选项建构方式的有效性(例如在所有选项中，可能只涉及一个最重要的维度作为衡量偏好的标准，也可能同时涉及规范性共识和认知共识)。① 由此，在共识与多元之间进行了调和。②

第三类是温和的多元论者视域中的共识观点，也可以称为自由主义多元论。自由主义多元论学者主要有罗伯特·达尔(Robert Dahl)、约翰·斯图亚特·穆勒(John Stuart Mill)、伯林(Berlin)、盖尔斯敦(Galston)和罗尔斯。这些学者的观点不尽相同，例如伯林强调多元性及根本价值的不可通约性，盖尔斯敦则认为多元性本身就是一种内在的价值，而不是需要克服的问题，多元主义并不必然导致相对主义，等等。但这些学者共同的特点在于，并未走向绝对的多元主义，正如盖尔斯敦所指出的，"尽管多元主义并不把社会和平与稳定看作是所有情形中占统治地位的善，但是仍承认这些善通常有助于构建一种能达致其他的善的框架"，③ 并且他指出多元论并不摒弃公民团结，而是对团结的要求和多样性的主张之间的关系作出独特的理解。对于多元性所面临的冲突如何解决的问题，伯林和盖尔斯敦采用了一种实用主义的观点，主张在特定背景下作出实用的判断。

第四类是对文化共识的研究。文化共识理论(Culture Consensus Theory, CCT)是 Romney、Wellert 和 Batchelder 在 1986 年首先提出来的，他们认为文化共识理论不仅是一种理论，也是一种正式的数学模型。④ 在此之后，许多文化人类学者对其进行了研究。通过对被调查对象的一系列提问，其结果可以用于研究个体和群体两个方面的文化状况。一是个体的文化能

---

① John S. Dryzek, Simon Niemeyer. Reconciling Pluralism and Consensus as Political Ideals[J]. American Journal of Political Science, 2006, 50(3): 634-649.

② 这部分内容发表于：朱玲琳，欧阳康. 一元与多元之间的共识问题：引入"共识度"概念的考察[J]. 学习与实践，2013(11)：123-129.

③ Galston, William A. Liberal Pluralism: The Implications of Value Pluralism for Political Theory and Practice[M]. Cambridge: Cambridge University Press, 2002: 65.

④ Romney, A. Kimball, Susan C. Weller, William H. Batchelder. Culture as Consensus: A Theory of Culture and Informant Accuracy[J]. American Anthropologist, 1986(88): 313-338.

力，也就是个体知晓多少其所在的某一文化范围内的文化知识，或者说在多大程度上与其他人一样做出相同的理解。例如Susan C. Weller认为，“文化是一系列习得和共享的信念和行为，文化信念是群体的规范性信念。文化共识理论是一种类比手段和模型的集合，用于估量文化信念以及个体知晓或报告他们的文化信念的程度。文化共识理论猜测群体信念的一系列问题在文化上的正确答案，并且同时估量每个被调查者对答案的了解以及共享的程度。”①二是某一个文化范围内群体在多大程度上共享群体的文化，也就是对文化的共识程度。Linda C. Garro(2000)指出，“文化共识理论提供了一种方法论，用于测量在多大程度上个体受访对象能够被依赖于指引特定范围的文化知识池。其定位并不是要描绘个体层面的知识(或者语义学的记忆)，而是致力于最大可能地展示群体的知识。”②也有学者认为文化共识理论研究既关乎个体也关乎群体的状况。例如Kristina Jaskyte和William W. Dressler认为文化共识理论可以研究两个变量，“一种是完整的个体变量，只描述人类个体的特性；另一种是完整的整体变量，只研究人类群体的特性。……文化共识研究尤其适用于对完全描述了群体特性的那些个体信息中所收集到的数据进行提取。这样分析者就能够以一种可信并可复制的方式将其分析的单位从个体转向群体。”③需要注意的是，文化共识理论并不研究如何取得共识，而只是用于评测文化共识的状况。

除了以上对共识问题不同观点的大致分类外，在现代经济学理论中出现的社会选择理论，也为社会共识问题的研究提供了借鉴。社会选择理论是研究如何将个人偏好加总成社会选择的，由于它关注的是集体或社会行

① Susan C. Weller. Cultural Consensus Theory: Applications and Frequently Asked Questions[J]. Field Methods, 2007, 19(4): 339-368.

② Linda C. Garro, Remembering What One Knows and the Construction of the Past: A Comparison of Cultural Consensus Theory and Cultural Schema Theory[J]. Ethos, 2000, 28(3): 275-319.

③ Jaskyte, William W. Dressler. Studying Culture as an Integral Aggregate Variable: Organizational Culture and Innovation in a Group Nonprofit Organizations[J]. Field Methods, 2004(16): 265-284.

为的理性选择，因此在某种意义上可以看作是社会共识在实践层面的运用。在社会选择理论看来，在多元社会中，每个人都是自利的，而且都有自己的偏好，将这些不同甚至对立的偏好加以整合、形成多数人的集体决策是不可能的，民主只能是一个偏好的融合过程，即使产生了多数派的“共识”，这种共识也很可能是建立在忽略甚至无视一部分人的偏好的基础之上的。因此，社会选择理论从其创始人之一孔多赛的“孔多赛效应”开始，就连续出现诸如哈丁的“公地悲剧”理论、奥尔森的“集体行动困境”、阿罗的“社会选择不可能定理”、阿马蒂亚·森的“自由悖论”等，揭示了基于理性的社会选择的自身困境，甚至其是无法实现的。

二、国内的研究

国内学者对共识问题的研究大致分为两类，一类是对国外学者，尤其是对罗尔斯、哈贝马斯思想的介绍和解读，例如薛华的《哈贝马斯的商谈伦理学》(1989)、汪行福的《通向话语民主之路：与哈贝马斯对话》(2002)，章国锋的《关于一个公正世界的“乌托邦”构想：解读哈贝马斯〈交往行为理论〉》(2001)，艾四林、王贵贤、马超的《民主、正义与全球化：哈贝马斯政治哲学研究》(2010)，胡军良的《哈贝马斯对话伦理学研究》(2010)，等等，对哈贝马斯的思想进行了详细的解读与介绍；顾肃的《罗尔斯：正义与自由的求索》(1999)、万俊人的《政治哲学的视野》(2008)等则主要对罗尔斯的思想进行了介绍与评价。由于罗尔斯、哈贝马斯并不是直接就共识问题进行研究，因此这些专著也并未专门就共识问题进行介绍和分析，而只是将其作为罗尔斯和哈贝马斯众多研究成果中的组成部分进行研究。另一类是直接从我国的现实出发，从政治学、政治哲学或伦理学的角度研究政治共识或价值共识的构建，从目前所掌握的资料看，这类研究专著尚不多见，主要有《张洪兴文存》中的“社会共识论”、王文东的《当代中国发展语境中的正义共识研究》。更多的研究散见于学术期刊中，从不同角度对共识问题进行了研究。

关于共识问题研究的一个重要前提就是对共识这一概念的理解，有学者直接或间接将共识等同于认同，从主体性的角度出发，认为共识是人们所共有的某种价值准则，或者说是对某种规则、目标或价值的认同。如陈先达(2009)认为共识是人们对代表历史发展规律和进步趋向的价值观念的认可，是人类社会发展成果的积淀。马九福(2007)认为共识是指一定时代生活在一定的地理环境中的人们所共有的一系列理想信念、价值观念和规范准则。① 郑广永认为社会共识就是指全体社会成员对某个目标、某种价值观、某种判断的认同。② 吕元礼(2005)，郑维东、邹育根(2005)，袁峰(2008)，徐勇(2010)对政治共识的界定以及吴育林(2014)对价值共识的界定亦可归入这一类。

也有学者认为共识与认同之间存在差异，强调从主体间性的角度理解共识，把共识看作主体之间的一致认识或理解。沈湘平(2011)认为共识是不同利益、价值诉求的差异性个体、群体之间通过某种途径达到某种程度的理解与公度。③ 邓红蕾(2010)认为共识指两端或多方在某些见解上达成的一致认识。④ 张康之、张乾友(2010)认为共识是通过反复的沟通和理性的取舍而建构起来的意见一致。而认同则是某些人主动或被动放弃了自身的意向，而接受了他人的意向，将其作为共同的意向。⑤ 颜学勇、周美多(2011)认为共识是不同利益和价值观念之间围绕特定的议题，通过互相沟通、调整或妥协所达成的一种合意状态。⑥ 胡敏中(2008)、汪信砚(2009)对价值共识概念的界定，郜会远（2008）、周显信(2012)对政治共识的概

① 马九福. 略论和谐社会政治共识建设[J]. 华东理工大学学报(社会科学版)，2007，22(3)：63-66.

② 郑广永. 社会共识与建设社会主义和谐社会[J]. 党政干部学刊，2010(1)：10-13.

③ 沈湘平. 反思价值共识的前提[J]. 学术研究，2011(3)：5-8.

④ 邓红蕾. 论共识的“利益效应”——以先秦法家商、韩思想为例[J]. 江汉论坛，2010(4)：54-59.

⑤ 张康之，张乾友. 论共同行动的基础[J]. 南京农业大学学报(社会科学版)，2011，11(2)：79-87.

⑥ 颜学勇，周美多. 基于共识的治理：后现代情境下政策共识的可能性及其限度[J]. 电子科技大学学报(社会科学版)，2011，13(4)：19-25.

念界定可以归入这一类。

无论学界对共识的基本概念存在多大的差异，但对阻碍共识达成的因素，看法无外乎以下几方面：①利益因素，包括利益诉求多元化(李雪强、淦家辉、马九福，2007)、利益冲突常态化(马九福，2007)；②文化价值多样化，如马九福(2007)指出人们在文化上并没有统一的标准，每个人或团体、组织都有权选择自己认可的文化价值，这在信息化和全球化日益加深的今天尤其如此，李萍(2007)认为血缘主义及其影响下的道德相对主义的盛行是阻碍当今中国社会共识的重要因素；③社会组织形式多元化或者组织及结构差异化(马九福，2007)；④行为表现复杂化。另外，还有学者指出了共识达成的理论障碍，那就是实证主义对价值标准的客观有效性的指责(李咏梅，2010)。

对于共识如何达成，学者们提出了许多途径，大致可以分为两类。一是从主体的角度出发，认为应该培育主体的价值共识能力，包括培育主体独立、自由、平等的现代公民意识，价值宽容意识，价值认知能力和价值判断能力，共生、共赢的交往意识以及变通能力(安国强，2010；吴育林，2011)。有学者从哈贝马斯的基本观念出发，认为共识的达成必须依靠价值主体自身内部的力量，强调主体之间的平等性，因此应该利用交往、交流、对话、商谈、合作、民主抉择、公共性批判、公开化理性讨论与民主化抉择相结合的方法等(李雪强，2007；马九福，2007；胡敏中，2008；白鹏，2008；韩东屏，2010；李咏梅，2010；沈湘平，2011；吴育林，2011)，但也有学者认为共识主体的不平等往往是常态，在这种情况下，威胁、说服、妥协等强制的方式也可以成为达成共识的有效手段(颜学勇、周美多，2011)。二是从手段的角度出发。包括意识形态的建构式灌输、教化与渗透，思想文化的宣传，利益的调节与整合，外交上的斡旋，推动公民社会的建设，加强基层组织建设，等等(李雪强，2007；马九福，2007；胡敏中，2008；白鹏，2008；李咏梅，2010)。

此外，值得一提的是，社会共识离不开理解、解释、认同和交往，社会认识论的一系列研究成果也为社会共识问题提供了有益的基础和方法，如郑文先的博士论文《社会理解论》(1998)在意义得以可能的基础上展开的对社会解释的追问，为研究共识问题提供了前提性的理解。谷生然的《社会信仰论》(2009)探究一个文化共同体的普遍性的公共信仰，在某种意义上是社会在信仰层面所达成的共识。胡红声的《社会心态论》(2004)对一定社会普遍性和共同性的心理状态和发展态势进行探讨，为社会共识研究提供社会共同心态的切入点。邵南征的《社会道德论》(2011)对社会群体所具有的共同的道德属性进行分析，对社会共识问题的研究得以展开的维度以及构成社会共识的诸层次的分析提供了研究基础。栗志刚的《民族认同论》(2011)对所属民族的成员对自己所属的文化、族群的心理归属和情感认同相关问题的追寻，为研究共识与认同的关系问题提供了借鉴。张冉的《文化自觉论》(2010)对全球化时代世界各民族文化的自我认识、相互认识以及如何实现和谐共处问题的回答，杨玲的《文化交往论》(2010)对全世界范围内人类各民族或各国家发生在文化领域的交往实践活动是否可能以及何以可能等问题的考察，提供了跨文化的认识及交往的研究成果，为社会共识问题的研究方法提供了借鉴。

从国内外的研究来看，有关社会共识问题的研究呈现出以下特征：

第一，从国外的研究来看，对社会共识的研究主要集中在政治哲学、社会学及文化人类学这几个领域中，由于这些学科有特定的研究对象，因此对共识的研究存在着学科的差异，例如政治哲学研究的主题主要是政治共识，社会学研究的主题是狭义的社会共识，而文化人类学主要研究的是文化共识问题。但是，这些学科对共识的研究也有一些共同点：其一，都认为共识是有必要的，它对政治稳定、社会现状的维持起到积极的促进作用。其二，都认为共识是可以实现的，主体在交往中可以通过各种中介手段来达成共识。但是，因为开展研究的视角不同，在不同的共识论学者那里，对何为共识、通过何种手段才能达成共识有着不同的理解和认识，有人认为共识是实现社会正义的条件，有人认为共识是实现社会整合和凝聚的需要，有人认为共识是政治合法性的前提，也有人认为共识是个人得以行事的普遍原则，甚至有人认为共识是社会得以形成的前提条件(这与多元主义形成了强烈的反差），而对如何达成社会共识，他们都提出了极具洞见的思路和方案。另外，试图调和多元论与共识的观点，也提供了一种理论与实践相结合的新视角。

但是，对共识问题的研究，国外虽然有学者提出了“共识理论”（theory of consensus）①的概念，但仍不成体系，对“社会共识”这一概念本身也没有明确的界定，因此鲜有学者从社会共识概念本身出发去研究社会不同层面的共识问题。目前的研究绝大多数是从某一个角度，如社会契约理论是从政治合法性角度，协商民主与共识民主理论是从民主政治的角度，涉及了共识问题，而并非专门就共识问题进行研究，如此一来，对共识的各种构成要件，如共识主体的范围如何确定、共识客体如何理解、共识手段如何选择以及共识在何种情况下起作用或应该达到何种程度等问题缺乏整体性和系统性的研究。而对多元论与共识论进行调和的观点，是否可以简单地对共识进行元共识与其他共识的区分，包括提出这种看法的研究者本人也承认这样的区分仍是需要探究的。

第二，国内有关共识问题的研究一般集中在伦理学、政治学及政治哲学领域，学界普遍认为价值多元与共识之间不存在绝对的对立，应该在价值多元化的社会中寻求某种程度的共识。从目前掌握的资料来看，对罗尔斯、哈贝马斯等国外学者有关共识思想的介绍和解释比较多，而直接结合中国实际进行研究的主要集中在价值共识或政治共识（包括正义共识）等某个特定范畴的共识。然而，社会共识问题不仅仅涉及价值层面或政治层面，它应该包括整个社会生活的各个层面，仅仅从政治学和政治哲学角度来研究是远远不够的，或者说共识的达成不仅仅是个政治问题或价值问题，也是一个社会问题。然而，从整体角度研究社会共识问题还较少有学者涉及。同时，由于研究角度的差异，学界对于共识的主体的认识、对共识的基本概念的理解，对共识与认同等相关概念之间关系的认识都存在着

① Thomas Rayne. The Role of Consensus[J]. The Western Political Quarterly, 1965, 18(3): 21-31.

较大差异，而这些差异一方面不利于对共识问题的深入研究，另一方面也使得对共识问题的研究在一定程度上成了各说各话，例如有学者提到共识就将其看作百分之百的意见一致，而有的学者则认为共识就是认同，这种现象阻碍了不同学者之间的对话与交流，也阻碍了对共识的实现机制作更加全面深入的梳理。

第三节　研究思路和方法

一、本书研究思路

首先，本书拟从社会共识的概念界定入手，重点区分共识与认同、社会共识与社会契约、社会理解与社会共识、社会共识与普世价值之间的关系。对社会共识进行范围的界定：社会共识的“社会”是从广义上来进行界定的，指的是与“自然”相对应的社会。而社会共识的“共识”不仅是对争端、冲突或者矛盾进行调节后所达成的一致意见或协定，或者所达到的一种平衡或者平衡的状态；同时也是人们在长期的社会生活实践中所形成的关于价值、信念和规范的共同认识。因此，社会共识就不仅仅简单地涉及人们之间的歧见的解决，更是一个存在论意义上的问题。

其次，考察共识的思想史，从西方传统社会及现代社会、中国思想史以及马克思主义思想史三个层面对共识的思想史进行考察。传统社会主要考察古希腊城邦共同体的自然主义共识思想、中世纪哲学的宗教共同体共识思想、近代启蒙时代契约主义共识思想和现代国家精神共同体共识思想；现代社会涉及的主要是自由主义的共识思想、交往行为理论的共识思想、共识民主理论中的共识思想、社群主义的共识思想、结构功能主义学派的共识思想以及解释学视域中的共识思想。在对思想史进行考察的基础上，厘清社会共识的历史形态，并且用马克思主义的交往实践观对这些观点进行解析。

再次，从本体论、认识论、实践论等各层面对社会共识的必要性、可能性及其功能进行考察，认为主体间的社会共识是有必要并且有可能的，社会共识对社会生活中的个人和社会都发挥着重要作用。

但是，本书也并不回避对社会共识的批判和质疑，针对绝对多元主义、冲突理论以及后现代理论学者对社会共识可欲以及可能的质疑，本书进行了回应。在此基础之上，重点提出"共识度"的概念，以此为钥匙来解决对社会共识可欲及可能的质疑，并且对社会共识的实现机制进行深入的分析，试图寻求普遍性的社会共识实现规律。

最后，结合中国现代社会实际，从社会共识实现的现实基础、思想条件入手，提出在当今中国社会实现共识的规范性路径、事实性路径以及实现机制。

二、本书研究方法

社会共识问题非常复杂，涉及政治学、政治哲学、社会学、哲学认识论、价值论、评价论、解释学、文化哲学、语言学、心理学甚至经济学等多种学科，要对社会共识问题进行深入剖析，除了使用一般意义上的历史与现实相统一、宏观与微观相结合、理论与实践相结合以及文献研究方法之外，还必须进行跨学科、多方位的探讨。主要的研究方法和路径是：

第一，使用哲学本体论和发生学的相关原理对社会共识问题产生的本体论根源进行分析。从社会共识产生的本体论前提来看，社会中的差异性共在是社会共识产生的前提性基础。而另一方面，一定社会的社会形态、经济结构、技术水平、文化底蕴，使得生活在这一社会中的人们形成同样的视域，这是社会共识之所以可能的前提条件。

第二，使用语言哲学、政治哲学以及文化哲学的分析方法对社会共识的诸多困境进行分析。社会共识的达成离不开语言沟通和交流，即使生活在一定社会的人们拥有共同的语言，但是具体的言语行为的有效性、可理解性等问题都会给共识带来难题。而对于社会共识与"多数人的同意"之间的内在张力，我们也可以利用政治学与政治哲学的相关理论进行研究，分析这种张力是否能够以及在多大程度上能够化解。而社会共识所面临的文化多元化难题则需要从文化哲学的角度进行深入解析。

第三，使用要素—结构和系统分析方法对共识达成的三个基本要素进行分析。人们在社会中达成的共识在具体形式和内容上是千差万别的，但是从根本上来说都包含着共识达成的主体、共识达成的中介以及共识达成的客体(内容)这三个基本要素，它们构成了社会共识的三个子系统。运用要素—结构分析方法，对各个要素和子系统实体构成和结构关系进行分析，解剖它们在社会共识问题中的独特地位、功能及实现条件是研究社会共识问题的重要方法之一。

第四，实践诠释学的方法。不管社会共识的最终达成是采取了何种途径，它必定是与主体间的交往实践紧密联系在一起的。交往的主体要实现正常的互动行动，必须要服从于主体间的相互理解和共同规则，正是在这种基于实践的主体间的理解过程中，才可能产生共识，进而实现行动上的可能一致。

第四节　研究的重点、难点及创新点

一、本书研究的重点

第一，基本概念的澄清是本书的重点，例如相互缠绕和互相渗透的诸多概念，共识(consensus)与认同(identity)的区分、社会共识与普世价值的区分，社会共识与社会契约的区分、社会共识与社会理解、社会承认，等等。这些概念在一些学者的研究中往往没有进行明确的区分或者语焉不详，而对这些概念进行区分有助于厘清共识的基本内涵、外延以及特征。

第二，社会共识达成的基础、原则和机制，尤其是中国社会共识的达成问题是本书研究的另一重点，这也是社会共识问题理论与实践相联系的一个契合点，在中国现代社会社会共识能够在多大程度上达成，以及通过何种途径和机制达成，是本书需要重点考察的问题。本书着重从主体层面、客体层面和中介层面对社会共识的达成进行考察。一方面，着重从理论上对社会共识问题进行追溯和考察，另一方面，结合中国的具体实践指出达致共识、塑造核心价值、实现伟大中国梦的实践路径。

二、本书研究的难点

第一，根据目前所查阅到的资料来看，对社会共识是否可能的问题存在着相当大的争议，形成了许多不同甚至是相互对立的看法，尤其是认为共识不可能的诸多看法，也是社会共识研究不能不面对的难题和障碍，如何在这些已有成果的基础上展开对话和交流，来回答达成社会共识是否可能以及如何可能的前提性追问是本书的一大难点。

第二，从理论上看，许多不同的学科如哲学、政治学、社会学、人类学、管理学、心理学等都从不同角度涉及社会共识问题，而从实践上看，社会共识涉及了社会不同层面的问题，因此，如何集中于哲学层面但又不囿于哲学这一单一的学科进行跨学科的研究，并且从社会不同层面挖掘出具有普遍意义的共识特征、共识的实现机制是本书的另一大难点。

三、本书研究的创新点

对照当前国内外对社会共识的研究状况，本书希望在以下三个方面有所突破和创新。

第一，厘清共识的思想史，将共识作为个人生存的基本存在方式，而不仅仅将共识作为解决冲突的一种方式。通过对共识概念的考察，区分共识与常识、认同、理解、契约等概念，认为社会共识使得人们能够理解和预测他人的行为，并且能够预测到他人对自身行为所作出的评价和反应，也就是说，社会共识成为人们行为判断和处事的依据。在缺乏共识的社会中，人们尽管不一定导致直接的冲突，但往往感到不自在，不知采取何种方式来表达自身。在此基础上，认为社会共识是人们在社会交往中的一种内在需求，是人类生存实践本身所固有的属性，从而在存在论的基础上为共识概念奠定学理根据。

第二，解析社会共识实现的原则，尤其是引入“共识度”这一概念，通过对共识的程度、范围、强调等特征的分析，提出不同情况下的共识度的分类，来应对社会共识的种种质疑，为共识与多元之间架起一座桥梁。

第三，从研究的方法上看，新的认识方法的综合运用常常有助于深化对问题的研究。社会共识问题不仅涉及政治学，而且涉及哲学、社会学、人类文化学、管理学甚至心理学；不仅是一个十分重要的理论问题，也是一个重大的现实实践问题。从目前的状况来看，共识问题主要集中在政治学和伦理学的研究，本书将充分应用社会认识论理论、对话伦理学、实践诠释学、语言哲学、文化哲学等多种基本认识工具，结合现代社会共识领域的主要哲学问题，使用多学科的研究方法深化对社会共识本质规律的研究。

第一章　社会共识概念辨析

社会共识问题既然成为学界关注的问题，那么，社会共识是一个心理过程还是实践过程？社会共识是否可欲以及如何可能？社会共识的实现机制是什么？要解决这些问题，需要对社会共识的“社会”范围进行界定，对“共识”的内涵进行梳理，分析其构成要素、基本类型，以及与相关概念的差异。

第一节　社会共识的“社会”的理解

从“社会共识”这一概念本身出发，社会可以从三个角度来理解：①把“社会”理解为共识的主体，也就是说，社会共识是社会共同体的某种共同认识；②把“社会”一词理解为形容词，社会共识是指共识具有社会性特征；③把“社会”理解为共识的对象，社会共识是人们所作出的对社会的共同认识，也就是人们的共识是在社会这一层面所达成的。

如果从上述①的角度理解，那么强调的是把社会作为一个整体来看待，事实上，社会是由具体的个人或群体所组成的，它从来都不是抽象的。社会作为一个整体所产生的共同性认识在现实生活中的确也存在，但共识更多地产生于社会中的某些人群之中，例如个人与个人之间、某些组织内部、群体与群体之间。同时，整个社会的共识过程与群体内部、个人与个人之间的共识过程表现出相当程度的普遍性，而非差异性，因此，从主体角度理解“社会”只会将研究范围狭窄化，对社会共识的研究并无裨益。

而②强调社会共识的社会性特征，的确，社会共识是在社会交往的过程中产生的，没有社会交往，就无所谓共识，因此社会性是社会共识的根本属性，但是强调社会共识的社会性特征并不能说明社会共识的内涵。

只有从③的角度来理解社会共识，将社会看作是共识的对象才能够避免①和②的理解中所存在的问题，也就是说社会共识就是主体之间产生的对"社会"这一对象或者在"社会"这一层面所达成的共识。

那么，如何界定"社会"的范围呢？按照唯物史观从实践出发来理解社会，从广义上说，社会首先是一个本体论的概念，是人存在的生存论基础和前提，个体不能脱离社会而生活，人的各种实践活动，如生产、消费、交换等都是在社会中完成的。"个体是社会存在物。因此，他的生命表现，即使不采取共同的、同他人一起完成的生命表现这种直接形式，也是社会生活的表现和确证。"①也就是说，广义的社会是一个与自然相对应的无所不包的概念，政治、经济、文化、社会生活等子系统都在它的框架之内。塔尔科斯·帕森斯更是明确地将现代社会划分为经济、政治、文化和社会子系统。

狭义的社会又称为"公民社会"或"市民社会"，这个意义上的社会可以分为两类：一是"二分法"框架下的社会，也就是指政治国家之外的其他领域，既包括市场又包括狭义的社会组织；二是"三分法"框架下的社会，指的是"国家或政府系统，以及市场或企业系统之外的所有民间组织或民间关系的总和，它是官方政治领域和市场经济领域之外的民间公共领域"。②也就是说，这里的社会指的是国家—市场—社会框架下的社会，更接近于哈贝马斯和阿伦特等人研究的"公共领域"。

从社会的三个概念框架出发，我们可以把社会共识分为广义的社会共识和狭义的社会共识。广义的社会共识包括人们在社会生活的政治、经济、文化(价值与道德也可包含在内)、社会等各个层面上达成的共识，也

---

① [德]马克思. 1844年经济学哲学手稿[M]. 北京：人民出版社，2000：84.

② 俞可平. 对中国公民社会若干问题的管见[M]//高丙中，袁瑞军. 中国公民社会发展蓝皮书. 北京：北京大学出版社，2008：16-17.

就是说，共识的对象可以是政治的、经济的、社会的、文化的、价值观念的各种事务，与对“自然”这一对象所达成的共识相对应，后者主要是数学、物理、生物等自然科学研究的对象。而狭义的社会共识只包括在社会组织或社会共同体(或者说在公共领域)中所达成的共识。如果从狭义的社会的角度来理解，也就是从国家—社会或者国家—社会—市场对立的角度来理解社会共识的话，会陷入一个困境。国家与社会或者国家、市场与社会的关系从来都不是可以截然区分的，并且在当代理论家的研究中慢慢已经超越了过去的二分法或三分法对立的阶段，开始关注和强调二者的相互依存及互构关系。一方面，社会作为公民与国家之间的中介，对公民参与政治事务以及国家公共政策的改善都起到了积极的作用；另一方面，如果人们在社会层面就某些公共利益达成了共识，那么国家政治权力就应该实现这样的公共利益，社会共识在某种意义上是现代国家政治权力合法化的实践依据，国家应该对社会的各种价值的实现进行必要的干预和促进。因此，即使是狭义的社会共识，也不可避免地涉及政治层面的共识问题，同时，社会共识虽然是基于(狭义的)社会范围所达成的，但也不能游离于国家的政治权力之外，并且应该在政治合法的框架下达成。

因此，本书倾向于从马克思所定义的广义的社会角度来理解社会共识问题。也就是说，社会共识中的“社会”是广义的社会，是与“自然”相对应的社会，包括政治、经济、文化和社会各个子系统，社会共识涉及政治、利益、价值等多层面的事务。

第二节　社会共识的“共识”概念溯源

共识在《现代汉语词典》中被解释为共同的认识，[①] 在英语中是用 consensus 来表示的，一般被认为是全体(双方或多方)的一致同意或意见一致。这是共识最一般也是最普遍意义上的理解，从这种理解中可以看到，

① 现代汉语词典(2002 年增补本)[M]. 北京：商务印书馆，2002：441.

共识是与异见、歧见相对应的一个概念。在特定的情况下，尤其是在政治生活中，共识通常可以指对社会所普遍接受的根本原则或信仰系统相关的一致意见，或者指对公共政策中某些具体问题所达成的一致意见。在政治学中，这种一致意见往往会以协定的方式表现出来，就像安德鲁·海伍德所说："首先，它指的是一项其条款能得到个人和组织广泛认可的广义的协定。其次，与那种内容精细具体的协定相对应，它指的是关于根本性或基础性原则的协定。换句话说，共识允许在侧重点和细节上存在不同意见。"①

除此之外，共识至少有以下几种定义：

一是表示共享的价值观念和规范。例如在《布莱克维尔政治学百科全书》中，共识是指"在一定的时代生活在一定的地理环境中的个人所共享的一系列信念、价值观念和规范"。② 因此，共识应该是在社会中被广泛认可的价值、信仰和规范。

二是表示共识是对"社会纷争的调节"③或者是"相互冲突的多方利益之间的调和或者协调"。④ 这种定义强调共识对冲突的调和或者解决。

三是表示一种状态，相互冲突的利益群体间谈判之后形成的平衡状态也被描述为共识。例如在《社会科学大百科全书》里，它被解释为"在社会曲折变化中的某种平稳状态"，它是一种"习俗和风俗中所凝聚的样式，而这些习俗和风俗具有若干多样的群体行为汇聚而成的思想和行为的同质性"。⑤ 这种定义将共识看作是社会中各种冲突的价值之间相互调节的产

① ［英］安德鲁·海伍德. 政治学核心概念［M］. 吴勇，译. 天津：天津人民出版社，2008：21.

② ［英］戴维·米勒，［英］韦农·波格丹诺. 布莱克维尔政治学百科全书［M］. 邓正来，等译. 北京：中国政法大学出版社，2002：166.

③ J. O. Hertzler. American Social Institutions：A Sociological Analysis［M］. Boston：Allyn and Bacon，1961：63.

④ Thomas Rayne. The Role of Consensus［J］. The Western Political Quarterly，1965，18(3)：21-33.

⑤ Thomas Rayne. The Role of Consensus［J］. The Western Political Quarterly，1965，18(3)：21-33.

物，它是从异见当中产生的，与一致或强制而产生的意见一致有很大区别。在此状态下，“两个或更多主体想要维持一种各方都认为反映了自身利益的关系”。①

梳理不同学者对共识所下的定义，便可对共识有一个比较全面、系统的认识：共识不仅是对争端、冲突或者矛盾进行调节后所达成的一致意见或协定，或者所达到的一种平衡的状态；同时也是人们在长期的社会生活实践中所形成的关于价值、信念和规范的共同认识。

第三节　社会共识的概念界定

一、社会共识的定义和特征

通过对以上“社会”概念及“共识”概念的梳理，我们可以给社会共识作出以下定义：社会共识是指社会主体在社会交往实践的基础上，对社会生活中的事实、价值、观念、规则、利益等所达成的共同性认识，或者对歧见或冲突进行协调后所达成的一致看法或实现的平衡状态。为了行文方便，在下文中，有时会直接使用“共识”来代替“社会共识”一词。

从以上定义出发，我们可以得出社会共识的特征包括：

第一，社会性。社会共识是在社会实践交往的基础上产生的，虽然人们也会对自然产生共同性认识，但是纯粹的自然不是社会共识的对象。社会共识的产生和出发点就是人们共同的社会生活实践，人的社会性以及人的活动、交往的社会性构成了社会共识的社会性特征。

第二，公共性。随着人类交往的范围扩大以及程度加深，公共性不仅不再局限于过去民族国家内部的“公共领域”，而是在“个体”“共同体”“人

---

① Arnold W. Green. Sociology: An Analysis of Life in Modern Society, third edition. [M]. New York: McGraw-Hill Book Co., 1960: 65.

类”与“自然界”四个维度上展开。① 社会共识的公共性意味着社会共识不是个人或私人的事务，不是私人自我的“独白”，而是在与“他者”发生关系的基础上所达成的。

第三，交互性。社会共识是主体之间进行的实践活动，具有很强的互动性，其中所采取的沟通、协商、妥协、偏好修正等都是围绕共识目标所进行的互动。在此过程中，如果只是任何一方的单方行为，而没有互动，则社会共识很难达成，或者即使在某些情况下形成了一致意见(例如一方强势地输出、另一方被动地接受)，也很难说是真正的共识。

第四，历史性。共识具有历史性特征，历史性是指“人类社会发展在时间上所呈现的时代性特征。在历史进程中，每一个事物(大到一个社会，小至某一个人的行动)都是在一定的历史条件下按一定的规律产生和发展的，最后或消失，或被新事物取代，或演变为其他事物，使得一些历史事物以其鲜明的时代色彩而成为特定历史阶段的标志。这种历史性，有时表现在某一历史事件上，有时则贯穿于一个历史阶段中”。② 如果说自然科学领域的知识共识带有一定的普遍性的话，③ 那么在社会科学领域中，我们更倾向于认为，人类社会生活中不存在某些超越时空的价值或者道德规范，也就是说，社会共识在不同的历史时期是存在着差异的，共识随着历史的变化发生变化，对同一问题，某个历史阶段的共识在另一个阶段可能会变成异见，任何时候都不存在超越历史条件和脱离社会发展的抽象的、永恒的共识。例如“妇女应该在家相夫教子而不是外出工作”在

① 张曙光. 走向“公共性”的文化价值秩序[J]. 中国人民大学学报，2007，21(6)：15-17.

② 蒋大春，陈启能. 史学理论大辞典[M]. 合肥：安徽教育出版社，2000：75.

③ 假如牛顿第一定律不分时代和地域都是普遍有效的，如果哪一天科学的发展证明它不再具有普遍有效性的话，那么必定是因为新的规律取代了它，而它的无效性或失效仍然具有普遍性。当然，事实上，即使在具有普遍性的自然科学共识中，例如“地球是否围绕太阳转”这一问题，“地球中心论”一度成为所有人的共识，但随着近代自然科学的发展，“地心说”的共识度逐渐下降，“日心说”的共识度逐渐上升，最终成为多数人的共识。

100 年前的中国社会共识度是非常高的，但是到现在却存在着各种不同的观点。

第五，动态性。在不同的社会条件下，不同的主体之间由于能力不同、需要不同，他们会以不同的尺度和标准来达成共识。当社会条件发生变化时，人们的尺度和标准也会发生变化，共识会相应发生改变，即使是在同一个历史阶段，共识所表现出来的平衡也不是永久的，随着共识主体之间力量的变化以及评价标准的变化，共识也会呈现出动态的特征。

二、社会共识的要素

基于以上对社会共识的界定，本书认为，社会共识是由多要素构成的一个系统，主要包括社会主体、客体、中介几个要素。

（一）社会共识的主体

社会共识涉及个人与个人之间、个人与群体之间、群体与群体之间甚至国家与国家之间所达成的共同的认识或一致意见。因此，社会共识的主体，可以是个人，也可以是由个人所组成的群体，例如家庭、社团、政党、民族、国家等。当然，个人与群体并不是截然区分开来的，很多时候看似个人与个人之间达成的共识，实际上是个人背后所代表的群体所达成的共识，例如几国首脑所达成的共识，实际上并不是他们个人所达成的，而是代表着他们所在国家所达成的共识。

社会共识的主体首先是一种认识主体。当然，从本质上来说，主体的任何活动都是实践活动与观念活动的统一，并且从广义上说，实践是人们的一切自觉能动活动，自然也包括观念活动，但是如果我们从变革与创造等狭义的角度来理解实践活动的话，我们还是可以对实践活动与观念活动进行大致的区分。这种区分对理解和分析社会共识问题是有益的。“从内容方面考察，主体和客体之间的关系可以分为实践关系和观念关系这两个基本方面。前者指主体对客体的实际的变革和创造方面，后者则指主体对客体的观念的认识和评价方面。相应地，主体可以分为实践主体和认识主体，客体可以分为实践客体和认识客体。”①社会共识的主体对客体的内容主要体现的是观念层面的认识和评价，社会共识达成后，可能产生诸如共同行动之类的实践活动，但也有可能只是在思想、观念上达成了一致看法而并未有下一步的实践活动，因此，我们认为社会共识主体与客体之间的关系主要体现为观念关系，社会共识的主体是一种认识主体。

其次，社会共识的主体之间体现为一种主体间性。与传统的主体哲学中的主体概念不同的是，社会共识的主体是一种主体间哲学意义上的主体，涉及的是通过某种中介，建立起解释、理解、评价、接受、认同直至共识的诸主体，体现的是主体之间的某种关系，而不是一种单纯的主—客体关系中的主体。共识主体双方作为特殊的认识主体，在相互交流、交往过程中不仅体现出各自的主体性，并且相互承认对方的主体性，通过主体视角的转换达到“视域融合”。这种主体间性强调主体之间的平等性，主体之间应该体现为一种相互理解、相互同意、相互认可的平等关系，强调的是社会主体对彼此存在的承认，在自我之外承认有“他者”的存在，可以与“他者”一起建构一个对话的共同体。例如在公共事务中，社会共识所涉及的主体原则上应该是社会共同体的所有成员，任何人都可以公开、自由地发表言论或者进行公开的批判，就像在古希腊，城邦的所有公民(成年男子和自由民)都可以参与城邦的公共事务。而在其他的交往中，理想的情形是，不仅要承认对方的主体性，还要认可主体之间的平等关系，相互协调、相互尊重，双方在共同面对相应的客体世界中充分发表自己的意见，并且发表的意见能够得到同等程度的尊重和对待，这与哈贝马斯所阐述的交往行为中的主体更加接近。在哈贝马斯看来，人与人之间的关系在交往过程中并不是互为客体，而是互为主体，在主体间的互动过程中达成共识。事实上，马克思的实践观也内含着此层意思，马克思指出，实践本身“是以个人之间的交往为前提的”，指出此前的一切唯物主义的缺陷就在于“对对象、现实、感性，只是从客体的或者直观的形式去理解，而不是把

① 欧阳康. 社会认识论导论[M]. 北京：中国社会科学出版社，2010：145-146.

它们当作人的感性活动，当作实践去理解，不是从主体方面去理解”，① 明确说明主体之间的交往都是在实践之中展开，在实践中发生关系，从而强调了实践的交往性特征，它比哈贝马斯的理想设计更具现实性。

最后，社会共识主体具有历史性。社会共识的主体在不同的历史进程中呈现出不同的时代性特征，在传统社会中，社会共识的主体往往限于某一特定的社会或团体之中，例如在古希腊城邦里，虽然强调人们平等地参与公共事务，可以平等地发表意见、达成共识，但是主体是限制在自由公民的范围之中的，奴隶、妇女、外邦侨民是被排除在外的。人们交往范围的限制也使得共识主体的范围受到限制，但随着人们交往范围的逐渐扩大，以及人们出行方式的便捷、沟通手段的多样化，不同人群、民族、国家之间的交往越来越密切，社会共识主体的范围也不断扩展，越来越多的个人、群体甚至国家参与共识行为，成为共识主体。在这些交往中，许多地方性、局部性的问题越来越成为全球问题，对全球价值与伦理的追寻成为许多人的呼声，例如对濒危动物的保护实际上已经不仅仅是某一个国家的事情，而是涉及整个人类对濒危动物保护的认识和看法。更不用说如果未来发生与外星球生命的交往，用何种态度、手段或者方式与之进行交往，就取决于整个人类对外星球生命的共同性认识。

(二)社会共识的客体

社会共识的客体是指社会共识所指向的对象，是社会共识所涉及的范围或领域，简单来说，也就是指我们需要达成以及达成的是关于什么的共识。正如前文所述，社会共识的对象是实践中的现实社会，涉及社会生活的方方面面，从利益的争夺到价值观的碰撞；从个人与个人之间是否就某个电影的主旨达成一致看法的人际间事务，到国家与国家之间是否达成某项协议的国际事务；从两个人一起外出是坐公交车还是步行的私人事务，到城市中是否应该实施住房限购政策的公共事务；从多人游戏中所实施的

① 马克思恩格斯选集(第一卷)[M]. 北京：人民出版社，1995：58.

游戏规则到某一文化中所通行的行为准则，都可以成为社会共识的客体。当然这个社会往往不同于单个主体所认识的整个社会，而更多地体现在社会的某些方面或者某些问题，因此，社会共识并不是不同主体之间就整个社会或者说社会的所有层面达成一致意见或者看法，而是主体之间对社会的某些方面或者问题的共同感受或反应。

社会共识的客体是事实与价值的统一。与对自然的共识客体不同的是，社会共识的客体具有一定的非中立性和价值多元性。自然的共识客体不以人们的利益差别、价值指向为转移，因此比较容易达成共识。例如盲人摸象的故事中，虽然几个盲人由于所摸大象的部位不同而产生不同的认识，但是大象的全貌却并不以不同人的立场而发生改变，盲人如果能摸到整个大象的身体，那么则较容易对大象的认识达成共识。而社会共识客体则体现为事实与价值的统一，在共识客体成其为人们共识的对象，进入人们的共识视野时，就已经包含了主体的价值选择、价值判断和价值目标。而在人们实现共识的过程中，人们能否对客体达成一致意见，最主要的就是看主体如何对客体进行价值认识和评价。因此，社会共识的核心就可以说是价值共识。

（三）社会共识的中介

人们要进行社会交往和社会实践，就必须依靠一定的中介系统，“社会认识系统中的中介是认识主体和认识客体作为认识结构中的两极而相互联结、相互作用的中间通道、联系媒介和转换机制。”①社会共识属于社会认识的范畴，因此可据此定义，社会共识的中介是指共识主体之间为实现共识而相互作用、相互联结的媒介及转换机制。这种媒介包括语言符号系统和非语言符号系统。

语言符号系统作为社会共识的中介，起着非常重要的作用。人们通过语言符号来进行信息的沟通和传递，并实现对外部世界的某些共同认识以

① 欧阳康．社会认识论导论［M］．北京：中国社会科学出版社，2010：246.

及相互之间的理解。因此，“语言符号是作为主体的人处理对象世界的观念的或理论的掌握关系和在主体之间、社会成员之间使这种观念的或理论的掌握普遍化、社会化的不可缺少的手段和工具。”①按照哈贝马斯提出的实现共识的权力、货币和语言三种方式，权力体现在现代官僚体制中，货币是现代市场经济体制中所必需的，语言则是与人们日常生活世界相适应的。虽然哈贝马斯承认权力与货币的合理性，但他仍然认为只有语言才是实现交往合理性的有效手段。达成共识的过程，实际上就是不断地沟通、妥协，达成一致意见的过程。如果说在传统社会，人们更容易通过强制等手段达成共识的话，那么在多元的现代社会，通过语言符号进行沟通、协商则应当是达成共识的更好的手段。

滕尼斯也认为，“默认一致的真正的机关是语言本身，默认一致就是在这个机关里发展和培育它的本质，人们用表情和声响表示，相互告知和感受到痛苦与快乐、惧怕与愿望和所有其他的感情和情绪的激动。”②同时，在沟通过程中，动作、表情、语气等非语言符号系统作为语言符号系统的补充，作为社会共识的中介也起着重要作用，使用不同的非语言符号系统在某些情况下甚至能够决定是否能够最终达成共识，尤其在跨文化的交际中，不同的民族文化往往有着独特的非语言符号，理解对方的非语言符号对达成共识起着至关重要的作用。当然，语言本身不仅仅是达成共识的工具，也可以看作是一种共识。

三、社会共识的基本类型

社会共识的主体、客体及中介决定了社会共识的复杂性。我们应该从不同角度对社会共识进行分类，以便比较全面地理解社会共识范畴。

(1)按照社会共识的对象，可以将社会共识划分为认知共识、价值共识和实践共识。

---

① 夏甄陶. 关于认识的语言符号中介[J]. 哲学研究，1994(6)：24-32.

② ［德］斐迪南·滕尼斯. 共同体与社会——纯粹社会学的基本概念[M]. 林荣远，译. 北京：商务印书馆，1999：72.

认知共识主要是指共识主体在知识层面所达成的共识，关乎人们对一些事实的判断。这类共识，简单地说，就是主体一致认定其为真或一致认定其为假。认知共识与常识非常接近，按理说是比较容易达成的，但是在某些特殊情况下，简单的事实却会为某些人所不接受，例如南京大屠杀是真实发生的本应是常识，也应该是全世界的共识，但是日本军国主义分子却不断地予以否认。

价值共识是指主体在价值层面所达成的一致。一个社会在长期的实践中，往往会形成全社会共同认可、共同遵循的某些核心价值，体现为价值共识。

实践共识则涉及共识主体的行为或行动，表示共识主体就某事采取同样的行为或行动。

(2)按照社会共识的范围看，可以将社会共识划分为利益共识、政治共识和文化共识。

利益共识是指在社会经济关系中，共识主体对获得或占有和支配的生产资料所达成的一致意见。由于共识主体的性质、目的等方面的差异，经济共识的达成也存在不同。例如在高度计划经济的国家里，国家对生产、分配进行指令型计划，整个社会的利益共识更多地表现为社会集体利益的最大化。

政治共识是人们在政治生活中所达成的共识，主要是指共识主体对政治理念、政治观点以及国家基本政治制度所达成的共识。这里说的政治共识，涉及两个最重要的维度：一是政治共识的主体维度；二是政治共识的目标指向。从主体维度来看，包含两个层次，一是政治生活中除政府之外的个人或组织；二是政府本身也是另一层次的主体，也就是说，政府既可以成为政治共识的对象或目标指向，同时也是共识的主体之一。有学者进一步将现代民主社会的共识分为价值共识、程序共识和规范准则共识。价值共识是指人们共有的某些基本观念、价值观念的认同和认可。程序共识是指人们对于某种行为规范和运作程序的认同和认可。规范(准则)共识是指人们对一定社会政治生活的规则或准则的认可和同意。①

文化共识是人们在道德、伦理、习俗、信仰、语言等文化生活层面所达成的共识。任何社会组织和群体总会形成自己独特的文化，文化一旦成为整体社会的共识，就可以将群体成员凝聚在一起，把价值观念、信仰、风俗等内化于群体成员的自觉行动中，成为促使群体形成的巨大合力。在文化共识中，价值共识是其核心内容。当然，由于人们社会生活的复杂性，这几种类别是相互缠绕、相互影响的，在很多时候难以截然分开。

另外，按照共识对象的范围，还有学者如伊斯顿把共识划分为共同体层次的共识，或曰基本的共识；政体层次的共识，或曰程序的共识；政策层次的共识，或曰政策共识。② 基本共识是指一个社会在整体上具有同样的价值信仰和目标。程序共识指社会对冲突解决的规则与原则的共识。政策共识则是对政策和政府的共识。

(3)按照社会共识的性质来看，可将社会共识划分为程序共识与实质共识(另外也有学者将其划分为三个层次，包括程序共识、原则共识与具体的共识③)。

程序共识强调共识实现的机制、规则和程序，“程序性共识指的是一种通过政党之间或政府与主要的利益集团之间的磋商和讨价还价以作出决定的意愿”,④ 许多学者认为只有共识主体之间能够承认某个共同的程序和原则，才可能进一步通过某种方式达致具体目标或结果的共识。因此，程序共识往往被看作是一种最基本的共识，是解决分歧的必要前提和起点。

实质共识强调共识的目标、内容与价值的一致性，主要通过哲学思辨

---

① 寇鸿顺. 当代西方共识民主理论研究[M]. 北京：人民出版社，2014：34-36.

② [美]乔·萨利托. 民主新论[M]. 冯克利，阎克文，译. 北京：东方出版社，1998：101.

③ 程广云. 论哲学的多样性与对话的可能性[J]. 哲学动态，2012(3)：18-25.

④ [英]安德鲁·海伍德. 政治学核心概念[M]. 吴勇，译. 天津：天津人民出版社，2008：21.

从一些普遍价值出发推导出具体的共识规范，因此具有一定的独白性特征。“实质性共识则是指两党或多党之间在意识形态取向上的重叠，表现为它们根本政策目标上的一致”。① 由于实质共识认为理论家可以通过思辨提出理想的共识规范，忽略了社会成员的参与和社会对共识的主观承认，因此容易陷入主体的独白之中。共识如果只是理论家的理论推理，即使最终通过强力而成为现实，也会沦为“虚假共识”。

(4)按照社会共识达成的程度，可将社会共识分为基本共识、多数共识与全体一致。基本共识是最低层次的共识，超过了基本共识的限度，共识则不复存在。多数共识是较高层次的共识，也是现实实践中可望实现的共识。全体一致则是共识的一种理想状态，在实践中也存在，但更多地体现为一种理想状态。

(5)按照社会共识的实然性与应然性，可将社会共识分为描述性共识与规范性共识，或者叫作事实性共识与价值性共识。描述性共识(事实性共识)指的是某一社会中现存的共识状况如何，例如在中国社会中存在着什么样的价值共识？在美国中产阶级中价值共识的程度如何？而规范性共识(价值性共识)则指关注的是共识的应然性，而不是“事实”，不在于共识“是什么”这种事实判断，而在于“应该是什么”或者“应该如何达成”这种价值判断，因此其关注点不在于经验分析，而在于社会认同赖以存在的价值基础上，例如一个社会是否应该达成某种程度的共识？应该达成何种共识？人们应该通过何种手段来实现共识？

(6)按照共识的效果来看，可以将社会共识分为仓促的共识(premature consensus)与深思熟虑的共识。② 前者指的是在对所有可能的立场进行全面充分的考察之前所作出的共识，这类共识往往导致严重的后果，例如对珍

① ［英］安德鲁·海伍德. 政治学核心概念［M］. 吴勇，译. 天津：天津人民出版社，2008：21.

② Richard L. Priem, David A. Harrison, Nan Kanoff Muir. Stuctured Conflict and Consensus Outcomes in Group Decision Making［J］. Journal of Management, 1995, 21(4): 691-710.

珠港的轰炸，越南战争中的屠杀，等等。而后者则是在共识主体之间经过反复的沟通、协商所达成的共识。

(7)按照共识达成过程中主体的态度，可将共识分为支持性共识和允许性共识。支持性共识是指对共识表示明确支持，这表明对共识的意愿较强；而允许性共识则表现出较弱的共识意愿。

或者可将共识分为明示性共识和默许性共识(tacit consent)。① 明示性共识是指明确表示出自己的共识态度，是一种积极的共识；默认性共识则指未明确表示反对的共识，体现为一种消极的共识。

(8)按照社会共识所反映出来的现实维度来看，可以将其分为心理共识、思想共识与政策共识。心理共识是社会主体在社会心理层面达成的一致，包括习俗、社会风气等；思想共识是社会主体在社会思想层面或者阐释的社会理论层面达成的一致性认识，包括道德规范、共同理想等。政策共识是在实践的社会决策层面所达成的共识，主要是政府决策。

以上对共识的诸类型的划分，只是为了从不同视角更全面地分析诠释共识，实际上共识的各种类型是相互联系的，例如同一种共识既可能体现为程序共识，同时也可能体现为明示的共识；既可能是政治共识，同时又可能体现为底线共识，等等。

第四节　社会共识与相关概念的澄清

一、社会共识与社会认同

社会共识与社会认同是联系紧密的两个概念，也是在社会共识问题研究中最难以区分的两个概念。许多学者将二者等同起来，在研究中并未加以区分。当然也有学者从社会秩序建构的角度，认为共识与认同是两种不

① A Moore. Deliberative Voting: Clarifying Consent in a Consensus Process[J]. Journal of Political Philosophy, 2014(3): 1-18.

同的秩序构成方式：以文化身份认同形成社会秩序或通过传统的知识论途径形成“共识”的社会体系。① 本书认为，社会认同与社会共识概念确实相互缠绕，但同时又存在差异。

在共识问题的研究中，不可避免地会涉及认同问题，二者不可能完全区分对立开来。首先，共识在某种意义上说包含认同的内容，并且在认同的基础上达成。共识主体对某件事达成共识，背后体现的是各方都认同对此事的认识、解释或解决。或者我们可以说，各方都认同某事，则各方就对此事达成了共识，追求最大的社会共识，就要有科学合理的社会认同过程。其次，共识与认同都可能会导致主体的共同行动，指向共同的结果。在社会生活中，人们的一致行动可能会由认同产生，也可能由共识产生。

但是，二者又存在着根本的差异。首先，从词源学的意义上来说，“共识”在英文中是 consensus，这在前文已经有过阐释。而“认同”一词的英文是“identity”，“identity”一词还有“身份”“个性”之意，可见认同一词最初是与身心关联在一起的，更多地体现在心理学意义上的个人身份的确认。从菲利普·格里森的梳理来看，学界对认同的研究，无论是在心理学还是社会学中，主要从三个方面展开，而这三个方面都与个人身份密切联系在一起：②

一是个人认同，指的是自我建构，即自己作为独立个体的自我意识感，涉及的是个体人格的内在发展。这一层面更多的是从心理学的角度进行解释，是与个人的心理结构相关的，个人通过与周围环境的互动来实现个人内心自我的内在统一。

二是群体认同，指人对群体所产生的共同意识与情感，通常指一群人所拥有的共同经验或对某些事物所赋予象征意义的共识程度。这一层面主要是由社会学的角色理论、参照群体理论以及符号互动学派所广泛使用

① 潘于旭. 认同、共识及其价值论建构的意义[J]. 江苏社会科学，2014(1)：49-57.

② Philip Gleason. Identifying Identity：A Semantic History [J]. The Journal of American History，1983，69 (4)：910-931.

的，认同被看作是人在社会中所承担的角色，并按角色规定行事，强调的是个人与社会的关系。一旦缺乏认同，人们就会在人群中缺乏根基、感到孤立。泰勒正是从这个意义上把认同与承认联系起来的，他指出，个人的自我认同是需要得到他人承认的，否则个人会对自我认同产生怀疑，“我们的认同部分地是由他人的承认构成的；同样地，如果得不到他人的承认，或者只是得到他人扭曲的承认，也会对我们的认同构成显著的影响。……扭曲的承认不仅表现为缺乏应有的尊重，它还可能造成可怕的创伤，使受害者背负着致命的自我仇恨”。①

三是社会认同，是基于传统、法律和公众舆论基础上的大规模符号建构的共同体的认同。② 涉及的是个人对其在社会、文化中所参与的角色的自我意识。它同时也是与个人的身份紧密相连的，人们关注认同，是因为他们需要明确自己在群体中的身份，并寻求群体的归属感，而这种归属感，通过种族、宗教、国籍背景或其他一些文化印记将人们区分开来。某一人群的人们拥有共同的历史感、共同的疆域、共同的语言、共同的文化，人们拥有这样一种共同体身份，感到自己共同归属于某一个特定的共同体，并认同这一共同体。

其次，从认识论的角度来看，社会认同主要是以认知的方式去认识和探究外在的对象，由此形成一定的标准和准则，因此认同更多的是主体性的概念，涉及的是主体对某一客体的关系，更多地体现出独立于“自我”的外在的、他人的意志，并且在这种“自我”与“他者”的分离和对立的基础上，实现某种共同性。而社会共识则是通过交往实践的方式探求外部世界的规律，从而把握社会历史现象，主体之间体现的是一种主体间性的概念，涉及更多的是主体之间的一种相互作用和相互关系。

而从认识的范围来看，社会认同的范围是主体对某一客体的接受、内化从而得以确定某种社会角色或身份，是以认知的方式来确定对象世界，

① ［加］查尔斯·泰勒. 童之林，等译. 承认的政治［M］//汪晖，陈燕谷. 文化与公共性. 北京：生活·读书·新知三联书店，1998：290.

② 梁丽萍. 政治社会学［M］. 北京：中央编译出版社，2009：156-157.

但社会共识的范围更广，它是不同主体对某一社会公共价值达成的一致看法。另外，主体的一方可能对某一客体并不认同，但是通过相互沟通，主体之间可能会相互理解并尊重对方的选择，也就是说，承认对方观念的合理性，从而达到另一种形式的共识。

最后，从价值论的角度来看，社会认同体现出外在的价值标准和价值原则对主体的行为指导以及规范，更多地体现为活动和过程，是认知评价等相互作用的过程。而共识则既是目标也是结果，往往以共同思想观念价值等形态出现，更多地体现出主体在价值选择中的能动作用，因此在价值选择和价值构建中的主动性和积极性高于认同。

二、社会共识、同意与社会契约

社会共识、同意与社会契约三者在政治学领域经常是相互缠绕、互相交织。按照约翰·西蒙斯的观点，社会契约理论与社会共识理论都可以归入他所说的"同意理论"①当中去。约翰·西蒙斯、弗雷斯曼以及安德鲁·海伍德都对同意进行过论述，总的来说，在他们看来，同意可以理解为赞同他人的提议、意见或行为，在政治学中特指一个人自愿赞同组建公民社会，并且授权给政府，服从政治义务。同意应该具备几个要素：首先，同意必须是自愿作出的，也就是说，行为者知晓他所要同意的事并且表达出同意。其次，同意必须经过谨慎的考虑，用约翰·西蒙斯的用词就是"故意地(intentionally)、有意识地(knowingly)或慎思地(deliberately)"。② 由此可以看出，"同意"在政治学中是与政治义务和政治合法性息息相关的一个词。不管是个人同意、集体同意还是先人的同意，同意的指向是为了改变双方的权利义务，一方面，同意能够说明国家或者政府以及其他权力机构的合法性特征；另一方面，也成为个人遵守其政治义务的主要基础。

① ［美］A. 约翰·西蒙斯. 道德原则与政治义务［M］. 郭为贵，李艳丽，译. 南京：江苏人民出版社，2009：53.

② ［美］约翰·西蒙斯. 隐然同意与政治义务［M］//毛兴贵. 政治义务：证成与反驳. 南京：凤凰出版传媒集团，江苏人民出版社，2007：35.

而“契约”一词原本是法律术语，1803—1804 年公布的《法国民法典》第 1101 条里说，“契约为一种合意，依此合意，一人或数人对于其他一人或数人负担给付、作为或不作为的债务。”在霍布斯提出社会契约理论后，经洛克的阐发，到卢梭出版其著名的《社会契约论》一书，社会契约理论发展到了极致，社会契约也成为政治领域的一个重要概念。虽然在不同的思想家那里，社会契约有不同的形式，例如威尔·吉姆利认为当代的契约论有“霍布斯主义的契约论”和“康德主义的契约论”。① 但是总的来说，社会契约论中的社会契约实际上是一种政治契约，要解决的是政治权威的合法性问题，或者是统治者与被统治者之间义务的合理性。迈克尔·莱斯诺夫认为社会契约涉及的各方可以分为三类：一是人民与统治者之间的双边契约，当然，虽然只有两个立约方，但人民实际上是一个集合体，而统治者也有可能是集合体；二是次级社会实体(lesser social entities)之间的多边契约；三是个人之间的多边契约。② 不管是哪一类形式，社会契约理论都是与同意密不可分的。甚至从某种意义上来说，社会契约理论就是对原始同意的一种描述。

社会共识、同意与社会契约之间的关系非常复杂，但毕竟存在诸多差异。其一，社会契约本质上仍是一个政治问题，亦即社会通过法律来进行治理并达成协议。因此有学者直接将其称为政治契约，认为不存在所谓的社会契约，例如英国学者欧内斯特·巴克指出，“社会不是而且从来都不是建立在任何契约基础之上的。……在‘社会’一词的严格意义上，不存在而且从来都不存在一个社会契约”。③ 其二，社会契约虽然与法律上的强制力并未有多大关联，但是社会契约在某种程度上仍然表现为强制执行。其

① ［加］威尔·吉姆利. 社会契约论传统［M］//［英］迈克尔·莱斯诺夫. 社会契约论. 刘训练，李丽红，张红梅，译. 南京：江苏人民出版社，2012：319.

② ［英］迈克尔·莱斯诺夫. 社会契约论［M］. 刘训练，李丽红，张红梅，译. 南京：江苏人民出版社，2012：10.

③ ［英］欧内斯特·巴克. 社会契约论·导论［M］//［英］迈克尔·莱斯诺夫. 社会契约论. 刘训练，李丽红，张红梅，译. 南京：江苏人民出版社，2012：223.

三，从结果上来说，社会契约是要改变立约双方或多方的权利与义务。其四，一般来说，“契约论本质上关心的是所有人的共同利益——国家与一个缺少国家的社会(‘自然状态’)相比，它符合所有人的利益。它没有涉及利益冲突问题，或者毋宁说它把契约视为一项符合共同利益的结果：它使人们摆脱了自然状态中令人无法忍受的利益冲突，而不是把契约当做一种解决此类争执的方法。”①当然，当代的契约论在某种程度上改变了这一点，如罗尔斯希望通过正义原则确保所有人的利益都能得到保护，也正因为如此，他的契约论实际上是一种正义论。

但社会共识与社会契约又相互缠绕，可能存在以下三种关系：

第一，有共识而有契约。在某些情况下，社会契约之所以能达成，就在于契约双方彼此都对对方有一定的允诺，并用契约作为表达共识的方式和载体，也就是说，社会共识成为社会契约达成的前提和基础。

第二，有契约而无共识。在某些情况下，即使我们并没有一致同意(特别是在政治生活中)，但由于我们从中获得了利益(例如说因为法律禁止对他人人身造成伤害而使得我自身也免于受到伤害)，我们就产生对社会契约进行遵循的义务(如前例中，法律实质上也是一种契约，它保护我免于受到伤害，同时我也必须遵循它而不伤害他人)。在这种情况下，比起共识来说，更毋宁说是所获得的利益与相应的义务成为达成契约的基础。

第三，有共识而无契约。在某些情况下，尽管人们就某事达成了共识，但他们并不会对此事签订契约，也就是说不会允诺向对方承担某种责任或义务，在这种情况下，社会共识的范围比社会契约更加广泛。

三、社会共识与社会承认

社会承认概念是由查尔斯·泰勒提出来的，他的社会承认理论实际是

① ［英］迈克尔·莱斯诺夫. 社会契约论文选·导论［M］//迈克尔·莱斯诺夫. 社会契约论. 刘训练，李丽红，张红梅，译. 南京：江苏人民出版社，2012：306.

跟社会认同密切相关的概念。泰勒认为过去的认同问题主要是由社会地位决定的，因此内在地包含着普遍的承认，但内在发生的，涉及人的“本真性”的独特的认同却并不先验地享有这种承认，而必然通过对话、交往来获得。他指出，“人类生活的本质特征是其根本性的对话特征。”①泰勒的承认观念涉及私人领域和公共政治领域。

社会承认与社会共识的达成有许多相近之处：第一，社会承认和社会共识都首先承认差异的存在；第二，社会承认和社会共识都要求平等地对待现实存在的文化；第三，社会承认和社会共识都需要依赖于人际间的对话和交往才有可能达成；第四，社会承认和社会共识并非都导致同质化。

但同时，承认并不必然达致共识，正如哈贝马斯曾经指出的那样，在共识达成之前，双方必须相互承认彼此的意向，也就是说，承认是达成共识的必要条件，然而承认并不一定必然导致达成共识，只表明对对方的意向或行动表示具有合理性。要达成共识，还需要反复沟通、协商等一系列的复杂过程。

四、社会共识与集体意识

集体意识是一种在长期的集体行为中所形成的普遍化的思想意识，在迪尔凯姆那里，“社会成员平均具有的信仰和感情的总和，构成了他们自身明确的生活体系，我们可以称之为集体意识或共同意识”。② 集体意识并不是一朝一夕形成的，而是经过了漫长的过程演变而来，是历史的产物。在迪尔凯姆看来，集体意识并不是整体的社会意识，而只是社会意识的一小部分。诸如法制、政府、科学、工业等所行使的职能都属于社会意识，但是却不属于集体意识，只有集体共同形成的信仰或感情的总和才能被称为集体意识，因此，集体意识更多的是一种心理上、情感上的共同意识，

① [加]查尔斯·泰勒. 童之林，等译. 承认的政治[M]//汪晖，陈燕谷. 文化与公共性. 北京：生活·读书·新知三联书店，1998：296.

② [法]埃米尔·涂尔干. 社会分工论[M]. 渠东，译. 北京：生活·读书·新知三联书店，2000：42.

它能够影响到个人的感情和信仰。可见，如果按照迪尔凯姆的理解，集体意识应该具有相对稳定性和普遍性，是社会共识的一种类型。

五、社会共识与普世价值

所谓的普世价值，亦称普遍价值或普适价值，是指对世界上所有的人或大多数人普遍适用、能够为人们普遍认同和普遍共享的价值。① 对于普世价值是否存在的问题，学界的争论很多，在此无法一一梳理。本书倾向于认为世界上是存在着对整个人类社会都具有普遍意义的价值的，例如保护环境、反对恐怖主义、防止核扩散等，这些对于整个人类的生存与发展都起着至关重要的作用，如果说对此存在异见的话，那么就是在于什么样的行为是保护环境，如何定义恐怖主义之类实体性问题上存在不同意见。

社会共识与普世价值是一对互相联系却又相互区分的概念。首先，从概念本身出发，社会共识指的是主体对某种价值观念达成的一致意见；而普世价值则是价值的一种类型，因此，"这两个概念根本就不是同一系列的概念，更不是相互对峙的概念。"②其次，从二者的关系来看，普世价值是社会共识的对象，如果某种价值成为普世价值，那么它必定能够成为整个社会的共识，但反过来，社会共识的对象却不一定能成为普世共识，例如社会主义核心价值观即使已成为中国人的共识，但不一定具有普世价值的性质，也就是说普世价值的范围更严格，更加追求"普遍适用性、普遍永恒性、表述上的普遍必然性判断以及普遍共享性"。③

六、社会共识与常识

常识是人们在长期的社会生活实践中所形成并分享的知识，某种知识

---

① 汪信砚. 普世价值·价值认同·价值共识——当前我国价值论研究中三个重要概念辨析[J]. 学术研究，2009(11)：5-10.

② 汪信砚. 普世价值·价值认同·价值共识——当前我国价值论研究中三个重要概念辨析[J]. 学术研究，2009(11)：5-10.

③ 程广云，韩璞庚. 论普世价值如何可能[J]. 学术月刊，2002(5)：14-21.

变成常识，其实也是一个共识化的过程，但是社会共识却并不一定会成为常识，原因在于社会共识有可能只是“权宜之计”或者暂时的平衡状态，而常识则是持久而普遍起作用的知识，因此常识可以说是社会共识的一种类型，社会共识的范围更为广泛。

第二章　社会共识的思想史以及共识的历史形态考察

要考察社会共识的思想史，可以从以自然经济为基础的传统社会与以大工业及市场经济为基础的现代社会作为考察的节点，当然，二者不可截然区分，现代社会由传统社会演变而来，存在着某些传统社会的因素，但在不同的社会阶段，人们对待差异和共识的态度上存在着各自不同的特征。

第一节　传统社会共识思想溯源

从实践层面来看，传统社会具有同质化倾向，正如迪尔凯姆所说，“社会越是原始，构成它的个体之间就越具有相似性。”①相似性的个体之间达成共识往往比较容易，或者说，人们虽然承认现实生活中充满了矛盾和斗争，但是因为相信绝对合理性(或者最终的“善”)的存在，认为不应该选择多样的生活，而应该按照最终的“善”的法则和尺度来生活。社会生活中的一切是非和善恶都用这种最终的善来评价和衡量。

而从理论层面来看，人们并不否定差异的存在，但是人们对待差异的态度却与现代社会存在着巨大差异，人们倾向于相信世界存在着某种绝对的、普遍性的东西，正如柏林总结的那样，对于任何问题，应该存在一个

① [法]埃米尔·涂尔干. 社会分工论[M]. 渠东，译. 北京：生活·读书·新知三联书店，2000：93.

并且是唯一的一个正确答案。因此人们相信存在着某种“绝对合理”的东西，希望能找到它，为现存社会建立合理的秩序和规范。并且人们认为这种绝对合理性一旦找到或者建立，就具有普遍有效性，不管人类社会如何发展，合理的社会秩序都离不开这种绝对合理性。这种绝对合理性是能够被所有有理性的人们所接受的。而冲突和矛盾的产生“都源于理性与非理性或不充分理性……之间的冲撞”。① 因此，从某种意义上来说，自苏格拉底以来西方2000多年的核心传统具有一元论的倾向，也就是说，人们倾向于相信共识是存在并且可以达成的，尽管存在何种共识在不同学派那里有不同的解答。具体而言，传统社会的共识包括古希腊城邦共同体的自然主义的共识、中世纪哲学的宗教共同体共识、近代启蒙时代的契约主义共识以及现代国家精神共同体的共识思想。

一、古希腊城邦共同体的自然主义共识思想

从起源来看，共识思想可以追溯到古希腊。柏拉图在《克力同篇》中所描绘的苏格拉底在被判处死刑后，拒绝接受朋友的建议逃走，原因在于他认为既然作为雅典公民享受了雅典法律的保护，那么就“事实上形成了一个同意”，要遵守雅典的法律，即使他认为这个法律有不公平之处也应该如此。这可以看作是古希腊共识思想的一个萌芽。而柏拉图的国家理念更是想建立起一个由社会成员所构成的整体，而整体如何构成？这就必然涉及以某种方式来建构起一个整体。亚里士多德的名言“人是政治的动物”预示着，人生活在城邦之中，不能脱离城邦而生存，明确了以城邦共同体为特征的共识思想。概括来说，古希腊共识思想的主要内容和特点可以概括为以下几个方面。

首先，它是一种自然主义共识思想。亚里士多德认为城邦是一种联合体或共同体，是在家庭、村落等联合体的基础上自然生长起来的。亚里士

① ［英］以赛亚·柏林. 自由论［M］. 胡传胜，译. 南京：译林出版社，2003：226.

多德认为家庭、村落等各种联合体都是自然的产物，而城邦又是在这些社会共同体基础之上产生的，所以也是自然的产物。他进而指出，“由此可以明白城邦出于自然的演化，而人类自然是趋向于城邦生活的动物(人类在本性上，也正是一个政治动物)。”①

其次，城邦表现出整体主义特征，城邦的最高价值是追求共同的善。亚里士多德对此有过详尽的描述，他认为城邦是由一定人数所构成的能够自给自足生活的集合体。城市是一种社会组织，但是其中一个特殊的类型，那就是由许多公民集合起来而形成的政治团体。对于城市的整体性，亚里士多德指出，“城邦[虽在发生程序上后于个人和家庭]，在本性上则先于个人和家庭。就本性来说；全体必然先于部分；以身体为例，如全身毁伤，则手足也就不成其为手足，脱离了身体的手足同石制的手足无异，这些手足无从发挥其手足的实用，只在含糊的名义上大家仍旧称之为手足而已。”②进而，亚里士多德认为，个人的集合组成了城邦，因此城邦是要先于个人的，单独的个人是不能够自给自足地生存下去的，必须要生活在作为整体的城邦之中，这样才能相互满足彼此的需要。亚里士多德认为，不管一个人是因为被城邦所抛弃或是因为自身的孤傲而离开城邦独自生活，这个人就不能算得上是一个真正的人，要么是野兽，要么就是神祇。

正是在这种对整体主义的追求中，公民逐渐形成对城邦的认同，个人不能离开城邦而生活，因此城邦高于个人，城邦的共同善是城邦的最高价值，它超越个人和家庭的利益，成为最高的善。以它为目标，作为共同体的城邦也更加成为利益一致的有机整体。在亚里士多德看来，城邦是最高的共同体，它所追求的是最高的善，他说，“我们见到每一个城邦(城市)各是某一种类的社会团体，一切社会团体的建立，其目的总是为了完成某些善业——所有人类的每一种作为，在他们自己看来，其本意总是在求取

① ［英］以赛亚·柏林. 自由论［M］. 胡传胜，译. 南京：译林出版社，2003：226.

② ［古希腊］亚里士多德. 政治学［M］. 吴寿彭，译. 北京：商务印书馆，1983：8-9.

某一善果。既然一切社会团体都以善业为目的，那么我们也可说社会团体中最高而包含最广的一种，它所求的善业也一定是最高而最广的：这种至高而广涵的社会团体就是所谓‘城邦’，既政治社团(城市社团)。”①亚里士多德进而详细论述了最高的善，在他看来，智慧、节制和正义、勇毅和坚韧是一个城邦所应该具备的美德。“勇毅和坚忍为繁忙活动所需的品德；智慧为闲暇活动所需的品德；节制和正义则在战争与和平时代以及繁忙和闲暇中两皆需要，而尤重于和平与闲暇。”②

再次，在城邦中，必须有所共通，也就是有些东西是共有的或者公有的。在柏拉图所述的苏格拉底那里，包括私有财产、妻子都必须归公，城邦的所有一切应该尽可能的划一、尽可能的一致。这样人们在思想上自然也是高度一致，达到高度共识。亚里士多德对这种过度划一的城邦是持批评态度的，他认为，城邦的本质就体现为各种分子的集合，因此过分划一的结果就会导致城邦本质的消亡，因此即使它有可能实现，也不应该实现，更何况苏格拉底对如何实现整齐划一的城邦并没有做出充分的论述和说明。当然，虽然亚里士多德不赞同苏格拉底那种划一的城邦，但是他同样认为城邦必须有所共通，在他看来，如果没有共同分享的东西作为基础，就不能称为共同体。他认为，城邦所共同的东西包括“共同的‘社会生活’——婚姻关系、氏族祠坛、宗教仪式、社会文化活动等”，③ 正是这些共同的“社会生活”把人们结合在一起，形成了共同体，而除此之外，最重要的是要实现自足而至善的生活，这是城邦要实现的最终目的，也是城邦作为最高的共同体与家庭、村落等共同体最大的区别。

又次，城邦具有公共空间，人们在公共空间中通过公开辩论解决争

① ［古希腊］亚里士多德. 政治学［M］. 吴寿彭，译. 北京：商务印书馆，1983：3.

② ［古希腊］亚里士多德. 政治学［M］. 吴寿彭，译. 北京：商务印书馆，1983：393.

③ ［古希腊］亚里士多德. 政治学［M］. 吴寿彭，译. 北京：商务印书馆，1983：140.

端。城邦体现出了一种合作关系，人们之所以能够形成一种合作关系，在于他们分享某种有关善或正式的生活方式的观念，正是在这种关于共同的善的观念下兴起了一种不同于私人生活或私人事务的某种社会公共生活与公共事务。正如阿伦特所说："城邦国家的兴起意味着人们获得了其私人生活之外的第二种生活，即他的政治生活。这样，每个公民都有了两个生活层次：在他的生活中，他自己的东西与公共的东西。"①这种公共的东西催生出了一个早期的公共领域，韦尔南也指出："只有当公共领域出现时，城邦才能存在。这里的公共领域是两个意义上的，它们既相异又相关：一是指涉及公共利益的、与私人事务相对的部门，二是指在公众面前进行的、与密教仪式相对的公开活动。"②城邦"社会生活中最重要的活动都被赋予了完全的公开性"。③ 典型的公开活动或公共空间是公民大会或"公众集会广场"(agora)。人们认为，公民是城邦的主体。在亚里士多德那里，公民就是具有相同身份的自由人，他们具有平等地参与城邦事务的权利，他们通过公民大会或"公众集会广场"进行政治参与。公民大会具有几个方面的特征：①城邦的全体公民都有权利成为公民大会的成员；②有关城市的公共事务都要在公民大会中进行讨论；③公民大会的讨论是公开、自由和平等的，无论是涉及公共利益还是个人之间的利益纠纷，人们都通过相互的论辩进行讨论、解决，也就是说，只有通过具有说服力的话语才能够说服他人，而不存在话语本身之外的其他力量，人们认可并遵守一些基本的话语规范。

最后，城邦具有适用于全体公民的法律。古希腊黄金时代的执政者伯里克利在雅典阵亡将士葬礼中发表的演说中指出："我们的制度之所以被

---

① [美]汉娜·阿伦特. 人的条件[M]. 竺乾威，译. 上海：上海人民出版社，1999：19.

② [法]让-皮埃尔·韦尔南. 希腊思想的起源[M]. 秦海鹰，译. 北京：生活·读书·新知三联书店，1996：38.

③ [法]让-皮埃尔·韦尔南. 希腊思想的起源[M]. 秦海鹰，译. 北京：生活·读书·新知三联书店，1996：38.

称为民主制度，因为政权是在全体公民手中，而不是在少数人手中。在解决私人争执的时候，每个人在法律上都是平等的……正因为我们的政治生活是自由而公开的，我们彼此间的日常生活也是这样的……在我们的私人生活中，我们是自由和宽容的；但是在国家事务中，我们遵从法律。这是因为这种法律使我们心悦诚服。对于那些我们放在当权地位上的人，我们服从；我们服从法律本身，特别是那些保护被压迫者的法律，那些虽未写成文字、但是违反了就算是公认耻辱的法律。"①

可以说，在古希腊哲人那里，作为共同体的城邦是建立在共同的城邦理想和民主制度所包含的信念基础上的，也就是说，他们对何为城邦、何为城邦中的公民、公民的权利义务等根本性的问题有着一致的意见，追求城邦的公共的善是最高的价值取向和最大的共识。

二、中世纪哲学的宗教共同体共识思想

中世纪哲学的许多思想都是从神学的怀抱中诞生的，对共识问题的研究也同样如此。在这一时期，共识是宗教的武器，它可以用来说明政治社会的合法性，当然，在早期中世纪思想当中，政府的产生是一种恶，是原罪所导致的结果。但是从13世纪开始，思想家也开始接受政府的产生在于政府与民众之间存在着某种契约的观点，例如托马斯·阿奎那在《论君主政治》提到政府与民众之间存在某种契约，如果政府实施的是暴虐的统治，那么民众有权不再遵守约定。而中世纪集大成的学者奥古斯丁的共识思想集中体现在他的《上帝之城》中。他的共识思想主要说明两个问题：一是政治社会的产生；二是人们社会生活的共同目标。

首先，对政治社会的产生，奥古斯丁是通过对西塞罗的观点的理解和解读来阐释的。西塞罗对政治社会的基本定义是这样的："然而所谓人民，并非人群任意一种形式的集合，而是众多的人，就正义以及为共同的善而

---

① ［古希腊］修昔底德. 伯罗奔尼撒战争史(上册)［M］. 谢德风，译. 北京：商务印书馆，1985：130.

合作，通过一种共识联系在一起。”①奥古斯丁部分地接受并发展了西塞罗的观点，他给人民下的定义是：“所谓人民就是由某种一致拥有的爱的对象而联系在一起的理性动物的集合体。”②在他看来，理性的存在者，只要是因为爱的共识而联系在一起，就可以称为人民。这里表现出一种最低限度的共识的概念，理性动物只要是对某种爱达成了共识，那么他们的集合体就能称为人民，从而也构成了某种形式的社会。按照这一共识标准，就算是奥古斯丁所批判的罗马，“按照我们的定义，罗马人确实是人民，它的‘事业’无疑是共和国。至于这个人民所热爱的对象，历史已经告诉了我们，而在前面几卷我也作了阐述，无论在它的早期还是后继的各个时期。我说明了它如何遭受内战和血腥分裂而衰退，构成人民健康的和谐的关系如何瓦解。然而我并不按照这种解释说罗马人并非真正的人民，或者说罗马并非共和国，只要它还是一个由某种一致拥有的爱的对象而联系在一起的理性动物的集合体。”③奥古斯丁进一步指出，他所说的罗马的情况也适合其他的民族，这些民族只要有爱的共识，就可以形成人民，形成政治社会。因此，政治社会的基础在他那里就不是形而上学基础或自然道德法，而是某种社会共识，也就是他所说的“爱”。这样的一种爱事实上只是集体性的对利益的爱，是一种集体性自私之爱。从奥古斯丁的这一思想中可以看到，对他来说，社会生活是民众对集体性自私之爱所达成的共识，因此是动态的、不断变化的，既然如此，就不存在任何神授的、绝对的政治秩序。

那么，这种政治上的激进态度是否与之护教的目标相背离了呢？实则不然，因为在他看来，在这样的世俗社会中，只是祭祀上帝，而不服从上

① 转引自：[芬]罗明嘉. 奥古斯丁《上帝之城》中的社会生活神学[M]. 张晓梅，译. 北京：中国社会科学出版社，2008：158-159.

② [古罗马]奥古斯丁. 上帝之城[M]. 王晓朝，译. 北京：人民出版社，2006：944-945.

③ [古罗马]奥古斯丁. 上帝之城[M]. 王晓朝，译. 北京：人民出版社，2006：945.

帝，是没有正义可言的。“这样一来，由于灵魂不能公义地、忠实地统治身体，理性不能统治恶行，那么这座城也就不能有真正的正义。”①在这里，奥古斯丁对西塞罗的观点进行了修正。在西塞罗那里，人们对正当的共识程度是有强弱的区别的，也就是说，正义有着不同的程度。然而奥古斯丁所理解的对正当的共识，也就是社会的正义只有一种，即真正的正义，“其含义是依据‘自然秩序’(ordo naturae)的原初和谐而服从上帝。”②他指出，“这样，我们看到一位至高的上帝按照他的恩典统治着一座服从的城，所以它不能祭祀别神，只能祭祀上帝。由此带来的结果是，在属于这座城并且服从上帝的所有人那里，灵魂统治着身体，理性在合法的秩序中忠实地统治着各种恶德。在这座城中，个别的义人、社团和正义的民众，都按照信仰生活，并通过爱来生效。人们必须爱上帝，爱邻人，要爱人如己。但在没有正义之处，就没有通过法权的一致和共同的利益统一起来的集合体。所以也就没有共和国，因为在没有‘人民’之处，就没有‘人民的事业’。”③在奥古斯丁看来，爱的对象好，人民就好；爱的对象糟，人民就糟，爱的最好的对象就是上帝，真正的正义只能存在于天上的城。如此一来，正义就不再是世俗、现实意义上的概念，不再是自然道德问题，而是超验的、末世论的，是一个真正的宗教问题。另外，在《忏悔录》中，奥古斯丁还对宗教权威的服从与世俗权力的服从基础进行了区分，他认为世俗权力的基础是人们对国王权威服从的契约，以此区别于对宗教权威的绝对服从——因为对上帝的爱的共识而绝对服从。一言以蔽之，在奥古斯丁的思想中，对爱的共识存在于地上之城，也存在于上帝之城中，但地上之城爱的共识对象是集体性的偏私，是没有正义可言的；而在上帝之城中，爱

---

① [古罗马]奥古斯丁. 上帝之城[M]. 王晓朝，译. 北京：人民出版社，2006：945.

② [芬]罗明嘉. 奥古斯丁《上帝之城》中的社会生活神学[M]. 张晓梅，译. 北京：中国社会科学出版社，2008：165.

③ [古罗马]奥古斯丁. 上帝之城[M]. 王晓朝，译. 北京：人民出版社，2006：944.

的共识对象是上帝，真正的正义只能存在于天上的城。

其次，就人们社会生活的目标而言，奥古斯丁讨论了历史上各种善的观点，提出永久和平的幸福，才是圣徒的目的和真正的完善。即使在世俗生活中，和平也是人们所达成的共识，虽然在不同的人那里，对和平的理解是不一样的，但人们要做的是要维护或实现自己所认可的和平，甚至不惜用战争来实现自己想要的某种和平。奥古斯丁不厌其烦地对各种和平进行描述，“非理性灵魂的和平在于欲望的正确有序，理性灵魂的和平在于认知与行为之关系的正确有序，身体与灵魂的和平在于生灵的生活与健康的正确有序，人与上帝的和平在于永恒法则之下的有序的服从和信仰，人与人之间的和平在于心灵与心灵之间的有序的一致。家族的和平是一种有序的涉及命令与服从的协调，就居住在一起的人而言；城市的和平是一种有序的涉及命令与服从的协调，就公民而言；属天之城的和平是一种完善的秩序与和谐，享有上帝，相互之间共处于上帝之中。一切事物的和平在于秩序的稳定，秩序是平等与不平等事物的配置，使每一事物有其恰当的位置。”①奥古斯丁区分了地上之城的和平与天上之城的和平，但是为了社会生活的延续，也需要接受地上之城的和平共识。“因此，甚至连属天之城在客居期间也使用属地的和平，向往和保持人们在获取这些属于人的可朽本性的事物时的合作，只要它不歧视真正的虔诚和宗教。”②如此一来，地上之城的和平与天上之城的和平关联了起来。所以在奥古斯丁那里，虽然真正的和平要在天上之城才能实现，但在地上之城中，对和平的最低限度的共识是维护社会秩序，使社会生活不至于失序的必要条件。

奥古斯丁基于上帝之城的对人和世界存在的终极解释，给当时混乱的中世纪提供了一道明亮的曙光。在某种程度上，正是基督教的兴起，使得日耳曼文化与希腊罗马文化的保存和融合发展成为可能，整个社会也在这

---

① ［古罗马］奥古斯丁. 上帝之城［M］. 王晓朝，译. 北京：人民出版社，2006：923-924.

② ［古罗马］奥古斯丁. 上帝之城［M］. 王晓朝，译. 北京：人民出版社，2006：932.

种信仰共识之下得以整合发展，共同的信仰以及信仰所转化为的道德对成员进行整合，给社会带来了巨大影响。基督教教会甚至还试图把宗教生活与世俗生活统一到一起，从对人们的精神世界的统治进入对现实政治生活的统治，把信仰层面的共识扩大到政治共识。当然，在中世纪一直伴随着王权与教权的斗争，直到中世纪后期到文艺复兴时期，基督教从政治生活中退位，回归到精神信仰的领域。

三、近代启蒙时代契约主义共识思想

近代启蒙时代的共识思想主要表现在社会契约理论中。17、18世纪是社会契约理论盛行的时期，正是在这一时期，人们对政治合法性、政治权力和政治义务的根源进行了广泛的讨论，不同于过去的父权、神权、天赋权力、自然法、习俗等各类起源，社会契约理论认为政治合法性的根源在于组建某种社会或政府的人们的主动同意，或者说类似的同意(如代表、多数人同意原则，默认的同意等)。尽管前文已经探讨过社会共识与社会契约的诸多差异，但是，在霍布斯、洛克和卢梭的社会契约论中，仍然涉及了许多有关共识的问题，甚至可以说，社会契约的达成实际上内在地包含着多方共识的问题。

首先，从社会契约的前提来看，在霍布斯、洛克和卢梭的社会契约理论那里，都至少存在着两个方面的共识。其一，要改变“自然状态”的共识。霍布斯和卢梭都论述过“自然状态”，“自然状态”是契约订立之前的状态，正是因为这个自然状态有着诸多的不便，人们才要通过某种契约来改变这种自然状态。当然霍布斯和卢梭对自然状态的理解有所不同，在霍布斯那里，人在身心两方面整体的大致平等，使得人们要求利益的平等，人求利、求安全、求名誉的天性使得竞争、猜疑、荣誉成为人们之间造成争斗的主要原因，最终形成“每一个人对每一个人的战争”①的自然状态，在

① ［英］霍布斯. 利维坦［M］. 黎思复，黎廷弼，译. 北京：商务印书馆，1986：94.

这种自然状态之下，“不可能有任何事情是不公道的。是和非以及公正与不公正的观念在这儿都不能存在。没有共同权力的地方就没有法律，而没有法律的地方就无所谓不公正。暴力与欺诈在战争中是两种主要的美德。”①然而，卢梭却认为在自然状态下的人们是天性善良的，在这种状态下，“没有农工业、没有语言、没有住所、没有战争、彼此间也没有任何联系，他对于同类既无所需求，也无加害意图……”②但是卢梭也认为这种自然状态面临着诸多不利于人类生存的障碍，并且给人们带来的生存阻力越来越大，如果不改变这种状态，人类将无法生存下去。而在洛克那里，自然状态也是好的，自然状态与战争状态之间的区别，“正像和平、善意、互助和安全的状态与敌对、恶意和互相残杀的状态之间的区别那样迥不相同。”③这种自然状态受着自然法则的支配，也就是谁也不应当危害他人的生命、健康、自由和财产，从而保持良好的运转，洛克在此诉诸神学的解释，认为上帝从不做无用之事，自然法则既然是上帝所制定的，那么人们就可以凭理性去发现它。然而，它仍然存在着缺陷，使得自然状态并不像他描述的那么和平和安全。在洛克看来，这个最大的缺陷就在于法律的执行。也就是说，虽然自然法则可以很好地保持人类的自然状态，但人们却对自然法则如何进行解释和实施存在着争议，因此，尽管最初自然状态是美好的，但最终仍会变得不能接受。其二，契约的订立必须要有多数人的彼此同意。洛克认为诉诸个人同意，则可以由另一个人来管辖自身。这种同意，更多地体现为一种默认的同意，也就是说，“一个人在默默地享受国家的保护的同时，就是在表达其对国家的默认的同意。”④而在卢梭那里，

---

① ［英］霍布斯. 利维坦［M］. 黎思复，黎廷弼，译. 北京：商务印书馆，1986：96.

② ［法］卢梭. 论人类不平等的起源和基础［M］. 李常山，译. 北京：商务印书馆，1997：106.

③ ［英］洛克. 政府论（下篇）［M］. 叶启芳，瞿菊农，译. 北京：商务印书馆，1964：14.

④ ［英］乔纳森·沃尔夫. 政治哲学导论［M］. 王涛，赵荣华，陈任博，译. 长春：吉林出版集团有限责任公司，2009：44.

这种同意既可以是默认的，也可以是公开的。

其次，从社会契约的实质来看，社会契约实际上是要设计良好的制度或者规则，而制度和规则后面体现的是人民的共同利益，也就是卢梭所说的“公意”。卢梭明确指出，“为了使社会公约不至于成为一纸空文，它就默契地包含着这样一种规定——唯有这一规定才能使得其他规定具有力量——即任何人拒不服从公意的，全体就要迫使他服从公意”。① 公意作为人们共同利益的代表，是法律和社会秩序的基础，公意的应用不仅形成了国家主权，而且国家制定的每一条法律都要体现公意。法律作为社会结合的条件，就是公意的行为，体现了意志的普遍性与对象的普遍性的统一。

最后，从社会契约所要实现的目标来看，霍布斯希望通过良好的制度安排对不同的个人利益和集团利益的协调与平衡，达成一种共识，当然，这种共识是以暂时的妥协为核心的。而在卢梭那里，社会契约要解决两个问题：其一，国家成立的正当性何在，即政治正当性问题。其二，人民如何表达自己的意志。卢梭试图用公意的概念来解答这两个问题。他区分了公意与众意。在他那里，众意是指简单的多数人的意见，只是在特殊利益总和的基础上做简单的相加得出的结果，也就是各个特殊利益的简单聚合；而公意则代表了全体公民的普遍的、最高的利益，是全体公民的共同意志和一致愿望，是将各种特殊意志和愿望联结起来的纽带。卢梭区分众意和公意旨在把公共性作为政治合法性的基础，而这种公共性的实质内容就是要在全体公民中达成共识。因此，卢梭实际上把公共性确立为政治的最高目标，认为政治的合法性就来源于这种公共性，而公民个人也应该把公共的自由、幸福确立为每个人的目标和义务，重建政治的合法性，把公共自由和公共幸福确立为每个人的目标和义务，同时在公共性框架内重新安排个人利益的获取途径，把个人利益的追求变成合法的权利。从某种意义上来说，卢梭的公意更多的是一种“心灵的共识”，是个人在遵循集体决

① ［法］卢梭．社会契约论［M］．何兆武，译．北京：商务印书馆，1980：29.

定的同时又保持自身自由的方式。

在近代启蒙时期最值得一提的是休谟，不管把休谟看作是社会契约论者还是社会契约论的批评者，在谈到社会契约理论时都不应该错过他。休谟在某种程度上赞同原初的人们为了生存，的确需要有达成合作的共识，但是他反对把这种原始契约作为现实的政府合法性的依据。在他看来，原始契约不过是历史和人类学的幻象，因为从经验上来说，过去或者现在，几乎没有国家是从原始的契约或者同意演变而来的，更多的是建立在强力的基础之上。并且休谟认为，我自己的义务应该建立在我的同意之上，而非他人，因此即便存在着原始契约，也不能因为我们的祖先的同意就要求我们来遵循这种同意基础上的义务。最重要的是，对社会契约理论提出来的同意是道德义务的根基这一点，休谟也提出了批评，他认为人们的道德义务只有两种：一种是直觉的本能使正常的人所追寻到的(如对孩子的爱，受惠后的感激等)；另一种是对人类社会有用的。休谟认为这两类才是所有的人都认可的道德义务的首要类型，与同意无关。

在契约理论者中需要单独梳理的是康德，因为康德的政治哲学思想长期以来并没有得到应有的重视，或许正如有学者所说，首要的原因在于“他在认识论和形而上学著作中所展现出来的压倒性的天才思想使他在别的方面的著作黯然失色”。① 然而，作为启蒙时代最后一位主要的哲学家，他的思想也受到契约论思想的影响，在其政治哲学的著作中也可以看到他对“契约”“同意”的论述。

康德的社会契约理论中的同意思想主要包含以下几点：强调所有人的同意；同意只是观念的同意，并不是历史的事实；同意是法律是否正义的标准，也是国家合法性的来源。

康德认为人们对原始契约的同意并不是事实的同意，而是一种假定性的同意。这一点与卢梭的观点相左。美国学者托马斯·韦伯将康德的同意

① Jeffrie G. Murphy. Hume and Kant on the Social Contract[J]. Philosophical Studies, 1978, 33(1): 65-79.

解读为“结构性的同意”,① 也就是假定性同意的一种。他在论文《论通常的说法：这在理论上可能是正确的，但在实践上是行不通的》中，详细地说明了这一点。

……可是这一契约(叫做 contractus originarius[原始契约]或 pactum sociale[社会公约])作为人民中所有的个别私人意志的结合而成为一个共同的和公共的意志，(为了纯然合权利的立法的缘故)却决不可认为就是一项事实(这样一项事实是根本就不可能的)，竟彷佛首先就必须根据已往的历史来证明曾有过一族人民，其权利和义务是我们作为后裔的继承下来了的，竟彷佛这族人民确实曾经有一度完成这样一桩行动，……并且还一定得在口头上或书页上留下给我们一项确凿无疑的有关通告或工具，好使我们尊重自己所要受到的那种既定的公民体制的束缚。它的确只是纯理性的一项纯观念，但它却有着无容置疑的(实践的)实在性，亦即，它能够束缚每一个立法者，以致他的立法就正有如是从全体人民的联合意志里面产生出来的，并把每一个愿意成为公民的臣民都看作就彷佛他已然同意了这样一种意志那样。因为这是每一种公开法律之合权利性的试金石。也就是说，倘若法律是这样的，乃至全体人民都不可能予以同意的话，(例如，某一阶级的臣民将世袭地享有统治地位的特权)那么它就是不正义的；但是只要有可能整个人民予以同意的话，那么认为法律是正义的便是义务了，哪怕在目前人民处于这样一种状况或者思想情况，即假如征询他们对它的意见的话，他们或许是会拒绝同意它的。②

在这里，康德跟卢梭一样，也强调全体同意，但是，在康德看来，同

① ［美］艾瑞克·托马斯·韦伯. 新旧社会契约论［J］. 毛兴贵，译. 国外理论动态. 2012(5)：37-50.

② ［德］康德. 历史理性批判文集［M］. 何兆武，译. 北京：商务印书馆，1996：190-191.

意不是被看作人们具有遵守法律的道德义务的基础，而是表明在人们都同意的情况下，法律就是正义的。

《法的形而上学原理——权利的科学》中，康德写道：

> 人民根据一项法规，把自己组成一个国家，这项法规叫做原始契约。这么称呼它之所以合适，仅仅是因为它能提出一种观念，通过此观念可以使组织这个国家的程序合法化，可以易为人们所理解。根据这种解释，人民中所有人和每个人都放弃他们的外在自由，为的是立刻又获得作为一个共和国成员的自由。从人民联合成为一个国家的角度看，这个共和国就是人民，但不能说在这个国家中的个人为了一个特殊的目标，已经牺牲了他与生俱来的一部分——外在的自由。他只是完全抛弃了那种粗野的无法律状态的自由，以此来再次获得他并未减少的全部正当的自由；只是在形式上是一种彼此相依的、受控制的社会秩序，也就是由权利的法律所调整的一种文明状态。这种彼此相依的关系，产生于他自己的那种有调整作用的立法意志。①

由此可见，康德也认为国家的合法性来自于人们之间的契约。但是，康德在这里强调，是原始契约的“观念”使得国家合法化。在康德那里，所谓的原始契约并不是一种真实的契约，而是基于先验的理性原则所产生的自然的契约，体现为一种先验的理性观念。因为人是理性的存在，因此就会同意政治权威，权威不能通过商议或讨论，因为参加讨论的个人价值观、立场、偏好都存在差异，他们所商议的并不一定符合公正的原则，只有理性才是权威的来源。在康德那里，权威是人们在理性的状态下所认可的，理性就是人们在最初的情形中(类似于后来罗尔斯所说的原初状态)为了解决人们之间的事务而选取的规则，由此康德通过普遍理性作为全体一

① ［德］康德. 法的形而上学原理——权利的科学［M］. 沈叔平，译. 北京：商务印书馆，1991：143.

致的同意可能达成的媒介。

从本质上看，社会契约理论并不是关于社会是如何通过订立契约而产生的理论，而是涉及政治权威的合法性以及共同体与其成员之间的义务的合理性，其实质是一种政治共识。社会契约理论中的政治共识这一概念的提出，超越了早期西方政治学中的自然主义与超自然主义的观点，极大地影响了西方政治学的发展。按照自然主义的政治理论，政治生活以及政治权威都是自然而然形成的，亚里士多德的“人天生是政治动物”的断言表明在他那里，政治生活是自然发展而来，男人和女人先自然结合形成家庭，然后是村落，进而是城邦，在城邦中人们实现最高的善。而在超自然主义的观点那里，政治权威来源于“神授”，“政治权威的合法性是建立在上帝的意志基础之上的”。① 社会契约理论却认为政治权威的合法性来自于各方的同意。各种社会契约理论在对表达一致同意的方式上存在差异，正如迈克尔·莱斯诺夫所说：“有些理论实际上把人民视为一个整体，认为他们具有共同的利益和单一的意志，因此，他们可以直接与其统治者订立契约；另一些理论则更为激进，它要求单个公民各自意志的一致同意。”②当然，这里面还存在着把人民视为一个整体来获得同意与要求单个公民各自意志一致同意这两种形式的折中或杂糅。有的认为是原初同意，有的认为是现实的同意；有的认为是所有单个人的同意，有的认为是作为整体的人民的同意；有的认为是潜在的同意，有的认为是实际的同意，等等。然而，无论是哪种形式的同意，社会契约论最本质的特征在于，假定所有服从这个政治权威的人之间存在一致同意，人们一致同意出让一部分权利给共同体，形成某种契约。但这种契约不仅仅涉及同意，因为同意有可能只是单方面的，而契约则是双方面甚至多方面的，不仅仅涉及公民同意让渡部分权力，也涉及政府同意承担保护公民、调解纠纷、国防等

① ［英］迈克尔·莱斯诺夫．社会契约论［M］．刘训练，等译，南京：凤凰出版传媒集团，2010：13.

② ［英］迈克尔·莱斯诺夫．社会契约论［M］．刘训练，等译，南京：凤凰出版传媒集团，2010：13.

政治义务，因此，把社会契约理论称作同意理论，毋宁说它是一种共识理论。

社会契约理论对西方政治学的发展产生了巨大影响，虽然霍布斯、洛克、卢梭等人对社会契约理论的阐发存在差异，并且社会契约背后所体现出的种种共识含有某些乌托邦的成分，但是社会契约理论在反对封建专制与君权神授方面起到了积极的作用，这些思想在后来的法国大革命与美国的《独立宣言》中都有体现。而从理论上来说，这些思想对我们今天研究共识问题仍然有深刻的借鉴意义，有人把启蒙时代的社会契约理论分为“霍布斯式的契约主义”与“洛克、卢梭式的契约主义”，甚至认为当代的一些思想家都可以划归到这两类之中，如前者以戴维·高蒂耶、詹姆斯·布坎南为代表，后者以罗尔斯和凯斯伦为代表，可见启蒙时代的社会契约理论对当代政治学、政治哲学的深远影响。但我们也看到，诸如霍布斯的社会契约的思想，更关注个人权利与国家权利之间或者是个人权利与集体权利之间契约的达成，其实质是对国家政体的一种理想性的设计。卢梭强调公意是所有人的意志，但群体或党派的特殊利益甚至是市民之间的交流都会影响到公意，此时公意就不再是所有人的意志了，这也体现出了卢梭的个人主义立场：个人知道其在公共生活中所想要的，并且决定了自己的意志，此时任何来自他人的说服都会损害或压制这种意志，而实际上在现实生活中要达成共识不可能不面临着来自外界的影响。而康德的普遍道德法则是超越个体差异与个人利益，不论时代与文化差异对每个理性存在都普遍有效的道德律令，在某种意义上是一种带有思辨色彩、与现实生活无涉的普遍主义。

四、现代国家精神共同体共识思想

如果说古希腊社会城邦共同体的共识思想体现为一种自然主义的共识思想的话，那么在黑格尔这里，则体现为现代国家精神共同体的共识思想。黑格尔对希腊共同体进行了深刻的反思，一方面，他认为古希腊和罗马人曾经建立起一种伦理和精神自由的典范，将民族精神、宗教、自由统一于共同体，社会成员在共同体的观念下团结一致，创造出了使他们能够超越自然压迫和异族竞争的巨大力量，古代学术、艺术因此得以发展，而它的社会成员也因为参与了共同意志的贯彻而体会到珍贵的政治自由和精神享受。① 另一方面，他站在近代个体性原则的基础上，又认为这种共同体伦理生活使得个体的个性张扬受到抑制，也正是因为如此，随着人们个体意识的崛起，人们越来越不关注公共生活和公共事务，古希腊的共同体最终被孤立，分散的个人生活所吞噬。因此，在法国大革命爆发之初，黑格尔对法国大革命抱有极高的评价，认为它带来了个人理性的发轫。但是，随着法国大革命局面的失控，黑格尔开始反思个体意识的觉醒和现代的个人主义所带来的巨大的危险。他意识到如果个体的自由、权利没有社会整体的精神作为保障，那么个体利益和权利只能成为一种抽象的概念，而无法在现实生活中得到实现。因此，黑格尔希望将个体自由融入到古希腊那种伦理共同体之中，调和市民社会与政治国家之间的冲突，重建一种新型的现代共同体。在这种新的共同体中，抽象的个人主义被超越，个人的自由与整体的共同得以统一。

事实上，在黑格尔早期的作品《论爱》中，就指出了人们在现代经济生活中有相似的需求、共同的追求、共同的活动和事务，因此产生了一种潜在的“共同的精神”，“许多人之间的联系依赖于需求的相似，这种联系显示在可以共同的对象中，显示在假定这些对象的关系中，以及显示在对这些对象的共同追求中和共同的活动和事业中，一组相似的目的、全部肉体的需求可能成为有限事业的对象，在这样一个事业中，一个类似的精神显示它自身，而这一共同的精神是喜欢表现自己的”。② 但是，如果没有确立一个社会整体，那么经济活动就难以持续进行下去，因此“伦理整体必须

---

① ［德］黑格尔. 黑格尔早期著作集(上卷)［M］. 贺麟，译. 北京：商务印书馆，1997：323.

② ［英］普兰特. 黑格尔政治哲学中的经济和社会的整体性［M］//中国社会科学院哲学研究所，西方哲学史研究室. 国外黑格尔哲学新论. 王玖兴，汝信，王树人，统校. 北京：中国社会科学出版社，1982：281.

要认识到这种(经济)体系的内在空虚，不仅要防止它在量的方面的迅速增长，而且阻止它所追求的更大的差别和不平等的发展”。① 这个伦理整体就是作为精神共同体的现代国家。现代国家是由市民社会过渡过来的，在《法哲学原理》里，黑格尔指出，“同业工会局限的和有限的目的，在自在自为的普遍目的及其绝对的现实中，具有它的真理性。在警察的外部秩序中存在着的分立及其相对的同一，也是这样。因此，从市民社会的领域过渡到国家。”②在黑格尔那里，国家和市民社会应该是区分开来的，他指出，“如果把国家想象为各个不同的人们的统一，亦即仅仅是共同性的统一，其所想象的只是指市民社会的规定而言。”③黑格尔认为，国家不仅仅是共同性的统一，而应该是普遍性与特殊性的统一，在国家中，个人的目的与国家的目的是同一的，“如果把国家同市民社会混淆起来，而把它的使命规定为保证和保护所有权和个人自由，那么单个人本身的利益就成为这些人结合的最后目的。由此产生的结果是，成为国家成员是任意的事……这样一来，这些单个人的结合成为国家就变成了一种契约，契约乃是单个人的任性、意见和随心表达的同意为其基础的。”④正如美国学者司退斯所说，在黑格尔那里，“国家无非是个人通过排除他的纯属偶然的、暂时的特性和保留他身上的普遍的东西而得到客观化和永久化的个人本身。”⑤因此，在黑格尔那里，国家成为绝对的、最终的、真正的精神共同体，整个社会的共识都集中体现在了国家的目的上，尤其是在高度文明化的国家中，个

---

① [德]黑格尔. 论自然法的科学探讨方式[J]. 程志民，译. 哲学译丛，1997(4)：1-11.

② [德]黑格尔. 法哲学原理[M]. 范扬，张企泰，译. 北京：商务印书馆，1961：252.

③ [德]黑格尔. 法哲学原理[M]. 范扬，张企泰，译. 北京：商务印书馆，1961：197.

④ [德]黑格尔. 法哲学原理[M]. 范扬，张企泰，译. 北京：商务印书馆，1961：253-254.

⑤ [美]W. T. 司退斯. 黑格尔哲学[M]. 廖惠和，译. 北京：中国社会科学出版社，1989：380.

体自觉地将自身与国家的目的同一化，个体的目的与国家的目的实现统一。

第二节　现代社会共识思想考察

与传统社会相对应的是，现代社会更多地充满了异质性，劳动分工加剧，社会生产扩大，社会结构越来越复杂，各种不同的思想、观念、信仰、行为共存甚至相互冲突、交锋，表现出与传统社会的巨大差异。其中最大的特点在于伦理价值的多元化，正如有学者所言，这样的社会特征包括："二战"后文化同质化社会的结束；家庭、组织、政党、国家、宗教情感之类的社会领域中权威力量的弱化；对个人主义的普遍强调以及作为集体机构的日益消失带来对个人主义的保护；移民带来对文化差异的承认的需求。① 这些多元化的伦理价值观念使得共识的达成难度越来越大，理论界对共识的理解和论证也存在着很大差异，一些学者如结构功能主义的代表迪尔凯姆、孔德、斯宾塞、默顿等强调社会团结、凝聚的重要性，因此也被看作是与韦伯、达伦多夫、马克思等人的社会冲突理论相对立的社会共识理论家；罗尔斯、哈贝马斯则在自由主义的整体观照下或多或少地对多元社会中的共识问题进行了论述；社群主义认为共识只能在社群内部才能实现；利普哈特的共识民主理论将共识看作是民主的要义；解释学对理解的探析也内在地包含了共识的可能。

一、自由主义的共识思想

自由主义的代表人物罗尔斯的"重叠共识"思想广为人知。虽然罗尔斯在某种程度上认同多元主义的观点，认为在社会的稳定是否需要根本的政治原则和价值的统一，并且如果需要的话，在何种情况下达到多大程度的

① Valerio Nitrato Izzo. Beyond Consensus：Law，Disagreement and Democracy[J]. Int J Semiot Law，2012(25)：563-575.

统一的问题上，并不存在普遍的哲学的解答，但他更进了一步，试图在各种价值之中寻找到一条建立公平正义社会的途径，结果就与多元主义渐行渐远。他的观点在某些程度上与哈贝马斯不谋而合，例如他在《政治自由主义》一书中也对理性作出了“公共的”和“非公共的”区分，目的是要合理解释现代民主社会中价值的理性多元与社会秩序的稳定统一之间的矛盾，并且他的“理性有效性”的概念也与哈贝马斯的“有效性”类似。

罗尔斯提出了重叠共识的理念，“重叠共识”是指：这种政治的正义观念是为各种理性的然而对立的宗教、哲学和道德学说所支持的，而这些学说自身都拥有众多的拥护者，并且世代相传，生生不息。① 罗尔斯认为在理想的条件下，人们应该就正义原则达成一致同意，他对共识思想的阐发主要是为其正义原则提供理性的证明。在罗尔斯看来，“正义的观念”预设了多种完备性学说的“重叠共识”，它所规定的政治价值是“由于政治权力是作为一个合并实体的、自由而平等之公民的强制性权力，所以，当宪法根本和基本正义问题产生危机时，这种权力只能以人民可以理性地期待全体公民都能按照他们的共同人类理性认可的那些方式来行使”。② 也就是说，由全体公民所理性认可的正义的观念是民主社会公民所能得到的政治统一和社会统一最合乎理性的基础。

当然，重叠共识的实现并非一蹴而就的，而是分阶段的，一是宪法共识阶段；二是重叠共识阶段。在宪法共识阶段，人们由于某些历史原因或者偶然因素，犹犹豫豫地默许或者接受了某些自由主义的正义原则，将其采纳到根本的制度宪法之中，但此时仍是将其作为临时协定看待。慢慢地，人们发现这些原则对自身以及他们所关注的人或者社会带来了普遍的好处，于是便会将这些原则纳入自身的完备性学说中去，正因为如此，即使后来他们发现这些原则与原先的完备性学说是不相容的，他们也不会去

① ［美］约翰·罗尔斯. 作为公平的正义：正义新论［M］. 姚大志，译. 上海：上海三联书店，2002：55.

② ［美］约翰·罗尔斯. 政治自由主义［M］. 万俊人，译. 南京：译林出版社，2000：148.

抛弃这些原则，而是更倾向于调整或修正这些学说。而在罗尔斯看来，自由主义的正义原则能够保障某些基本的政治权利和自由的优先性，并且能够建立起种种保障这些权利、自由的程序。反过来，人们的完备性学说中有了这些正义原则，他们的完备性观点就变得更加合乎理性，理性多元论由此产生，宪法共识达成。

然而，“一种纯政治的和程序性的宪法共识过于狭窄”，① 因为“宪法共识所包含的权利、自由和程序，仅仅涵括了人们对将要发生争论的根本性政治问题的有限部分”。② 正因为如此，各方都希望对其深度、广度进行扩展，对其具体性进行限制，深度“要求其所达成共识的政治原则和政治理想必须建立在一种政治的正义原则之基础上，该政治的正义原则适用于公平正义所阐释的那种社会理念和个人理念”。③ 而广度需要包括并超出基本的权利、自由和程序的原则。当公民开始理性地考虑扩展宪法的深度和广度，把它当作表达政治价值的正义原则加以确认时，就进入了第二阶级，即以政治的正义观念为核心的重叠共识的阶段。重叠共识的核心就是公平正义这样一种具体的政治正义观念。

在罗尔斯看来，虽然社会生活中有许多冲突是因为人们的非理性、盲目、无知或者偏见造成的，但是也有许多发生在理性的个人之间，这一类分歧和冲突是根本的价值冲突，“价值观念的多样性是生活于其中的公民享有基本权利和自由的民主社会的一个永久性特征或基本事实。”④这种根本的价值多元现象排除了在具体情况下由于客观条件、人们理性的限制所导致的不同价值选择，而是涉及理性的人们之间可能产生的根本的价值冲

① [美]约翰·罗尔斯. 政治自由主义[M]. 万俊人，译. 南京：译林出版社，2000：154.

② [美]约翰·罗尔斯. 政治自由主义[M]. 万俊人，译. 南京：译林出版社，2000：154.

③ [美]约翰·罗尔斯. 政治自由主义[M]. 万俊人，译. 南京：译林出版社，2000：152.

④ [美]约翰·罗尔斯. 作为公平的正义：正义新论[M]. 姚大志，译. 上海：上海三联书店，2002：57.

突，也就是罗尔斯所说的“合乎理性的分歧”。① 罗尔斯假定这种分歧是发生在有着共同的人类理性、道德能力以及相似的思想能力和判断能力的“理性的人”之间的。他把在理性的人之间产生冲突的根源称作是“判断负担”。②

罗尔斯对造成这种判断负担的原因进行了详细的论述。

第一，人们在政治生活的日常进程中有许多偶然的未知因素影响人们的理性判断实践。

第二，人们在实践中作出的三种判断都存在困难。①我们有各种目的，需要对这些目的进行权衡，评估其重要性排序，由此影响我们的判断。②不同民族文化对我们个人的实践要求是不同甚至相互矛盾的，因此会影响我们的理性判断。③理性的人们在评价自己运用理论能力的时候也会存在困难。

第三，完全与理性的判断相容的五种根源。①各种经验和科学的证据相互冲突，难以评价。②即使我们考虑到了完全相同的各种证据，但也因为我们对其重要性产生分歧而做出不同的判断。③我们所拥有的观念具有不确定性，导致理性个人的判断和解释具有一定范围的分歧。④争论双方存在不同的规范性考虑，因此难以全面评估。⑤人们在各种价值中进行选择的时候，在价值选择的先后顺序和选择调整上，总是面临巨大困难。

罗尔斯的重叠共识理念的基本特点在于：第一，它承认各种宗教、哲学和道德学说的存在，以及这些学说存在的合理性，因此它实际上是一种多元主义与自由主义融合的思想；第二，重叠共识涉及的只是公共领域，更确切地说是公共领域中的政治领域，因此，其重叠共识表现为政治共识；第三，重叠共识的三个特征是道德目标、道德根据和稳定性，其中道德目标并非个人的道德生活目标，指的是政治生活的道德目标就是要实现

① [美]约翰·罗尔斯. 政治自由主义[M]. 万俊人，译. 南京：译林出版社，2000：50.

② [美]约翰·罗尔斯. 政治自由主义[M]. 万俊人，译. 南京：译林出版社，2000：51.

政治正义观念的重叠共识，这种正义观念是独立于“各完备性宗教学说、哲学学说和道德学说之外的观念”,① 是一种对政治观念的共识，而这种完备性宗教学说、哲学学说和道德学说是重叠共识的根据，人们依照这些根据来对某一政治观念达成重叠共识。

首先，罗尔斯的重叠共识理念把民主的可能性建立在已经存在的同意和先在的共享价值中。而实际上，在现实的复杂多样的社会生活中，我们很难相信这一基础对建立正义的政治概念是充分的。如果我们的各种学说在解释当中只产生有限的相容性的话，那么这种重叠共识就只能说是最小条件，而非民主的充分基础了。退一步说，尽管有可能存在某种伦理价值的重叠共识，但是在现实中各种原则的冲突仍然是可能的。

其次，罗尔斯的重叠共识更多涉及的是基本政治价值，确立的是人们政治交往和政治合作所需要的一种政治价值，而这种政治价值具有宪政性质，当它与其他的价值发生冲突的时候，这种价值足以压倒其他价值。然而根本价值的冲突不仅局限于政治价值，还有其他如宗教信仰、道德观念等价值，特别是在同一个政治国家当中多数民族与少数民族之间的宗教信仰、道德观念的差异不能单纯地依靠政治价值的共识来解决，对这些价值冲突如何达成共识，罗尔斯并未给予充分的论证。

最后，罗尔斯的“原初状态”作为共识达成的分析机制和前提，是高度抽象的理想处境。“无知之幕”的状态假定人们对自身状况一无所知，对自身的善的观念也一无所知，对社会的政治和经济状况也一无所知。② 这种理想设计使其与现实之间出现了一条鸿沟，即使我们把“无知之幕”作为理论论证的起点，作为社会的最初状态，但我们总要关心在“无知之幕”消失之后的博弈如何进行，而对此罗尔斯也未给出充分的论证。

① [美]约翰·罗尔斯. 政治自由主义[M]. 万俊人，译. 南京：译林出版社，2000：134.

② [美]罗尔斯. 正义论[M]. 何怀宏，何包钢，廖申白，译. 北京：中国社会科学出版社，1998：136.

二、交往行为理论的共识思想

哈贝马斯对共识的论述比罗尔斯要广泛得多，他抛弃了罗尔斯的理想条件，认为一致同意应该是在现实条件下达成的，并且他认为不仅仅是正义，而是所有的政治事务都应该满足一致同意的原则，正是这种一致同意为政治制度和决策提供了合法性基础。因此，可以说，两者讨论的共识是为了解决不同的政治哲学问题，“对于罗尔斯，需要解决的是正义问题；对于哈贝马斯，需要解决的是合法性问题。”①

哈贝马斯受康德的影响很大，甚至有学者认为他的语用伦理学的观点可以被看作是一种依据交往理性对康德的实践理性所进行的重构。② 但哈贝马斯认为康德的普遍道德律不过是一种独白式、沉思式的道德原则，在现代社会中不具有有效性。应该将自己认为能成为普遍法则的准则诉诸对话，检验其普遍有效性，“具有有效性的规范，只能是那些能够得到所有相关的人们以实践商谈的参与者所表示的同意的规范”，③ 以此来取代康德的“绝对命令”。哈贝马斯在其学术生涯中，致力于寻找达致具有有效性规范的路径。在他早期的公共领域结构转型的研究中，哈贝马斯提出了晚期资本主义的危机之一——合法化危机，其表现就在于社会公共认同度降低。对提升社会公共认同度的方式，哈贝马斯在《后民族结构》中有过非常详细的说明，他认为有三种不同的立场来解决这个问题。

第一种立场是通过同化的方式，要么同化他人，要么被他人所同化。“只要任何一种正义观念都不可分割地为某种特殊的善的概念所浸染，那么，即使是在判断正义问题时，我们也不可能超越我们自己的自我理解和世界观所确定的视角。在这种情况下，具有不同背景的人只能以同化的方

① 姚大志. 当代西方政治哲学[M]. 北京：北京大学出版社，2011：174.

② Tomas McCathy. Kantian Constructivism and Reconstructivism：Rawls and Habermas in Dialogue[J]. Ethics，1994，105（1）：44-63.

③ ［德］尤尔根·哈贝马斯. 包容他者[M]. 曹卫东，译. 上海：上海人民出版社，2002：36.

式达成一致，或者是他们放弃自己的标准为我们所同化(罗蒂)，或者是我们放弃自己的标准而皈依他们的(麦金太尔)”。①

第二种立场是通过达成重叠共识的方式。哈贝马斯认为罗尔斯的重叠共识在理性的推动下可以达成和谐一致，“如果我们考虑到‘现代’世界观的多样性，由于其内在的普遍主义潜力，它们是能够互相宽容的，那么，我们就可以指望在政治正义问题上达成一种重叠的共识(罗尔斯)”。② 但是，这种和谐一致的达成有一个前提，也就是不管出于何种原因，不同世界观和价值观的人都接受同样的基本解决办法。

第三种立场是哈贝马斯自己提出的商谈共识。哈贝马斯认为要解决合法化危机，唯一的出路就是提高社会交往理性、克服工具理性的弊端。他认为工具理性对社会公共认同的重要影响便是策略行动，也就是“协调效果取决于行为者通过非言语行为对行为语境以及行为者之间所施加的影响”,③ 策略行动并不试图与他人建立起对世界的一致理解，而是采取“奖励、威胁、诱导或误导”的方式，这样所带来的一切并不是共识(就如上述第一种立场)。共识是区别于妥协的，“各方能够出于各自不同的理由而同意一个谈判而成的妥协，而通过论辩而引入的同意则必须得到能够以同样方式使各方信服的同样理由的支持。”④对此，哈贝马斯提出了第三种立场，即通过理性对话协商达成共识。哈贝马斯指出，“相对于各自的自我解释和世界观，每一方都参照一个共同接受的道德视角，在话语的均衡状态(和互相学习)的条件下，这种道德视角要求各种视角不断地消解自己的中

---

① ［德］尤尔根·哈贝马斯. 后民族结构［M］. 曹卫东，译. 上海：上海人民出版社，2002：235.

② ［德］尤尔根·哈贝马斯. 后民族结构［M］. 曹卫东，译. 上海：上海人民出版社，2002：235.

③ ［德］于尔根·哈贝马斯. 后形而上学思想［M］. 曹卫东，等译. 南京：译林出版社，2001：59.

④ ［德］哈贝马斯. 在事实与规范之间——关于法律和民主法治国的商谈理论［M］. 童世骏，译. 北京：生活·读书·新知三联书店，2003：422.

心地位。”①也就是说，诉诸自由平等的主体间的语言交往行为，以最终达成共识。当然，哈贝马斯并未专门就共识问题独立成篇地进行论述，但在其普遍语用学和交往理性理论的研究中对共识具体如何达成的问题给予了充分的论证。

(1)如何理解共识。首先，哈贝马斯认为，真正的共识区别于偶然的意见一致。“沟通是具有言语和行为能力的主体相互之间取得一致的过程。当然，一个由许多人组成的集体也会觉得他们有一致的意见，但这个意见十分混乱，我们很难给出其中的命题内涵以及它所针对的意向性对象。这样一种集体一致性并没有满足成功的沟通所必需的共识前提。共识或者是通过交往实现的，或者是在交往行为中共同设定的。它具有不同的命题结构，不能仅仅把共识归结为外在作用的结果，共识必须得到接受者的有效认可。因此，共识和实际中偶然的意见一致(ubereinstimmung)有所不同。沟通过程所追求的是共识，它满足了合理同意表达内容的前提。一种通过交往而达致的共识具有合理的基础。也就是说，这种共识不能被转嫁到工具行为或策略行为当中。共识可以是强制的客观结果，但如果明显依赖的是外界影响或暴力，共识就不会得到主体的承认。共识的基础是相互信服(uberzeugng)。”②

其次，在哈贝马斯看来，共识与差异并不是完全对立的。他指出：“真正的共识绝不否定差异，取消多元性，而是要在多元的价值领域里，对话语论证的形式规则达成主体间认识的合理的一致，并将这一前提引入语言交往。”③也就是说，共识并非要消除分歧，而是以承认差异为前提，在主体间的商谈中，在相互理解、相互承认的基础上达成。

---

① [德]哈贝马斯. 在事实与规范之间——关于法律和民主法治国的商谈理论[M]. 童世骏，译. 北京：生活·读书·新知三联书店，2003：236.

② [德]尤尔根·哈贝马斯. 交往行为理论[M]. 曹卫东，译. 上海：上海人民出版社，2004：274.

③ [德]尤尔根·哈贝马斯，米夏埃尔·哈勒. 作为未来的过去[M]. 章国锋，译，杭州：浙江人民出版社，2001：126.

(2)共识达成的前提条件。哈贝马斯认为必须存在一个理想的言谈语境。这个语境具有三个特征：一是参与的主体是各种共同体，体现出主体间性，并且每一主体都是潜在的参与者，参与与否全凭自身真实的意愿；二是谈论的话题没有限制，原则上一切话题都可以谈论；三是不同主体之间的平等性，具有同等的地位和权力，没有人拥有比他人更大的权力，相互之间都有权对他人提出批评和质疑。然而，在这种理想语境中，是否会导致各说各话的无意义的喧哗呢？

(3)共识达成的原则。针对上一个问题，哈贝马斯在此提出了一个原则，就是主体要遵守一种商谈有效性的原则，在商谈中，只有合乎理性的论证才是被允许的。

(4)共识达成的中介是言语行为。哈贝马斯在详细分析了奥斯丁所提出的三种言语行为——以言表意行为、以言行事行为和以言取效行为之后，指出："所谓交往行为，是一些以语言为中介的互动，在这些互动过程中，所有的参与者通过他们的言语行为所追求的都是以言行事的目的，而且只有这一个目的。"①在哈贝马斯看来，以言行事行为是区别于以言取效行为的，后者是言语者试图通过言语行为，达到以言取效的后果，因此是把对方当作工具，实质是一种以语言为中介的策略行为。而在以言行事的交往行为中，"一切参与者都毫无顾忌地追求以言行事的目的，以此来达成共识，而这种共识是协商不同行为计划的基础。"②满足以言行事目的的主体的言语行为，需要遵守"言语者在规范语境中为他的行为(乃至直接为规范本身)所提出的正确性要求；言语者为表达他所特有的主观经历所提出的真诚性要求；最后还有，言语者在表达命题(以及唯名化命题内涵

① [德]尤尔根·哈贝马斯. 交往行为理论[M]. 曹卫东，译. 上海：上海人民出版社，2004：281.

② [德]尤尔根·哈贝马斯. 交往行为理论[M]. 曹卫东，译. 上海：上海人民出版社，2004：282.

的现实条件)时所提出的真实性要求”。[①] 由于行为者在达成共识的过程中，是将各自的言语行为与具有正当秩序的世界中的事物、与世界中客观存在的事态和言语者主观世界中所特有的东西相联系，并从这些角度出发提出其言语行为的有效性要求，因此，如果没有满足正确性、真诚性和真实性要求的任意一条，那么就可以说无法达成真正的商谈共识。

(5)共识达成的表现是主体之间的普遍同意和认可。但是，这种普遍同意和认可并不是按照某种世界观或规范来达成的，不是建立在“完全认同”基础之上的，而是在一种相互理解、相互承认的基础上的同意。

(6)在哈贝马斯看来，人们经过商谈达成的理性共识是合法性的来源和基础，而正是这种同意和共识导致了民主的产生。

哈贝马斯的理想言谈情境以达成共识的观点受到了很多人的批评，当然，许多批评认为这样一种真正敞开和不受限制的对话和讨论的“理想言谈情境”带有浓厚的乌托邦色彩，过于理想化。但是本书认为关键并不在于此，作为思想研究，条件的限制有助于排除非重要因素，并不影响其论证的合理性和有效性。哈贝马斯共识思想的问题在于，第一，结论过于理想化。因为即使在理想的言谈情境下，排除了一切不合理的因素，主体也不一定能够达成共识。而在真实的生活中，通过充分的对话导致更大程度的不一致而非共识的例子更是随处可见。

第二，哈贝马斯的交往理性的目的是达成一致的理解，然而理解并不必然促成共识，如果只有理解而无接受则不可能达成共识，尤其在价值多元的条件下，理想的理性对话并不必然达致理性共识。而对于某些不可调和，或者说调和空间很小的冲突(如根本的利益冲突、对动物权利、安乐死、流产的看法等)，哈贝马斯也提出了通过谈判的手段，如投票、多数人法则作为合法解决争议的方式，但如果采取这种方式，就很难说能继续“交往行动”而不陷入“策略性行动”，并且即使最后的结果被各方视为合

---

① [德]尤尔根·哈贝马斯. 交往行为理论[M]. 曹卫东，译. 上海：上海人民出版社，2004：292.

法，但与其称其为“理性共识”还不如称其为“理性非共识”。甚至在某些极端的情况下，在公共讨论、理性对话之前，人们可能对自己的需求并不明确，但在讨论过程中，往往更了解自身想要的，从而在普遍价值与根本利益上不仅不能达成共识，反而使冲突更加尖锐化。当然，对此哈贝马斯也提出了他的解决之道，那就是“更大的抽象化”，例如“从不同的偏好到选择的自由，从对立的信仰到良知的释放，从冲突的价值到隐私的权利”(在这方面哈贝马斯也更接近于罗尔斯),① 但这种“更大的抽象化”在实际的充满社会、文化、政治、意识形态差异的公共空间中如何帮助实现理性的共识，仍是一个悬而未决的问题。

第三，更重要的是，他对共识所设定的种种条件，例如与策略行为的区别、对言语行为的要求，等等，也使得其在对共识问题的论证中对共识的界定、共识的实现方式、共识的结果要求更为严苛，由此实现的共识具有“强”共识特征，甚至直接等同于真理。正如前文所述，在哈贝马斯看来，真理是人际间交往的有效性要求，这种有效性要求必须诉诸理想的言谈境界，在这种理想的言谈境界中，理性的人们有着平等的地位，进行平等的对话，最终达成的共识就具有有效性特征，即真理特征。也正是在这个意义上，哈贝马斯的这一思想被人称为“真理共识论”。他的真理共识论实际上是针对传统的符合真理论所提出来的，传统的符合真理论认为判断真理的标准就是看其是否与外在的客观世界相符合，而哈贝马斯对这种真理观产生质疑，“要判断话语与实在是否相符，就必须有一个超越二者的判断者和一种绝对中性的判断立场。事实上，这样一个凌驾于二者之上的判断者，一种绝对价值中性的判断立场并不存在；另外，真理符合论不但预设了主体和客体、话语同实在之间的对应关系，而且要求话语主体间的绝对同一，然而，人对实在的言说不可能是纯然一致、绝对同一的，因此也就没有一种主体间可检验的真实性判断尺度。”②对此，哈贝马斯认为主

① Tomas McCathy. Kantian Constructivism and Reconstructivism: Rawls and Habermas in Dialogue[J]. Ethics, 1994, 105 (1): 44-63.

② 章国锋. 哈贝马斯访谈录[J]. 外国文学评论, 2000(1): 27-32.

体对客观世界的认识由于个体性和主观性而无法达到绝对的同一，而是存在着较大的差距，因此他认为真理只能是话语主体通过语言交往所达成的共识。他摒弃了检验真理的“客观”尺度，而是从主体间性的角度出发，认为“只有在话语主体的交往对话中，话语的真实性才能得到检验。当所有人都进入平等对话，并就同一话语对象进行理性的探讨与论证，最后达成共识时，该话语才可被看做是真实的”。① 而这种理性不同于符合真理论的工具理性，而是一种交往理性，“理性不是一种神秘抽象的、虚无缥缈的、由精神虚构出来的纯思辨的东西，而是具体的，存在并体现于人的认识、言说和行为之中……我们必须把理性视为一切言和行的主体，在生产、生活、交往和思维活动中的根本原则和态度。没有这种根本原则和态度，一切都将陷入混乱，一切都将无法得到合理的解释。我们应该这样说：没有对理性的社会实践考察，理性只能是一个空洞的概念，而没有对社会现实的理性观照，一种社会理论便会缺少哲学的规范性基础。”②在他看来，抛弃对共识的追求就等于抛弃了理性本身，这样一来，共识就成为理性探究最重要的必备之物，有助于达成共识之物也就成为理性的主要标准，通过理想的言谈情境所达成的合理共识就是真理。

但是，真理与共识之间具有同一性的观点给予了共识过强的特征，即便哈贝马斯使用的是“合理共识”的概念也同样如此。

首先，合理共识并不等同于真理。合理共识应该是主体在交往中达成的具有有效性的共识，但是这种有效性并不必然导致真理。“维尔默指出，如果人们有论据假定，参与者中的某几个人或出于害怕或由于心理缺陷而同意这个假定，那就可以将这个共识视为合理的。”③也就是说，在这种情形下达成的共识具有有效性，但并不一定具有真理性特征，当然，如果从参与主体角度来说，或许他们认为合理共识与真理是重叠的。瑞斯彻

① 章国锋. 哈贝马斯访谈录[J]. 外国文学评论，2000(1)：27-32.

② 章国锋. 哈贝马斯访谈录[J]. 外国文学评论，2000(1)：27-32.

③ 王凤才. 从公共自由到民主伦理——批判理论语境中的维尔默政治伦理学[M]. 北京：人民出版社，2011：186.

(Nicolas Rescher)也从另一个角度指出，哈贝马斯所使用的对话需要主要是诉诸语言，而语言本身是不完美的，例如“日出”和“日落”并不意味着太阳真的升起或落下，也就是说，语言在恰当的意义上被“正确地”使用并不意味着在事实性意义上“正确”。瑞斯彻更进一步对“当S群体中的所有(或大多数)人同意接受某一论点为真，那么它就的确为真”①的观点进行了分析。他认为，这种真理的确证可能发生在描述性的群体(如希腊人、全人类、科学家、哲学博士)或规范性的群体(如有能力的人、有判断力的专家)中。从前者来看，上面的命题显然难以成立，从日心说的确立就可见一斑。而从后者来看，他认为这一命题就近乎于一种无谓的循环论证，特别是把这一群体极端化为“完美的认知主体，或上帝”时更是在对群体进行规范性组建时实际上就预设了结论。因此，对瑞斯彻来说，即使共识与真理有联系，那也是在理想状态下才有联系：完全理性的人们在完全理想和完美的认知环境下所达成的共识才是真理。而利奥塔在论证了辩证法(或修辞雄辩法)和形而上学法则之后，也同样指出，“这两种法则为19世纪科学界所谓的证实法奠定了基础。他们都允许参与者、主述者和聆听者，在辩论中相互求得某种限度的一致或共识。每次人们意见一致时，并不等于真理产生。”②他认为哈贝马斯建立在相互沟通基础上的共识，“只能破坏语言游戏规则之间的异质多相性。”③而这一点，也可以从社会心理学的一些研究中得到印证，后文会提到的心理学上的“从众实验”以及“沉默的螺旋”等研究都表明人们为了使自己能够与社会共融，往往选择大多数人所赞同的观点，哪怕这些观点是明显错误的，如此达成的共识当然不能说是真理，而毋宁说是意见。另外，在共识达成之后，人们往往不再会去提

① Nicholas Rescher. Pluralism: Against the Demand for Consensus [M]. Oxford: Clarendon Press, 1993: 47.

② [法]让-弗朗索瓦·利奥塔. 后现代状况——关于知识的报告[M]. 岛子，译. 长沙：湖南美术出版社，1996：89.

③ [法]让-弗朗索瓦·利奥塔. 后现代状况——关于知识的报告[M]. 岛子，译. 长沙：湖南美术出版社，1996：30.

出新的观点或质疑达成共识的一致意见，这就阻碍了真正的真理的实现。

其次，将合理共识与真理等同易陷入真理相对主义。如果将合理共识看作是真理的标准，那么在不同的文化、不同的语言背景中如何评判其合理性？“显然，应当称为合理的东西，不能通过某些文化内容的合理性标准来解释。”①

当然，共识的确可以让人们对真理更加确定。人们常说，真理往往掌握在少数人手中，但问题在于，少数人而非多数人认同的真理，往往受到广泛的质疑，这种质疑对那些相信其为真理的“少数人”也会产生影响，甚至动摇他们的信念，而一旦有更多的人接受和认同，会更加坚定人们对真理的信心和信念。“共识(即人们之间达成的一致意见)的建立增强了某人对于其观点真实性的信心。客观事实之所以是不容置疑的、毫无疑问的，是因为人们对于客观事实有着广泛而坚定的共识，它可以确保我们很少(如果曾经有过的话)遭遇任何挑战我们观点的意见分歧。”②尽管如此，哈贝马斯所提出的以包容性的交往理性来达成共识的观点，对我们研究现代社会的共识仍有着重要的借鉴意义。

三、共识民主理论中的共识思想

共识民主思想是利普哈特在其协和民主理论的基础之上提出来的，在协和民主理论中，利普哈特认为民主的要义是实现多元社会的稳定和精英合作，但是在他意识到多元社会的深刻分歧是多元社会稳定的主要障碍之后，他转向了共识民主理论，主要研究多元社会政治共识的达成。他通过几十个国家的民主经验作为其比较研究的对象，提出了他的共识民主模式，从这个意义上来说，利普哈特是一个制度主义者。

利普哈特认可多元主义的观点，承认现代社会是一个多元社会，但是

---

① 王凤才. 从公共自由到民主伦理——批判理论语境中的维尔默政治伦理学[M]. 北京：人民出版社，2011：187.

② [澳]迈克尔·A. 豪格，[英]多米尼克·阿布拉姆斯. 社会认同过程[M]. 高明华，译. 北京：中国人民大学出版社，2011：29.

他并不是从价值多元的角度对现代多元社会进行分析，而是直接使用了艾克斯坦(Harry Eckstein)的多元区块理论来进行说明。在他看来，多元社会首先是分裂的，这个分裂的社会是由区块间隙组成的，“区块间隙可能具有宗教、意识形态、语言、地域、文化或民族等性质。”①政治上的歧见是对民主政治的最大威胁，因此，在实践上，虽然不同的国家在实现民主的具体制度、程序和规则上都存在着差异，但是从政治理念来看，几乎所有国家都希望通过民主制度的安排来实现政治共识。因此，他认为在异质性、多元化社会中，民主的要义就是要实现政治共识。

利普哈特认为过去的多数民主理论过多地强调了多数人的意见，而忽视或压制了少数人的意见，他认为民主的要义应该是在多数与少数之间达成共识，而不是过多强调多数。在保障多数人利益的情况下，通过协商，也要照顾少数人的利益。因此利普哈特的共识民主理论中的共识指的是政治生活中多数人与少数人之间的共识。

从政治共识的基础作用来看，利普哈特认为政治共识是人们所拥有的政治信念、价值观念和相应的准则，因此对民主的构建来说首先起到的是心理基础的作用。无论一个国家采用什么样的民主制度或民主形式，都需要一定的政治共识作为文化心理基础来保障民主制度的顺利运行。

对于政治共识的实现手段，利普哈特认为是要通过权力分享与平衡来实现，在实现的过程中，就需要有包容、交易和妥协。作为制度主义者，利普哈特认为协商民主最大的问题在于其过于理想，缺乏实际的制度设计，因此在他的共识民主理论中，通过对36个现代民主国家的民主形式的分析与比较研究，从政党制度、内阁、行政机关与立法机关、选举制度、利益集团、联邦制和单一制、议会和国会、宪法修改程序与司法审查、中央银行、国家权力构成要素十个方面详细论证了其共识民主模式。

总的来说，利普哈特在共识民主理论中所描绘的政治共识，不仅是民

① 寇鸿顺. 当代西方共识民主理论研究[M]. 北京：人民出版社，2014：90.

主政治建立以及有效运作的文化心理基础，同时也是民主政治需要实现的目标。虽然他对多数民主的质疑并不一定准确，并且他所设计的民主模式也存在着不完善之处，但是他所提出的共识民主理论，强调保护少数人的利益以及共识实现中的包容和妥协，对我们的共识理论研究仍带来重要启示。

四、社群主义的共识思想

社群主义是在对自由主义尤其是对罗尔斯的批判中发展起来的，与自由主义强调个体的自由不同，社群主义强调个人的权利、自由都要依赖于他所在的社群，强调普遍的善与公共的利益。他们认为在现代社会中，社会结构的分化导致道德分化，人们的道德信念具有“试验性、探索性和不确定性质”,① 人们不知道什么样的生活是值得去过的，或者个体生活应该被赋予何种意义。这种“根本性的现代困境”②要求我们回归古希腊的德性传统，重建古希腊的城邦共同体，形成现代社会的“社群”。虽然他们对“社群”的定义以及看法并非完全一致，但是社群主义共同体强调社群优先于个人，每个人都生活在社群之中，社群决定了个人的目的、价值和理想，只有在社群当中，个人才能够获得心理和感情的归属和认同，以及生命的价值和意义。社群主义的代表桑德尔、麦金太尔、沃尔泽、泰勒等对罗尔斯的思想进行了全面的批判，这其中就包括对其所论证的重叠共识的批判，在批判的基础上他们提出了共同体的理论。

桑德尔在反对功利主义的正义观以及罗尔斯自由主义正义观的基础上，提出了第三种正义观以及“共同的善的政治”。桑德尔认为存在三种正义观：一是功利主义的正义观，认为正义就是要实现最大多数人的最大利益；二是罗尔斯的自由主义的正义观，认为自由优先于善。桑德尔认为这

① [加]查尔斯·泰勒. 自我的根源：现代认同的形成[M]. 韩震，等译. 南京：译林出版社，2001：13.

② [加]查尔斯·泰勒. 自我的根源：现代认同的形成[M]. 韩震，等译. 南京：译林出版社，2001：14.

两种正义观都存在问题，第一种正义观把正义沦为算计，而第二种正义观则把不同个人所追求的道德价值、生存意义等看作是个人的自由而排除到了正义的研究范围之外。桑德尔因此提出了第三种正义观，认为一个正义的社会是具有“共同的善”的共同体社会，在这个社会中，我们要培养公民的德性，形成一种良善生活的“共同的善”。在桑德尔看来，对共同体成员来说，这种共同体“不只是他们作为公民拥有什么，而且还有他们是什么；不是他们所选择的一种关系(如同在一个志愿组织中)，而是他们发现的依附；不只是一种属性，而且还是他们身份的构成成分”。① 对此，桑德尔将这种观念称为“构成性的”，以区别于“手段型”和“情感型”的共同体观念。桑德尔认为社群主义的共同体的共识不是建立在契约论及自由主义者所认为的“契约”或“同意”的基础之上，而是植根于共同体成员所共享的文化、道德准则、价值观念、生活传统基础之上。

麦金太尔的社群主义观点提出了小共同体(local comities)的概念，小共同体是区别于民族国家等大规模社会的家庭、邻里、教区、农场、渔业队、学校、诊所和实验室等形态的共同体。这些小共同体不仅是实践的共同体，同时也是道德共同体。道德共同体的核心和基础是共同的善，而这种共同体的典范就是古希腊的城邦。他指出，亚里士多德的德性理论，“不仅把握到了希腊城邦的社会实践的本质特征，而且是人类实践本身的本质特征。换言之，它具有超越希腊城邦政治而具有一般人类实践的普遍意义。”②麦金太尔批判地继承了亚里士多德的城邦共同体思想，人们既然要生活在社群之中，就不能仅仅将个人的价值作为唯一的价值，而是应该将社群“共同的善”作为应该追求的价值。城邦共同体“关注的不是这种或那种特殊的善，而是人类善本身……这种人类善可能是最善的生活形式。

① [美]迈克尔·J. 桑德尔. 自由主义与正义的局限[M]. 万俊人，等译. 南京：译林出版社. 2001：181-182.

② [美]阿拉斯戴尔·麦金太尔. 伦理学简史[M]. 龚群，译. 北京：商务印书馆，2003：3.

享受最善的生活即是享受繁荣，享受幸福”。① 在他看来，共同的善是共同体所应该也能够达成的最大的共识。而这种共同的善与个人的善在社群当中是统一的，“我作为一个人的善(利益)与那些在人类共同体中和我密切相关的他人的善(利益)是同一的。我追求我的善(利益)绝不与你追求你的善必然冲突，因为这善(利益)既非我专有也非你专有——善(利益)不是私有财产。”②也就是说，麦金太尔认为人们对公共利益的共识是对人们在社群中所作贡献进行评价的基础，也就是实现社群正义的基础。并且只有在社群中，个人的利益和权利才能够得以实现，人们的生活才能在“公共的善”的实现中彰显意义。“在一个对于由对人来说的善所界定的共同体的善不再具有共同观念的社会里，关于何为对这种善的获得做贡献之任何实质性观念也就不再可能存在。因此应得的赏罚的观念和荣誉的观念逐渐脱离它们原本扎根其中的语境。”③要达成对“公共的善”的共识以及在社群中实现“公共的善”，就离不开对公民的教育，这需要他们所认为最重要的社群——国家来完成，国家的一个重要职能就是对公民的教育，让公民获得美德，知道什么是善的，什么是恶的，并且鼓励公民积极参与政治和社会事务，为了共同的善的目标发挥积极作用。

与传统的社群主义者不同，沃尔泽的某些观点融合了自由主义与社群主义的看法。他非常强调社群的参与者的成员资格，他认为任何一个个人都是属于一定的社群的，个人的权利都只能在作为社群的一员当中体现出来。例如公民权，是一个人属于国家的一员所享有的权利。没有这种作为国家一员的成员资格，公民权就无从谈起。也就是说，只有社群真正的成员才能够享有包括安全、富裕、荣誉等所有的社会利益，而这些又使社群

① [美]阿拉斯戴尔·麦金太尔. 谁之正义？何种合理性？[M]. 万俊人，译. 北京：当代中国出版社，1996：49.

② [美]阿拉斯戴尔·麦金太尔. 追寻美德：伦理理论研究[M]. 宋继杰，译. 南京：译林出版社，2003：290.

③ [美]阿拉斯戴尔·麦金太尔. 追寻美德：伦理理论研究[M]. 宋继杰，译. 南京：译林出版社，2003：294.

生活成为可能。

查尔斯·泰勒的思想主要集中在对功利主义与自由主义所引发的“原子式的个人”的批判上。他提出了“框架”的概念，意指“……我们赖以使自己的生活在精神上有意义的东西”。① 这种框架提供了个人的认同，决定了个人认为好的或者有价值的是什么，以及什么是应该或者值得做的。而这种认同在泰勒看来，并不是基于自身而产生的，而是在与他人对话中才得以显现的。

虽然有学者批评说，社群主义对自由主义的论战清晰明了，而论述自己观点时却语焉不详，对共同体的范围界定也模糊不清，但无论如何，他们所描述以及期待实现的共同体，在很大程度上为现实社会的共识实现指明了一条新的路径，那就是共识可以不基于同意或者契约，而是植根在共同体成员所共有的价值、共享的利益、共在的文化之中。如果社会达成了这种共识，那么整个社会就可以实现良善生活，共同的善也能够作为社会的最大共识得以实现。当然，社群主义的社群概念具有一定的理想性，社群主义强调社群内部成员政治目标、价值观念、文化样式的一致性，以及公共利益与个人利益的一致性，但是没有看到物质生产的基础性作用，因此缺乏一定的现实基础。同时强调社群的独特性和不同社群之间的差异性，又给不同社群之间的相互对话带来难题，不利于更广泛意义上的社会参与与公共利益的实现。

五、结构功能主义学派的共识思想

结构功能主义的代表人物主要有孔德、迪尔凯姆、帕森斯等人，他们致力于社会结构的研究，在他们的研究中，都非常重视共识在社会中的积极作用。孔德认为，价值共识是社会秩序的基础，价值共识可以通过提升合作来减少可能的暴力，从而有利于实现社会稳定。孔德把价值共识

① [加]查尔斯·泰勒. 自我的根源：现代认同的形成[M]. 韩震，等译. 南京：译林出版社，2001：24.

定义为社会中的成员有关他们的价值的一致意见。它的作用是调和互相冲突的利益和需求，以及限制冲突的范围和事由。社会所共享的价值鼓励社会的成员彼此认同，接受共同的目标以及在实现这些目标需要的规则中达成共识。因此，认可相同的规则，这些规则描述了这些目标是如何达到的。

迪尔凯姆关注的中心问题之一是社会团结，用于回答社会是如何整合起来的。他提出了社会的机械团结与有机团结概念，在他看来，在个体劳动尚未分化时，社会是由共同的信念和价值观而整合起来的，也就是机械团结；而在个体劳动高度分化，人们变得高度专业化之后，人们自身不能完全生产出自己需要的东西，那么就必须诉诸交流和交换，社会就会形成一种共识：每个人都需要依赖其他人。由此社会团结由相互依赖而形成，也就是有机团结。社会要实现团结，共识必不可少，否则，社会就是松散的，不能形成有效的合力。因此有学者评论说，“涂尔干证明，稳定有效的社会合作需要有对规范的共识。”①这种共识，迪尔凯姆将其称为“集体意识”，是“社会成员平均具有的信仰和情感的总和”，“它完全不同于个人意识，尽管它是通过个人来实现的”，是“一个具有自己生命的特定体系”。② 在机械团结时期，共识表现为共同的信念和价值观；在有机团结时期，共识则体现为人们的相互依赖和交流。因此，无论是机械团结还是有机团结，共识都非常重要。

在帕森斯看来，社会结构是具有不同基本功能的、多层面的次系统所形成的一种“总体社会系统”，包括经济、社会、政治、文化四个子系统，他认为，要使总体社会系统中的四个子系统充分发挥功能，维持社会秩序的稳定，实现社会的凝聚，需要形成社会成员的价值共识，也就是要具有共同价值体系。这一共同的价值体系必须为行为者所认同，成为行为者行

① [英]迈克尔·曼. 社会权力的来源(第一卷)[M]. 陈海宏，等译. 上海：上海人民出版社，2007：30.

② [法]埃米尔·涂尔干. 社会分工论[M]. 渠东，译. 北京：生活·读书·新知三联书店，2000：42-43.

动的导向、依据和标准，并进一步内化为社会性的共识。简单来说，帕森斯认为社会凝聚只有共同的价值体系在社会系统的结构要素中得到制度化的时候才能实现。共同的价值体系一旦制度化，就可以影响行为者的社会行为，从而对维持系统的稳定和凝聚起到促进作用。帕森斯认定人类社会是一个“伦理的共同体”，正是基于价值共识而言的，他认为共同体的成员最终是由共同的情感和目标联合起来的。

总之，无论是迪尔凯姆的社会团结还是帕森斯的社会凝聚，在结构功能学派看来，社会是一个结构化的整体，社会结构的平衡需要就各项“游戏规则”有着广泛的共识。这种共识是整个社会结构中的绝大多数人所认可的原则，这一原则能够引导和规范社会成员的观念和行为，而那些不认可这些原则的人被看作是偏差行为者，因此结构化的社会中，秩序和稳定是常态，偏差行为者不仅仅是异于他人的，而且是违反常态的。

六、解释学视域中的共识思想

在解释学里，共识是与理解息息相关的一个概念。理解的共识是如何可能的，在不同的解释学家那里有着不同的答案。在施莱尔马赫那里，理解是要通过语言分析和心理转换，再现文本的意义。也就是说，通过心理的移植来实现理解的共识。因此，理解就需要排除各种偏见，尽量做到客观中立，最终实现读者与作者之间对文本意义的一致理解，也就是达成理解的共识。

而狄尔泰则认为，理解的共识是通过人们之间普遍的经验来实现的。他认为理解是人的经验行为，因此要达到对生活和历史的客观理解，需要回到个体的经验之中，而不能超越经验去实现理解。至于经验有可能导致主观的偏见问题，狄尔泰认为，每一个个体都存在着一种普遍共同的人性，这种普遍的人性保证人们之间存在着共同的理解。

伽达默尔对施莱尔马赫的心理移植和狄尔泰的人性经验表示质疑，在他看来，理解的前提在于“偏见”或“先见”。伽达默尔不再将先见看作是需要排除的因素，而是认为先见是理解的基础，“一切诠释学条件中最首要的条件总是前理解，……正是这种前理解规定了什么可以作为统一的意义被实现，并从而规定了对完全性的先把握的应用。”①他所说的前理解，是构成理解的基础，从而给予先见以合法性。伽达默尔曾写道：“谁想进行理解，谁就可能面临那种并不是由事情本身而来的前意见的干扰。因此，理解的经常性任务就是构造正确的、与事情相符合的筹划，这叫做先行冒险，而且这种先行应该不断‘由事情本身’得到证明。除了构造出自我保证的前意见外，没有任何其他的‘客观性’。这有其很好的意思：解释者并非从自身业已具有的前意见出发走向‘文本’，而是检查本身具有的前意见是否合法，亦即检验它的来源和有效性。”②

他认为，正是人们存在着对视域、语言、方法等先见，才可能对新的事物进行理解，离开了先见，理解是无法进行下去的。先见不仅不是我们相互理解的障碍和困难，反而是理解得以进行下去的必要条件。当我们在理解新的对象时，存在着两个视域，一是理解者的先见的视域，二是对象本身的视域，只有理解者原来的视域与对象本身的视域产生一种融合，那么正确的理解才能够产生。因此，在伽达默尔这里，共识就是通过视域融合而实现的。

虽然不同的解释学学者对理解的共识如何实现存在着不同的看法，并且施莱尔马赫、伽达默尔等的哲学解释学更多的是在对文本的理解和解释意义上进行论述的，但是对我们阐释更广泛意义上的理解也大有裨益。或许我们可以说，在某些情况下，双方未能达成理解也能实现共识，例如意识形态灌输、强制，等等，但是在这些情况下交往往往在某种意义上被扭曲，在更多情况下，多元主体之间在理解基础上达成共识是一种应该追求的更合理存在，理解在某种意义上可以成为衡量共识合理性的尺度。

① ［德］汉斯-格奥尔格·伽达默尔．真理与方法（上卷）［M］．洪汉鼎，译．上海：上海译文出版社，1999：378．

② 洪汉鼎．伽达默尔的前理解学说（上）［J］．河北学刊，2008，28（1）：43-52．

第三节　中国思想史中的共识思想溯源

在中国思想文化史中，由于社会文化背景的不同，对共识的研究方向、脉络、特点也与西方思想史的研究存在较大差异。虽然我们通常用儒、释、道来说明中国传统思想文化，而这三种思想确实也有不同的共识观念，但有的观念却又是相互重叠的，因此，在此就具体的共识观念对中国思想史中的共识思想进行梳理。

一、“天人合一”的生态主义共识观

对于人与自然的关系，我国传统思想中有“天人合一”的观念，成为中国传统文化中的一种生态主义共识观。“天人合一”一词出自张载的《正蒙·乾称》，但实际上从春秋战国时期开始，历经秦汉、隋唐、宋明，直至晚清，有不同的学派对“天人合一”的观念进行了阐发。就发展阶段而言，余英时将其分为三个阶段：第一阶段是西周至春秋战国之际；第二阶段是战国诸子的思想，是对“天人合一的突破时代”；第三阶段从战国晚期到秦汉时代，是“天人合一的预设发挥其最高最大的效用的时代”。① 从研究流派来说，“天人合一”思想的发展和演变过程极为复杂，主要包括汉儒的天人感应说、汉唐间的自然论、宋明时期的“天理”等，主要代表人物是董仲舒和张载。

在董仲舒那里，“天人合一”思想体现为天人感应说。他认为天和人都是由阴阳之气构成，因此是可以产生互动和感应的。人的行为会被上天感受到并作出反应，例如虔诚的祈雨会感动上苍而降雨，君主行不义，上天就会降下灾害或出现异象。这种观点被李世民、武则天等利用，将祥瑞作为其皇位合法性的证明。

---

① 余英时. 中国文化史通释［M］. 北京：生活·读书·新知三联书店，2012：158-162.

张载是明确提出“天人合一”思想的思想家。他认为人和天都是气聚合而成的，因此两者具有共通性。这种共通性不仅体现在形体上，也体现在精神上。但是，人与天要真正的合一，是一种极高的境界，人们只能通过学习穷理才能实现这一境界。学习主要就是学习“礼”，因为礼是天道的存在形态，个人必须知礼才能真正实现天人合一。

除此之外，朱熹、王阳明、陆九渊等人的思想中都或多或少涉及天人合一的观念，虽然他们的观念存在差异，但总结来说，中国传统文化中的天人合一观念可以概念为以下几个方面的特征。

首先，“天人合一”观认为人与自然的关系是和谐统一的，人与自然并非相互对立，人也不是自然的主宰者，强调要保护自然。例如《论语·述而》中孔子的弟子记载孔子渔猎活动时有言“钓而不纲，弋不射宿”。① 意思是说钓鱼而不用网具断流捕鱼，射鸟而不猎击归巢之鸟，体现出了早期的生态伦理意识。

其次，从哲学上来看，“天人合一”与西方主客二分的思想不同，强调主客混沌、宇宙人生不分。正如金岳霖与张世英的研究所述，天人合一的观念中，主体与客体是根本同一的，最佳的状态就是个人与宇宙无差别地融合在一起，消除一切显著差别。从思维方式来看，这种主客同一的观念易导致直觉思维方式，因为天与人被视为一体，这就使得外界事物并不太为人们所关注，人们关注的是终极的意义世界，要把握这一终极的意义世界，就需要借助内省的直觉思维。

最后，“天人合一”观还将人的修养与天地之化育联系起来，“天”内在地成为人的最终道德追求。

虽然有学者对中国传统文化中“天人合一”的思想心存质疑，例如有人认为这种思想带有神学目的论的因素，等等，但它对今人如何看待人与自然的关系、如何认识主体与客体、如何面对人的终极存在仍然具有启发意义，对我们研究生态文明领域的共识也留下了丰厚的资源。

---

① 杨伯峻. 论语译注[M]. 北京：中华书局，1980：73.

二、和而不同的伦理共识观

在中国传统思想文化中，对共识的理解最有代表性的莫过于“和而不同”的思想了。最早对“和”“同”关系进行阐述的是西周末年的史伯，《国语·郑语》中云：“夫和实生物，同则不继。以他平他谓之和，故能丰长而物归之；若以同裨同，尽乃弃矣。”“和”就是不同元素相结合，其前提是差异和不同，一旦去和去同，同一、无差异，则“和”不可能长久，物不可能丰长。而如果以此治国，则国家就会衰亡，表现出了一种朴素的辩证思想。

孔子则从道德层面提出“君子和而不同，小人同而不和”，对君子和小人进行了“和”“同”的区分，认为“和”承认差异，要在差异中求得统一，而“同”则是取消差异的苟同，是虚假的统一。要“和”，就是要协调各种不同分歧，最终达成共识，而不是盲目附和。孔子提出的“和而不同”是对理想人格的一种追求，这句话也是对“和而不同”思想最常见的注脚。当然，在长期的封建统治之下，和而不同，尤其是君臣之间的和而不同是很难做到的。

冯友兰先生则对“和”“同”思想作了精辟的哲学概括：“在中国古典哲学中‘和’‘同’不一样，‘同’不能‘异’，‘和’不但能容‘异’，而且必须有‘异’，才能称其为‘和’。客观辩证法的两个对立面矛盾统一的局面，就是一个‘和’，两个对立面矛盾斗争，当然不是‘同’，而是‘异’，但却又同处一个统一体中，这又是‘和’。”①这段话表明了他对“和”与“异”的辩证理解。费孝通先生则提出了“各美其美，美人之美，美美与共，天下大同”的思想，指出不同文化之间的和谐共融。他提出要在人们的思维模式和行为方式上进行一场深刻的变革，“为了人类能够生活在一个‘和而不同’的世界上，从现在起就必须提倡在审美的、人文的层次上，在们的社会活动中

① 冯友兰. 中国现代哲学史[M]. 广州：广东人民出版社，1999：253.

树立起一个‘美美与共’的文化心态……”①不但保留自身的文化，并且也欣赏他人的文化，以各种文化和谐共融的心态，最终实现天下大同。

总的来说，中国的“和而不同”思想对研究共识问题有诸多价值，为社会生活中的协调关系、治国理政、凝聚力量、达成共识具有一定的借鉴意义。首先，“和而不同”思想承认和尊重差异，而差异是实现共识的前提基础，如果社会不存在差异，一切同一，也就无所谓共识的存在了。其次，“和而不同”思想坚持不同文化的平等性，不以狭隘的偏见去看待异民族文化，为实现社会共识提供了基本的价值理念。最后，“和而不同”思想坚持求同存异的态度，不以达到完全共识为目标，因此在实践上具有可操作性和可实现性。

三、“大一统”的政治共识观

在我国传统思想中，“大一统”的观念追求政治、思想和道德上的统一，强调国家认同和政治共识，是中华文化的核心理念之一，它的影响穿越了时空，成为中华文化最基本的思维观念和中华民族共同的价值理念，对中华民族的社会共识产生了广泛而深远的影响。“在中国历史上，大一统思想贯穿于整个社会发展进程的始终。无论帝王将相，还是平民百姓，都有追求国家统一的心理特质。”②可以说，大一统思想成为全社会的最大的思想共识。大一统的思想主要见于儒家体系的公羊学派，在道家思想中亦有体现，而实践中由法家所促成的秦一统虽不同于儒家理想中的一统，但在中国历史上却书写了浓墨重彩的一笔。

早在周灭商之后，人们的思想中就出现了“普天之下，莫非王土；率土之滨，莫非王臣”的观念，这种观念意味着大一统思想的初步形成。这种统一，统一于华夏，华夏文明是多民族的复合，这对中国人来说，超越

① 费孝通. 论文化与文化自觉[M]. 北京：群言出版社，2007：441.

② 陈喜波，韩光辉. 中国古代“大一统”思想的演变及其影响[J]. 中共中央党校学报，2005(8)：58-63.

了狭隘的民族意识，体现为一种凝聚力和向心力。在儒家思想中，华夏以诸夏为中心，但是并不排斥夷狄。例如《论语·八佾》中孔子说："夷狄之有君，不如诸夏之无也。"表明孔子是不排斥夷狄的，并且在他的思想中，夷夏是可以互变的。而到了荀子所在的时代，天下统一的趋势日渐明朗，他对统一的论述也更为详细具体。《荀子·正论》中有云，"古者天子千官，诸侯百官。以是千官也，令行于诸夏之国，谓之王；以是百官也，令行于境内，国虽不安，不至于废易遂亡，谓之君。"荀子在此提出王天下的观点，为公羊学派的大一统观奠定了基础。

公羊学派继承了儒家学说而又有所发展，事实上，"大一统"一词就是公羊学派首创，《公羊传》中有云："元年春王正月。元年者何？君之始年也。……王者孰谓？谓文王也。曷为先言王而后言正月？王正月也。何言乎王正月？大一统也！"当然，在有学者看来，"春秋初绝对不是一个一统天下，相对一统，西周式的一统，已不存在，何况大一统。"①但是，这个大一统概念的提出却为后来的真正的大一统奠定了思想基础。随着论证的深入和社会的发展，"大一统思想之深入人心，遂为后来废封建建立郡县之大一统，建立了思想基础。"②在公羊学派中，理想的大一统是"王者无外"，在他们看来，"一统而排斥'夷狄'，只能是'小一统'"，③ 这种思想超越了狭隘的民族意识，体现出了民族融合的统一精神，当然这在当时只是一种理想。

疆域上的"大一统"理想在实践中由秦始皇予以实现，同时，政治上的大一统需要思想意识的支撑，为了使人民在思想意识上也实现"大一统"的共识，秦始皇实施了焚书坑儒的举措。而思想意识上真正的大一统是在汉武帝时期董仲舒在对汉武帝的策问中所进行的系统阐发。董仲舒在对汉武帝的对答中，提出了"天人感应""大一统"学说和"罢黜百家，独尊儒术"的主张。这三者是相互联系的，在天人之应的观点中，强调万物归于一

---

① 杨向奎. 大一统与儒家思想[M]. 北京：北京出版社，2011：60.
② 杨向奎. 大一统与儒家思想[M]. 北京：北京出版社，2011：59.
③ 杨向奎. 大一统与儒家思想[M]. 北京：北京出版社，2011：67.

统。并且“大一统”的法则应该要用于思想意识上，他认为，正是因为百家之言各异，统治思想不统一，老百姓才无所适从，社会秩序混乱，影响到政权的巩固，因此应该要统一思想，以便让老百姓知道行为的准则。具体而言，就是要“罢黜百家，独尊儒术”，思想统一于以孔子为代表的儒家，老百姓都按照儒家的法则去行事，他在孔子思想基础上，提出了“君为臣纲，父为子纲，夫为妻纲”和“仁、义、礼、智、信”五种道德标准，也就是后人所说的“三纲五常”，作为社会所要遵循的伦理规则。董仲舒的主张被汉武帝所接受，儒学的核心地位得以确立，“三纲五常”也成为国民几千年来的思想意识共识。

中国传统的“大一统”思想，主要体现为一种政治共识。从国家认同角度，强调“普天之下，莫非王土”，追求四海一家。从秦始皇统一之后，其间虽然也有过分裂，但分裂的时间短，而统一的时间长，充分表明四海一家的“大一统”思想的影响力。从政治共识角度，强调万民归心。秦灭六国之后，废分封、置郡县、车同轨，书同文，加强中央集权，从各个层面把中国纳入到统一的模式之中，强调万民归心。从思想观念角度，强调从精神层面上统一人们的思想。秦始皇焚书坑儒是想用法家思维作为主导统一思想意识的一个举措，而汉武帝采纳董仲舒的“罢黜百家，独尊儒术”，并提出后人所说的“三纲五常”的道德标准，致力于用儒家学说来实现社会思想上的统一。

第四节 马克思主义交往实践观视域中的共识思想

比起共识来说，马克思更加关注冲突，他对资本主义社会的社会冲突与阶级冲突都进行过详细的论述。在他看来，社会历史就是冲突的历史、斗争的历史，在《共产党宣言》中，他开宗明义地讲道，“至今一切社会的历史都是阶级斗争的历史。”①这表明在马克思那里，阶级冲突是社会冲突

① 马克思恩格斯选集(第1卷)[M]. 北京：人民出版社，1995：272.

最主要的形式。在马克思看来，阶级斗争体现为不同阶级之间根本对立的、不可调和的矛盾和冲突，体现为经济斗争、政治斗争及思想斗争等各种形式，是阶级冲突和社会冲突的重要方面。不同阶级之间不可调和的矛盾和冲突只有通过暴力革命的方式才能解决。当然，除了阶级斗争之外，社会冲突还表现为不同阶级之间以及同一阶级或阶层内部的非对抗性冲突，这种冲突是在根本利益一致的前提下的具体利益的差别和对立。与此相对的是，马克思对现实社会中的共识阐述较少，但是我们可以在他对未来社会的描述中找到他的共识思想。

一、马克思共识思想的实践根基

在马克思那里，实践是人的存在方式，正是在人类的实践过程中，产生了社会生活，社会得以以人的实践的方式向前发展，最终发展为"自由人"的联合体。在实践交往中，人们在遇到诸多的矛盾、冲突时，需要寻求一定的共识，但是共识不仅仅是思想上的共识，更多的是在交往实践中所达成的共识。马克思理论的一切根基都植根于现实的资本主义社会，他全面而深刻地揭露和批判了资本主义生产方式下劳动与劳动产品的异化、劳动者与劳动本身的异化、劳动者类本质的异化以及劳动关系的异化。在这样的一个社会当中，"人和人之间除了赤裸裸的利害关系，除了冷酷无情的'现金交易'，就再也没有任何别的联系了。"①自然，在资本主义生产方式下，社会发展与人的发展之间发生断裂，因此，要在实践中消灭资本主义的生产方式，在自由人的联合体中实现真正的共识。

二、马克思共识思想的价值追求

马克思一生所追求的是要建立一个"自由人"的联合体，他指出："自由确实是人的本质，因此就连自由的反对者在反对自由的现实的同时也实现着自由；因此，他们想把曾被他们当作人类本性的装饰品而屏弃了的东

① 马克思恩格斯选集(第1卷)[M]. 北京：人民出版社，2012：403.

西攫取过来，作为自己最珍贵的装饰品。”①在这里，马克思把自由与人的本质联系起来，充分说明了自由的重要性。“没有一个人反对自由，如果有的话，最多也只是反对别人的自由。可见各种自由向来就是存在的，不过有时表现为特权，有时表现为普遍权利而已。”②“因为难道自由不是全部精神存在的类本质……对人说来，只有是自由的实现的东西，才是好的。”③而这种自由，在资本主义社会是无法实现的，马克思对资本主义所鼓吹的“自由”进行了批判，进而指出，只有“在真正的共同体的条件下，各个人在自己的联合中并通过这种联合获得自己的自由”。④ 而在此之前的共同体，都是非自愿的、不自由的共同体，具有“虚幻的共同体”的特征。“从前各个人联合而成的虚假的共同体，总是相对于各个人而独立的；由于这种共同体是一个阶级反对另一个阶级的联合，因此对于被统治的阶级来说，它不仅是完全虚幻的共同体，而且是新的桎梏。在真正的共同体的条件下，各个人在自己的联合中并通过这种联合获得自己的自由。”⑤只有在真正的共同体中，每个人才能实现自由而全面的发展。因此，这个“真正的共同体”就是马克思化解冲突、实现共识的最终价值追求。

对此，马克思在多个著作中进行过论述，如在《共产党宣言》中马克思、恩格斯首次指出：“代替那存在着阶级和阶级对立的资产阶级旧社会的，将是这样一个联合体，在那里，每个人的自由发展是一切人的自由发展的条件。”⑥在《德意志意识形态》中，他指出：“只有在共同体中，个人才能获得全面发展其才能的手段，也就是说，只有在共同体中才可能有个人自由。”⑦在《资本论》中，马克思再次强调：未来的社会是“以每个人的

① 马克思恩格斯全集(第1卷)[M]. 北京：人民出版社，1995：167.
② 马克思恩格斯全集(第1卷)[M]. 北京：人民出版社，1956：63.
③ 马克思恩格斯全集(第1卷)[M]. 北京：人民出版社，1995：171.
④ 马克思恩格斯选集(第1卷)[M]. 北京：人民出版社，2012：119.
⑤ 马克思恩格斯选集(第1卷)[M]. 北京：人民出版社，2012：199.
⑥ 马克思恩格斯选集(第4卷)[M]. 北京：人民出版社，2012：647.
⑦ 马克思恩格斯选集(第1卷)[M]. 北京：人民出版社，1995：119.

全面而自由的发展为基本原则的社会形式”。① 既然真正的共同体是全人类最终应该实现的价值目标，那么这种共同体必定体现了人类社会的最大共识。

首先，在共同体的人与人的社会关系中，存在着普遍的价值共识。正如马克思在 1864 年 10 月的《(国际工人)协会临时章程》中写道：“加入协会的一切团体和个人，承认真理、正义和道德是他们彼此间和对一切人的关系的基础，而不分肤色、信仰或民族。”②在此可以看到，马克思已经致力于在现实的共同体实现他“真正的共同体”的价值追求。

其次，在真正的共同体中，存在着普遍一致的共同利益。马克思认为，在资本主义社会中，“随着分工的发展也产生了单个人的利益或单个家庭的利益与所有互相交往的个人的共同利益之间的矛盾；而且这种共同利益不是仅仅作为一种‘普遍的东西’存在于观念之中，而首先是作为彼此有了分工的个人之间的相互依存关系存在于现实之中。”③然而，在阶级社会中，这种共同利益与私人利益具有一定程度的对立，因此它不可能代表全体成员的利益，而只能代表某一部分人的利益，体现为阶级利益，所谓超越阶级的“共同利益”是不存在的。马克思进一步指出，“正是由于特殊利益和共同利益之间的这种矛盾，共同利益才采取国家这种与实际的单个利益和全体利益相脱离的独立形式，同时采取虚幻的共同体的形式”。④“只要特殊利益和共同利益之间还有分裂，也就是说，只要分工还不是出于自愿，而是自然形成的，那么人本身的活动对人来说就成为一种异己的、同他对立的力量。”⑤在马克思看来，只有在消灭了分工的真正的共同体中，才会有真正一致的共同利益。这种共同利益代表了所有人的利益，是全体成员所有的、一致的目标，具有真正的共同性和真实性。

---

① 马克思．资本论(第 1 卷)[M]．北京：人民出版社，1975：649.
② 马克思恩格斯全集(第 16 卷)[M]．北京：人民出版社，1964：16.
③ 马克思恩格斯选集(第 1 卷)[M]．北京：人民出版社，2012：163.
④ 马克思恩格斯选集(第 1 卷)[M]．北京：人民出版社，2012：164.
⑤ 马克思恩格斯选集(第 1 卷)[M]．北京：人民出版社，2012：165.

再次，在真正的共同体中，人们具有一致的行动。一致行动并非指全体成员整齐划一的行动，而是在消灭分工之后人人都能实现共同的自由的行动。“……我有可能随自己的兴趣今天干这事，明天干那事，上午打猎，下午捕鱼，傍晚从事畜牧，晚饭后从事批判，这样就不会使我老是一个猎人、渔夫、牧人或批判者。”①再一次，马克思用革命浪漫主义的语言描绘了真正的共同体中人们自由而全面的发展的景象。

三、马克思共识思想的实现路径

早年的马克思、恩格斯深刻地认识到资本主义社会所蕴含的巨大矛盾冲突，他们认为要解决这些矛盾冲突，建立起自由人的联合体，只能通过暴力革命的方式来实现。但是到了晚年，随着欧洲社会政治经济状况发生的巨大变化，他们的思想也随之发生转变。

早年时期马克思、恩格斯主张无产阶级通过革命夺取政权，指出无产阶级“通过革命使自己成为统治阶级，并以统治阶级的资格用暴力消灭旧的生产关系”。② 在《共产党宣言》中他又明确指出：“共产党人不屑于隐瞒自己的观点和意图。他们公开宣布：他们的目的只有用暴力推翻全部现存的社会制度才能达到。”③马克思、恩格斯在分析19世纪40年代英国的问题之后，认为当时阶级矛盾突出，又不具有和平斗争的条件，因此暴力革命是解决资本主义矛盾的唯一出路。但是，在1848年革命失败后，随着马克思、恩格斯对资本主义经济发展的认识的深入，他们的思想发生了一定的转变，他们认为，虽然大多数国家仍然需要使用暴力革命的方式来夺取政权，但是，由于不同的国家存在着不同的制度、风俗和传统，有可能通过和平手段达到目的。马克思在1872年9月关于海牙代表大会的演说中指出：“工人总有一天必须夺取政权，以便建立一个新的劳动组织……但是，我们从来没有断言，为了达到这一目的，到处都应该采取同样的手段。我

① 马克思恩格斯选集(第1卷)[M]. 北京：人民出版社，2012：165.
② 马克思恩格斯选集(第1卷)[M]. 北京：人民出版社，2012：422.
③ 马克思恩格斯选集(第1卷)[M]. 北京：人民出版社，2012：435.

们知道，必须考虑到各国的制度、风俗和传统；我们也不否认，有些国家，像美国、英国……工人可能用和平手段达到自己的目的。但是……在大陆上的大多数国家中，暴力应当是我们革命的杠杆”。① 也就是说，在这个阶段，马克思、恩格斯认为无产阶级获得自身的解放虽然大多数都应该采取暴力革命的方式，但一些国家尤其制度、风俗和传统的不同，可以采取和平手段。但是，在马克思逝世之后，欧洲资本主义进入稳定发展时期，各国经济快速发展，工人劳动条件也得到一定程度的改变，民主政治也得以健全和完善，恩格斯在分析当时的政治、经济、阶段斗争的状况之后，思想也随之发生了巨大变化，他认为，在当时的历史条件下，无产阶级已经不适宜通过暴力革命的方式，而应该通过和平斗争夺取政权。

马克思、恩格斯虽然没有专门就共识问题作出过论述，并且比起共识来说，他们更加关注斗争、冲突，但是，在他们的思想中，我们可以发现研究共识问题的钥匙。首先，要用历史唯物主义的眼光来分析共识问题。无论是研究现实的冲突的解决，还是研究未来社会的共识，都必须立足于人的实践本质，立足于对人的本质的实现，而不是离开社会生活实践抽象地谈论共识问题，这种现实的参与性超越了传统的共识研究的理论旨趣。其次，在马克思、恩格斯那里，社会的最大共识就是要实现自由人的联合体，只有在这个真正的共同体中，才会实现人的自由而全面的发展，从而将共识问题放到了整个社会的层面，而不仅仅从个人的角度出发去理解和阐释共识问题。

第五节　社会共识的历史形态考察

社会共识思想史的梳理表明，社会共识的内容受到不同历史阶段的影响，不同时期的学者对社会共识的内容关注点存在差异。但无论共识的具

① 马克思恩格斯全集(第18卷)[M]. 北京：人民出版社，1964：179.

体内容是道德的、信仰的、真理的还是政治的，它们在不同的历史时期都会以某种特定的历史形态呈现出来，这些历史形态与人类社会发展的阶段及人类自身认识发展的程度是息息相关的。如果按照原始社会、农业社会、工业社会的大致划分，社会共识的历史形态可以概括为以下几类。

一、原始社会的共识形态：神话、图腾与巫术

摩尔根在对美洲人、希腊人与罗马人的氏族社会研究中，列举了原始社会的组织形式。在他所列举的氏族、胞族、部落及部落联盟中，都存在着这样那样的共识，例如美洲人的氏族有着共通的血缘关系和氏族名称，胞族是具有亲属关系的氏族为某种共同的目的而结合起来的，部落的成员操同一语言，而部落联盟的成员则操同一语言的各种方言。① 而在易洛魁联盟中，对一切公共问题更是遵循"全场一致"②的原则，所有的决议都必须要所有世袭酋长意见一致才能够达成。当然他们采取了各种有效的方式来尽可能地达成一致意见，如果最后仍不能达成全体一致，那么议案将被否决搁置。由此可见，在人类社会产生之初，共识就已然存在，具体来说，其形态主要体现为神话、图腾和巫术。

神话、图腾与巫术都是原始社会的产物，都体现出原始人类共同的思想意识和文化共识。当然，三者有时是互相缠绕的，但不同的是，神话借助语言、图腾借助标志、巫术则借助仪式来承载这种原始的思维及文化共识。从发生学的角度看，在原始社会，随着人类的生产实践和生活实践的不断丰富，人类的思维也不断发展，但是受到生产力发展水平的限制，人类的思维仍处于萌芽状态，对自然界各种现象无法解释使他们产生了种种疑问、惊奇、迷惑甚至恐惧。对此，人们试图去寻求理解、解释和解答，但是他们对外部所观察到的与内心所体验到的未能明确分化，这

① [美]路易斯·亨利·摩尔根. 古代社会[M]. 杨东莼，张栗原，冯汉骥，译. 北京：商务印书馆，1971：103.

② [美]路易斯·亨利·摩尔根. 古代社会[M]. 杨东莼，张栗原，冯汉骥，译. 北京：商务印书馆，1971：235.

种局限性使得他们往往把自身的情感、行为、愿望等都投射到外部世界中去，并通过想象幻化出种种超现实的事物，由此产生了神话、图腾和巫术。

神话作为原始社会的共识形态，首先，其产生和传承都是建立在一定的共同思维的基础之上的。“神话是人类的认知能力尤其是抽象思维力能力有一定发展但又发展得还很不充分时的产物。”①神话的产生是人们在认识世界、认识自我的过程中慢慢发展起来的，“思维学研究表明，远古时代的人类较为缺乏自我意识，而群的集体意识比较强烈，个体意识很少分离或超越集体意识。”②而神话反映的就是人类早期的集体意识，某一群体或部落将他们对世界的认识都投射、幻化到神话之中。其次，对原始人类来说，神话“……基本是对客观事物的外形或外在形态、外部关系的直接摹写，靠保持着一定直观性具体性的社会化的集体表象或类化意象来进行思维活动”。③ 由于不同的原始群体或部落有着不同的生存环境，接触了不同的外部世界，因此他们的集体表象或类化意象也存在着差异，例如中国神话与西方神话中的人物形象就有着很大不同。最后，神话承载了某一群体或部落的人们对希望、恐惧、宇宙观等的共同认识，例如西方的创世纪神话、中国的盘古开天地，都反映出人们对世界起源的认识。因此反映出人们早期的文化认同和族群意识，以及对道德价值、社会结构等的进一步认识，具有高度的情感内容、文化意蕴和信仰力量，是人们在世代相传中在一定群体心中留下的深刻烙印。正如有学者指出的那样，“对神话的当事人(原始民族)来说，神话不是隐喻，而是约定俗成了的集体进行文化共识的标帜，是语义明确的解释体系。”④

而巫术也是原始社会重要的共识形态之一。英国人类学家马林诺夫斯基认为，原始社会人们并不全然没有知识，他们依靠有限的知识进行日常

① 欧阳康. 马克思主义认识论[M]. 北京：北京师范大学出版社，2012：109.
② 邓启耀. 中国神话的思维结构[M]. 重庆：重庆出版社，2004：122.
③ 邓启耀. 中国神话的思维结构[M]. 重庆：重庆出版社，2004：162.
④ 邓启耀. 中国神话的思维结构[M]. 重庆：重庆出版社，2004：194.

的生活，但是在遇到他们有限的知识所不能解释的现象时，例如意外的幸运与厄运时，就认为是巫术所带来的了，或者需要使用巫术来对付了。在巫术的使用中，涉及一系列的要素，诸如咒语、仪式、巫师等。在现代人看来，巫术显得粗浅也不科学，但是对原始人来说，巫术却有着重要的文化价值。在马林诺夫斯基那里，这种文化价值主要表现为人类用它来战胜恐惧。“巫术与宗教既是行为状态，又是信仰系统；既是社会现象，又是个人经验。”①如此看来，在巫术中蕴含着人们对世界的某种信仰、人类的恐惧与希望，“一个人如果知道自己是巫术加害的对象，那么根据他那个部落人的最神圣的传统，他便会坚信自己在劫难逃，他的亲友们对此也深信不疑。”②人们对巫术的效应都体现出相同的认识——主要就是信任。“首先是巫师对于自己法术效果的笃信，其次是病人或受害者对于巫师法力的信任，最后还有公众对巫术的相信与需要……”③因此，巫术也是一种重要的早期共识历史形态。当然，作为一种早期的共识形态，它并没有像宗教那样的持续的纽带，也不具有类似教会这样的共同体，这也反映出原始社会共识形态的独特特性。

在原始社会中，图腾可能是动物、植物或想象出来的任何事物，在英国人类学家 A. R. 拉德克利夫·布朗那里，图腾有广义与狭义之分，广义的图腾是某一群体所对应的标志，而狭义的图腾则是上述群体只因血缘关系联系在一起时，也就是氏族所使用的氏族标志。而迪尔凯姆更多的是从具有血缘关系的氏族的角度来认识和理解图腾的。但无论是广义还是狭义的定义，图腾都被认为是原始人类所认可的部落或氏族保护力量，是最早的组织标志和象征。如果从狭义的角度来看，它更是一个氏族中同一血缘

① ［英］马林诺夫斯基. 巫术科学宗教与神话［M］. 李安宅，译. 北京：中国民间文艺出版社，1986：9.

② ［法］克劳德·列维-斯特劳斯. 结构人类学［M］. 陆晓禾，黄锡光，等译. 北京：文化艺术出版社，1989：1.

③ ［法］克劳德·列维-斯特劳斯. 结构人类学［M］. 陆晓禾，黄锡光，等译. 北京：文化艺术出版社，1989：2.

的象征，某一特定的图腾被部落或氏族成员认为是他们源于同一个共同祖先的标志，因此图腾将他们紧紧凝聚在一起，成为他们团结一致的强有力的纽带。也就是说，原始部落或氏族的人们将他们对集体的信仰、义务、对祖先的崇拜等通过某种图腾体现出来。也正是在这个意义上，迪尔凯姆认为图腾可以激发成员的感情，“凭借它，人们所体验的激情将永远保持并不断更生。方方面面都好像是它们直接激发了这些感情一样。既然这些情感是群体所共有的，那么它们就只能和所有人所共同拥有的某种东西相关联，从而把这些情感归因于图腾形象也就更加自然了，因为图腾标记是唯一符合这一条件的事物。它的意义就是为所有氏族人所共有。”①人们的感情成为氏族共同的感情，群体的统一性得以确立，进而维护社会群体的团结。

神话、图腾、巫术在共识的研究中之所以重要，不仅是因为他们是原始社会的共识形态，而且在神话、图腾和巫术中，蕴含着宗教、文化、信仰等现代共识内容的萌芽，对理解当代的某些共识内容仍然有着重要的意义。

二、农业社会的共识形态：君主和宗法

当人类从采集—狩猎的时代发展到农业时代时，社会结构也发生了巨大的变化。按照迈克尔·曼的看法，灌溉农业的产生，一方面使人类文明得以发展，另一方面也“加大了社会约束，人口被禁闭于特别的权力关系之中”。② 这种权力关系主要体现在君主和宗法上。君主制与宗法制度是相互联系在一起的，君主制的产生与宗法制度是联系在一起的，“在古代中国，当阶级矛盾日益尖锐，从而使国家成为一种社会需要时，以前的原始氏族组织、机构却仍未瓦解，它只是在功能上适应了新的需要，开始以原

① ［法］爱弥尔·涂尔干. 宗教生活的基本形式［M］. 渠东，汲喆，译. 上海：上海人民出版社，1999：291-292.

② ［英］迈克尔·曼. 社会权力的来源（第一卷）［M］. 陈海宏，等译. 上海：上海人民出版社，2007：168.

氏族的机构履行国家职能，即原氏族的机构变成了国家机器。”①这在商王朝和周王朝尤其典型，最初的宗氏家族的组织方式，上升为国家形态，对家族的财产分配，国家权力的继承以及传统的礼乐文化的确立都发挥了重要作用，成为农业社会主要的共识形态，承载了这个时期种种的社会共同意识。首先，宗法制度体现出一定的阶级性。宗法不仅仅是纯粹的以血缘关系为纽带的组织，正如有学者指出的，“从马克思主义经典作家的基本观点来看，从世界各国宗法制度存在的大量事实来看，从商周到近代中国的宗法制度的实际情况来看，宗法的核心内容是父权、族权、夫权和神权，它在一开始产生就包含有阶级对抗的内容，所以宗法不是一般意义的家族制度，而是反映了阶级对抗内容的一种宗族家族制度。”②它是在原始社会末期男性权力确立进而产生父权家长制的基础之上发展而来的，在中国古代和欧洲诸民族中都长期存在，具有鲜明的时代特征。其次，宗法制度虽然在历史演变中在不同的阶段呈现出不尽相同的特征，但是宗庙祠堂、族谱族规、排斥女性权力等典型特征在不同的时期都有明显的体现，这其中所强调的尊宗敬祖、家国合一、团结凝聚的群体意识在客观上起到了加强宗族内部凝聚力、维护社会稳定的作用。当然，从历史唯物主义的精神出发，宗法制度作为一个时代的产物，也打上了时代的烙印，体现出其排外、迷信、等级制、轻视女性的宗族观念，但它仍然是我们认识和了解农业社会共识的重要载体。

与之相联系的是君主，虽然现在世界仍有少数国家实现君主制或君主立宪制，但很多国家的君主，例如英国和英联邦国家的君主及日本的天皇并没有太多实质性的权力，因此与农业社会时期的君主有着很大的不同。君主的产生不仅仅是政治上的发展，它还与原始社会的神灵保佑的思想一脉相承。在人们生产资料和生活资料有限、生产力发展低下的时期，人们

---

① 刘泽华，汪茂和，王兰仲. 专制权力与中国社会[M]. 长春：吉林文史出版社，1988：2.

② 钱宗范，何海龙. 关于中国宗法制度研究中的几个问题的探讨[J]. 广西民族学院学报(哲学社会科学版)，2003(11)：84-89.

需要有超出常人智识和体魄的领导者作为神灵在人世中的代表，带领人们生存下去。因此，君主的产生就反映出人们的一种思想上的共识：渴望得到可靠权威的庇护。君主所拥有的各种世袭的特权、地位、财富特权以及神圣性也都基于这种认识，生活中最重要的各种要素都归于国王所有，例如农作物、指导宗教仪式的权力、军队的领导、选择继任者的权力，等等，概括来说就是世袭的特权、地位、财富特权以及神圣性。① 也就是说，全社会的道德原则、社会舆论等都集中于君主，“掌握全国最高政治权力的君主‘临机一动’，就可能化作全社会、全民族的统一行动。”②除了物之外，甚至所有人都是君主的臣民，人们都是被统治、被束缚的，几乎没有独立的人格，都是君主的附庸，所谓“普天之下，莫非王土；率土之滨，莫非王臣”。

三、工业社会的共识形态：自主与理性

当资本主义工业大发展，人类社会进入工业社会以来，共识的形态又发生了变化，其中最典型的便是自主与理性。当然，把自主与理性作为工业社会的共识形态，并不意味着在原始社会、农业社会中的人就不存在自主与理性，事实上，在哲学史上，哲学家们一刻都没有停止对人类理性的探寻，然而只是到了工业社会，自主与理性才作为全社会的共识形态，前所未有地凸显出来。

在工业社会，理性成为人认识自然、社会与自我的主要解释模式，成为批判封建专制主义以及传统宗教神学的最强音，在理性面前，“宗教、自然观、社会、国家制度，一切都受到了最无情的批判；一切都必须在理性的法庭面前为自己的存在作辩护或者放弃存在的权利。思维着的知性成了衡量一切的唯一尺度。……以往的一切社会形式和国家形式、一切传统

---

① ［英］布伦达·拉尔夫·刘易斯. 君主制的历史［M］. 荣予，方力维，译. 北京：生活·读书·新知三联书店，2007：5.

② 刘泽华，汪茂和，王兰仲. 专制权力与中国社会［M］. 长春：吉林文史出版社，1988：18.

观念，都被当做不合理性的东西扔到垃圾堆里去了；到现在为止，世界所遵循的只是一些成见；过去的一切只值得怜悯和鄙视。只是现在阳光才照射出来，理性的王国才开始出现。从今以后，迷信、非正义、特权和压迫，必将为永恒的真理、永恒的正义、基于自然的平等和不可剥夺的人权所取代。"①人的主体地位在理性的大旗下得到前所未有的张扬。

人的主体性地位体现在人与自然的关系和人与人的关系上。从人与自然的关系来说，随着科学技术的发展，人们对过去无法理解的自然界的种种现象提出了科学的解释，各种超自然的主宰力量渐渐淡出，极大地改变了人认识自然的方式与人与自然之间的关系。理性也主要以技术理性的形式表现出来，也就是科学技术具有公认的合法有效性。当然，在前工业社会，技术也存在过，但正如韦伯所说，包括古代印度、巴比伦、中国、埃及在内的科学技术缺乏实验、推理、数学的基础和理性的概念，与工业社会的科学技术在很大程度上是不能同日而语的。理性的、系统的、专门的科学技术只产生于工业文明时期。

虽然马尔库塞对这种技术理性在全社会的宰制进行了严厉的批判，但实际上除了技术理性之外，人与人之间的交往、国家的组织、市场的运行都体现出了理性的特质。人与人之间的关系得到改变，巫师、神灵等思想的驾驭者不再能够控制人们的思想，在思想界，产生了以理性主义命名的学派，高扬自主与理性。人类以理性去认识和评价历史与现实，作为资本主义精神的集中体现，理性首先批判的是封建主义的生产方式和宗法观念。人们高扬自由、平等、博爱的观念，向封建主义开战。人们以理性作为武器，对封建主义一切不合理的东西进行批判，并且在批判的过程中，资本主义理性精神也得以不断的发展、丰富和加强。当然，理性批判不局限于对封建主义的批判，历史的批判很快转向对现实的资本主义制度的批判，空想社会主义、马克思主义、法兰克福学派等都对资本主义制度对劳动人民的压榨、资本主义生产力与生产关系之间的矛盾等进行了猛烈的批

① 马克思恩格斯选集(第3卷)[M]. 北京：人民出版社，2012：775-776.

判，在资本主义制度产生的历史合理性中寻找不合理的成分。在对资本主义制度和工业文明进行批判的过程中，理性的批判还转向了理性自身，霍尔海默的工具理性批判、马尔库塞的技术理性批判都对工业文明的理性自身进行了深刻的反思。

第三章　社会共识的必要性、可能性及其功能

第一节　社会共识的必要性

社会共识的必要性主要体现在存在论的意义上，包括两个方面的内容。一是从人的存在意义上来看，人作为类的存在物，在社会交往中会产生对自然、社会及交往实践的共同认识，而反过来这些共同认识又成为下一步交往实践的基础，离开了这些共同认识，人无法进行正常的社会生活与社会交往。同时，如果所有的人都是同质性的存在，那么就无所谓共识，正是因为人是具有差异性、多元性的存在，才使得一定程度的共识成为必要。二是从社会存在的角度来看，社会是多样性的存在，分歧、差异是社会常态，但同时社会又是多样性的统一，只有差异而无共识，社会无法正常维持下去，一定程度的共识是社会存在的前提。

一、人的社会性存在要求一定的社会共识

人除了具有自然属性之外，其社会属性是区别于动物的本质特征，亚里士多德“人是政治动物，天生要过共同的生活”①的论断，指出人只有在一定的城邦、国家之类的共同体中生活，才能成其为人，这是对人的社会

① ［古希腊］亚里士多德. 亚里士多德全集(第8卷)［M］. 苗力田，译. 北京：中国人民大学出版社，1997：205.

性本质的最早的揭示。人不仅在社会中生活，而且人的社会性也是在社会中被建构出来的，迈克尔·A. 豪格和多米尼克·阿布拉姆斯指出："他们是被社会性地建构的。他们的视角、观点、价值、行动和沟通手段都是从他人那里习得或获取的。"①而马克思更是明确指出："人是最名副其实的政治动物，不仅是一种合群的动物，而且是只有在社会中才能独立的动物。孤立的一个人在社会之外进行生产——这是罕见的事，在已经内在地具有社会力量的文明人偶然落到荒野时，可能会发生这种事情——就像许多个人不在一起生活和彼此交谈而竟有语言发展一样，是不可思议的。"②他还说，"人的本质不是单个人所固有的抽象物，在其现实性上，它是一切社会关系的总和。"③从而对人的社会性进行了天才的解读。

自宗教改革以来，人的个性从宗教神学中大大地解放出来，一时间，人们对个性的尊崇发展到了前所未有的高度。但是，作为个体的人的存在方式毕竟不同于原子式的存在方式，人的个性的发挥归根结底是要统一在社会性之中的，"个体是社会存在物。因此，他的生命表现，即使不采取共同的、同他人一起完成的生命表现这种直接形式，也是社会生活的表现和确证。"④人的任何价值判断、选择、行动除了与自身的自然特征有关外，还深刻地受到传统、习俗、道德等的影响，并且只有在社会中才有类的意义。所以阿伦特也指出："一切人类活动都要受到如下事实的制约：即人必须共同生活在一起。"⑤可以说，如果没有一些基本的共识，人们的交往实践就无法进行下去。我们在现实社会中可以找到对社会的共识缺乏基本认识和理解的人，他们被认为是社会的偏差，如有精神疾病的人，他们有自己的生存规则，而不是依照社会的共同生活规则行事，因此从本质上来

① ［澳］迈克尔·A. 豪格，［英］多米尼克·阿布拉姆斯. 社会认同过程［M］. 高明华，译. 北京：中国人民大学出版社，2011：2.

② 马克思恩格斯选集(第2卷)［M］. 北京：人民出版社，2012：684.

③ 马克思恩格斯选集(第1卷)［M］. 北京：人民出版社，2012：139.

④ ［德］马克思. 1844年经济学哲学手稿［M］. 北京：人民出版社，2000：84.

⑤ ［美］汉娜·阿伦特. 人是社会的动物还是政治的动物［M］//汪晖，陈燕谷. 文化与公共性. 北京：生活·读书·新知三联书店，1998：57.

说，与其他人不具有共同的生存论基础。总之，人们在实践中可以达成一定的共识，而这些共识也成为更多的实践交往的基础，甚至可以说，人类的社会交往实践就是一个不断地在交往中达成共识，并通过这些共识进一步交往的过程，从这个意义上看，社会共识具有存在论的意义。具体来说：

其一，人们需要共同的符号表达方式。卡西尔甚至称人是符号的动物，对共同的符号方式给予了高度确认。动物最多对"信号"进行一定的条件反射，然而人却能够能动地创造各种符号，赋予符号以意义，并且通过符号建立与他人的联结。语言、神话、信仰都是符号系统的组成部分，生活在一定的社会或者共同体中的人们，通过这些共同的符号表达方式建立自我与他人甚至自我与自身之间的关系，同时又在共同的符号表达基础上形成了社群、民族或国家的共同性。正如迪尔凯姆所说，社会在产生和发展过程中会产生各种范畴，"范畴表现了事物之间所存在的最普遍的关系；它们在广度上超过了所有其他观念，支配着我们智识生活中的所有细节。如果人们没有时刻与这些根本观念达成一致，如果人们没有同样的时间、空间、原因和数量等观念，那么他们的心灵之间就不可能产生联系，他们也不可能共同生活在一起。"①我们可以假设一个极端的情形，外星人来到地球，我们需要与之沟通，借鉴奎因"gavagi"的例子，② 我们从最简单的场合句入手，给出一系列的物品，如剪刀、草坪、电视、树等，在我们指出这些物品并说出其名称之后，外星人的反应是 jiz、biz、ciz、diz，于是我们认为得到了外星人的语言翻译结果。但是，在我们重新以电视、剪刀、草坪、树的顺序指出物品并说出其名称以验证我们的翻译是否正确的时

① ［法］爱弥尔·涂尔干. 宗教生活的基本形式［M］. 渠东，汲喆，译. 上海：上海人民出版社，1999：18.

② 奎因在论述翻译的不确定性命题中所提出了"gavagai"的例子。当一兔子跑过时，土著人说："gavagai。"于是语言学家记录下"gavagai＝兔子"，并且进行验证。当又一只兔子跑过时，语言学家说："gavagai。"土著人表示认可，于是语言学家便可以在其翻译手册中记下："gavagai＝兔子"。

候，外星人作出了另外的反应 fiz、hiz、giz、hiz，这样的反应令我们大为不解，于是进行新的检验，外星人又给出了一组新的词。经过多次反复，我们仍然无法得出剪刀、草坪、电视、树的正确翻译。① 这说明我们跟外星人之间缺乏一种共同的符号表达及存在论基础，导致我们跟外星人的交往根本无法进行下去。

其二，人们需要根据共识获得心理上的需要。美国当代哲学家莱茵霍尔德·尼布尔指出，人的自然冲动不仅促使人超越自己去追求生命的永恒性，而且也促使人与其他生命共同达到某种和谐。社会心理学的很多研究都表明，人们对共识的追寻是人的本体性的需要，一般倾向于遵循社会所普遍认可的规范。社会生活中的许多人都倾向于认为他人会持有与自己相同或相近的观念、偏好、信仰和价值观，虽然这往往是一种认识上的偏见，会导致不曾存在的共识，或者说“虚假共识”，但是从心理学的角度来说，即使是虚假共识，也会对个体的社会生活产生重要作用。人们往往追求确定性而排斥不确定性，如果自身确定拥有与他人一样对社会的共同认识和感知，那么人们就会在此中获得确定感。

从心理学中的从众心理与“沉默的螺旋”理论来看，作为社会人，人们往往会避免跟众人相异而陷入心理上的孤立。虽然每个人都有自己的个性，甚至有不少人追求标新立异，但是如果一个人在社会生活中，任何事都不能与他人达成共识，则他必定会产生一种心理的无助感，甚至对自己的认同产生怀疑，陷入到本体性的焦虑之中。所罗门·阿希著名的从众实验就表明，哪怕面临的是一些明显的、简单的问题(例如两条线段的长短)，“仅仅有 25%的被试全程都成功地抵挡了群体压力的影响，33%的被试在一半或更多的焦点实验(即关键性实验)中表现出了从众，有 5%的被试在全部焦点实验中都遵从于群体压力。全体被试在 33%的实验回合中表现出了从众行为。”②也就是说，如果大多数人一致选择了错误的答案，那

① 朱玲琳. 从翻译的不确定性看跨文化交往［D］. 武汉：华中科技大学，2006.

② ［澳］迈克尔·A. 豪格，［英］多米尼克·阿布拉姆斯. 社会认同过程［M］. 高明华，译. 北京：中国人民大学出版社，2011：205.

么接下来的人也会倾向于选择错误的答案。同时，阿希的实验还表明，当实验的正确答案一目了然时，被试明确报告说他们感到疑惑或者不舒服，这也说明如果我们本来预想到与群体中的其他成员有共识，但实际上却不能达成一致意见的时候，就会产生心理上的不确定感和不舒服感。正是在实验结果的基础上，阿希作出推断：人们在很多时候表现出从众行为，要么就是因为担心自己在群体中显得很另类，要么就是因为担心遭受群体中其他成员的排挤和责难。而阿多诺对法西斯主义的研究也认为，之所以希特勒能够一呼百应，不是因为他迎合了多数人的利益，相反，他是为了满足少数人的利益而牺牲多数人的利益，但是他深谙人们的心理，利用人们担心被排除在团体之外的恐惧心理，成功地点燃了整个社会的反犹太情绪。当然，从众不仅是一种心理现实，同时也是一种社会现象，它与规范也是有关的，"规范压制冲突和争斗，因为对于什么是社会生活可以接受的惯常做法，规范提供了共识和一致意见。"①

而"沉默的螺旋"理论也同样表明，在面临某一问题时，如果人们发现自己的观点是受到大多数人赞同的，便会积极地发表自己的观点；反之，如果发现自己所赞同的观点无人理会或极少有人认同，便倾向于保持沉默。如此一来，大多数人的观点越来越得到加强，而少数人的观点越来越沉默下去，形成沉默的螺旋。这种沉默往往会被其他人解读为认可，而沉默的人反过来也会认同这种解读。

社会表征理论也证实了这一点，人们具有达成共识的心理愿望。在社会心理学中，法国社会心理学家莫斯科夫茨对社会表征是如此定义的，社会表征指的是"一系列源于日常生活中人际交流的概念、表述和解释，它们是传统社会中的神话传说和信仰系统在现代社会的对等物，它们甚至被称为现代版的常识(common sense)"。② 国内也有学者认为，"社会表征是

① ［澳］迈克尔·A. 豪格，［英］多米尼克·阿布拉姆斯. 社会认同过程［M］. 高明华，译. 北京：中国人民大学出版社，2011：199-200.

② ［澳］迈克尔·A. 豪格，［英］多米尼克·阿布拉姆斯. 社会认同过程［M］. 高明华，译. 北京：中国人民大学出版社，2011：99.

人们通过交往和对话形成的社会共识。为同一群体中所有成员所共享而构成成员间交流和沟通的基础。”①也就是说，一方面，社会表征是人们在社会交往的过程中形成的，个体需要理解世界，而日常的非正式沟通和交流中又充满了各种混乱，相关的人们需要一种对世界的共识性理解和一致意见，这样社会表征就产生了；而另一方面，社会表征一旦形成，成为群体的一种共识，反过来又会影响到群体成员的进一步交流和沟通，尽管社会表征往往以简化或曲解的形式出现，但是它具有强大的力量，人们往往还会歪曲自己的体验或感知来符合这种表征，而不是去反驳他们的假设或猜测，体现出社会生活中的人对共识的渴望。

其三，人们需要根据共识确定自己的行为并且预期他人的行为。共识不仅是人们在必要的时候需要主动达致的，而且还内在地体现在习俗、规则、信仰等文化中，这些从广义上来说都可以说是人们在交往中一代一代形成下来的共识。根据这些共识，人们就能够判断哪些是可以做的，能够得到社会的普遍认可的行为；哪些是不能做的，会受到排斥的行为；以及可以做的行为要如何去做，等等。另外，人们作为社会的人，要与他人顺利交往，就需要在一定程度上对他人的行为产生预期，例如在一个没有一定共识的、不兼容的跨文化交往中，人们无法很好地预料他人的行为，那么他们之间的相互交往也将很难顺利进行。正是从这个意义上来说，共识有了存在论上的意义。

二、人的多元性存在要求一定的社会共识

人不仅是社会性的存在，同时也是多元性的存在，人的复杂的多元性是社会共识得以存在的前提和基础。

首先，人的多元性表现在内在构造中。对于人的多元性问题，日本学者长谷川晃进行过详细的论证。他认为，人首先在内在要素和外在关系两方面都体现出一种多元性。并且，贯通这两个多元性的层面还存在着一个

① 邵志芳，高旭辰. 社会认知[M]. 上海：上海人民出版社，2009：5.

序列化的层面。① 从自我的内在构造来说，柏拉图的灵魂论就是说明自我的多元性的最初论证。当然，柏拉图的以理性作为自我根本的看法在后人的研究中不断得到修正，人的非理性的因素得到了重视，表现出人的内在结构的复杂性。人们在进行判断和选择时产生的内心的冲突往往包含了复杂的关系和过程，而这种过程与自我内部构成要素的关系密切相关，并成为自我的多元性的一个确证。

其次，从自我的外在关系方面来看，人同样表现出一种多元性。迈克尔·沃尔泽是从人的三个身份方面来说明自我的多元性的。② 第一，自我按照其利益、角色区分开来，根据其所获得的社会资格、义务、权限、技能等承担不同的角色，如公民、父母、工作或专家或商人，老师或学生、医生或病人，等等。第二，自我按照身份区分开来，根据其家庭、国籍、宗教、性别等来区分。第三，自我按照其理念、准则和价值区分开来，从而能够进行不同的反思、批判、怀疑等。这也是沃尔泽认为最能构成人的复杂性的一个方面。由沃尔泽对自我的复杂性的分析中可以看到，自我实际上是在各种多元的身份中形成的一个统一的、平衡的复杂性实体，同时又因为不同的社会关系和身份而有了多样的自我。

另外，贯通自我的内在构造和外在关系的多元性是一个序列化的层面，也就是说，对自我来说，存在着一个根本的、派生的、附属的等诸多价值利益和身份的排序。正是因为自我有这样一个排序，才使得自我不会因为复杂的多元性而陷入一种完全的分裂状态，而是保持着某种平衡。当然，不同的自我，对哪些是根本的价值利益和身份，哪些是派生的、附属的价值利益和身份存在着不同的看法，例如有人认为拥有信仰是最重要的利益和身份，而有人则认为家庭生活才是最有价值的。

自我的多元性的这三个层面相互重叠、相互结合，构成了人的复杂的

---

① ［日］长谷川晃. 多元自我和自由的法律共同体［M］//［日］佐佐木毅，［韩］金泰晶. 21世纪公共哲学的展望. 卞崇道，王青，刁榴，译. 北京：人民出版社，2009：246-252.

② Michael Walzer. Thick and Thin［M］. South Bend：University of Notre Dame Press，1994：84.

多元性。而这种多元性在长谷川晃看来，还有一种时间性的复杂性存在，也就是说，这些多元性是共时的静态的，但同时其整体又处在一定的历时的动态的过程之中，某一个层面发生变化，会影响到其他的层面。

自我的多元性在内在要素、外在关系、序列以及时间性等方面的存在，一方面构成了人的丰富性，另一方面使得人成为一个复杂的多元存在，在自我的多个层面内部往往会产生矛盾冲突，并且进一步使得人在社会交往和社会相互作用的过程中产生差异与矛盾。例如在集体决策中，人们之间的冲突表现在方方面面，有学者把这些冲突分成两类，一是认知冲突，二是社会—情感冲突。前者指的是那些非个性化的冲突，这类冲突与任务有关，涉及的是对一些共同事实所表现出的意义以及为达到共同目标所采用的合适的行动过程的不同意见。由于这类冲突是对实体的问题而非社会—情感问题的争论，因此人们往往会因为一些信息的影响而非个性的影响来改变原来的观点。这些影响主要来自于诸如看问题的角度不同、掌握的信息量不同等原因，例如地上写着同样一个数字，我看到的是6，我对面的人看到的就会是9；同样一个病症，两个知名的医生也有可能得出完全不同的诊断。而后者指的是那些涉及个人动机、为了实现个人层面的目标而展开的竞争或者是与群体任务无关的个人的异见，虽然在实践中很少有研究证明这类冲突对共识所产生的影响，但理论上说，这类冲突对一些短期或长期的群体结果都会产生负面的影响。①

人的多元性存在构成了共识的前提和基础，共识是相对于差异、多元、分化而言的，如果没有差异和多元，那么共识也无存在的意义。正是因为人一方面是多元的存在，有着各种差异、分歧和矛盾，另一方面又需要在社会中共同生活，才使得共识问题的必要性得以彰显。

三、社会分歧与歧见的存在要求一定的社会共识

人的多元性存在进一步构成了社会的多元性和复杂性，差异、分歧或

① Richard L. Priem, David A. Harrison, Nan Kanoff Muir. Structured Conflict and Consensus Outcomes in Group Decision Making[J]. Journal of Management, 1995 (21): 691-710.

歧见的存在成为社会结构中所固有的现象。事实上，自从有人类社会以来，分歧或歧见就是客观存在的现象，这些分歧体现在各个层面上：个人与个人之间、个人与群体之间、群体与群体之间，等等。关于个人与个人之间的矛盾冲突上文已讨论过，在此不再赘述；从个人与群体之间来看，群体由个体所构成，但一经形成，便有着超越任何个体的特殊运作方式和要求，体现出一种整体的存在方式与个体的相互对立，例如群体目标与个人目标的对立，群体的规范对个体行为的约束，等等；从群体与群体之间来看，不同的群体有着不同的存在状态、组织方式与目标，有学者比较了家庭、企业、科学共同体、社会共同体和生态共同体各自的价值目标，认为家庭的价值目标是美满、稳定与繁荣，企业的价值目标是利润和收益的最大化，生态系统的价值目标是生态系统的完整、稳定和优美，社会共同体的价值目标是最大多数人民的最大利益(社会效用最大化)，科学共同体的价值目标是追求真理达到知识增长最大化,① 显然，这些价值目标是存在着较大差异甚至冲突的，而这些群体的目标与社会总体目标来说又可能会存在着矛盾。总之，个人、群体(或共同体)、社会都会有自身内在的价值，这种内在价值可能体现在行为也可能体现在目标上，彼此之间往往存在着差异，使得社会成为一个多元的社会。

虽然从表面上来看，社会的多元性使得社会共识的达成极为困难，但是，从另一个角度来说，正是因为分歧的存在，社会才会多样化、丰富多彩，而非千篇一律，也正是因为不同文化之间的差异、对立才使得社会共识有了存在的必要。在一个高度同质化的社会、一个一元文化的社会中，共识就根本不会成为一个值得讨论的问题。当然，分歧积聚到一定程度可能转化为严重的矛盾和冲突，如果不加以引导和控制，将会对社会秩序的稳定发展带来负面的影响，因此分歧不能无限地扩大，而是需要达成一定的共识并对其进行调解。从人类发展历史来看，一个社会总是需要基本的

① 张华夏. 论价值主体与价值冲突[J]. 中山大学学报(社会科学版)，1998(3)：2-9.

共识存在的，尤其是基本的价值共识是社会能够正常运行的重要因素。以上文中所说的家庭、企业、社会共同体、生态共同体、科学共同体的价值差异为例，尽管这些不同的组织有着各异的价值目标，这些价值目标有时还会相互冲突，但是这并不意味着这些差异不能得到统一。例如企业的价值目标是追求利润最大化，但是在人们日益关注环境保护的今天，如果一个企业在追求利润最大化时对环境造成了严重的破坏，那么利润最大化的价值目标就要让位于生态共同体的价值目标，也就是说在这一点上，要遵循的共同的价值共识是，企业追求利润最大化不能以破坏生态系统为代价。再如国际社会的争端，也总需要由一些共同的价值来进行调解和解决，例如促进世界的和平、打击恐怖主义等就成为国际社会的共识，对维护国际秩序的良好运行起着重要作用。

第二节　社会共识的可能性

一、人的社会性存在是社会共识之可能的本体论基础

人的社会性存在不仅使得社会共识有必要达成，同时也是社会共识之可能的本体论基础。人作为相同的生物物种，有着大致一致的起源、发展经历，有着相同的生物本能、生理需求以及相似的精神、心理需求，依靠具有普遍性的自然、社会条件进行生活，从而表现出合类性特征。正如摩尔根在《古代社会》一书中所说："人类的经验差不多都是采取类似的路径而进行的；在相同的情况中人类的需要基本上是相同的；由于所有人类种族的脑髓的机能是相同的，所以人类精神活动原则也都是相同的。"①从本体论的层面来说，人的这种合类性特征决定了人类有某些共同的需求和特性，在基本的生存、发展、交往中存在着普遍性。人生活在自然界和人类

① ［美］路易斯·亨利·摩尔根．古代社会［M］．杨东莼，张栗原，冯汉骥，译．北京：商务印书馆，1971：12.

社会中，具有生理的需求和社会的需求。从生理需求的角度来看，人类具有共同的生理结构和功能，无论生活在哪个国家、地区，无论信仰着何种宗教，有着何种文化习俗和生活方式，首先都需要满足衣、食、住、行等基本的生存需求。这种类的需求直接体现在每个个体的需求之中，当然，不同的人，例如中国人和美国人的衣、食、住、行存在着很大差异，但是同时又有许多共同或相同的成分。尤其是最基本的生存的需求是大致相同的，例如对健康的追求是人人都需要的，当然不同的人群、不同的时间、不同地域的人对实现健康所需要的条件是存在差异的，但是对健康这一根本价值的追寻却存在着共性。正是基于这个原因，许多学者对诸如“语言文化的不可通约性”之类的概念是存疑的，正如有学者所总结的那样，“语言学家乔姆斯基发现了语言的‘深层的普遍特性’；后现代历史哲学家海登·怀特发现了历史叙述共有的‘深层结构’；文化学者马德克更提出‘世界文化的公分母’概念”,① 说明在表面的不可通约、不可翻译的背后，实际上蕴含的是人作为同样的生物物种的共通性和合类性。

人作为类的存在物，要生存下来，首先要进行物质资料的生产，马克思指出，“我们首先应当确定一切人类生存的第一个前提也就是一切历史的第一个前提，这个前提就是：人们为了能够‘创造历史’，必须能够生活。”②但同时，人又是社会的存在物，人类与自然发生关系，进行物质资料生产的同时，还与其他人发生关系，“人们在生产中不仅仅同自然界发生关系。他们如果不以一定方式结合起来共同活动和相互交换其活动，便不能进行生产。为了进行生产，人们便发生一定的联系和关系；只有在这些社会联系和社会关系的范围内，才会有他们对自然界的关系，才会有生产。”③这样人类不但通过物质资料的生产，赋予自然客体合目的性的形式，同时也在社会交往中实现主体之间的联系、沟通、理解以及一定程度的共识。换句话说，人们在长期的与自然、他人发生交往的实践过程中，形成

① 沈湘平. 价值共识是否以及如何可能[J]. 哲学研究，2007(2)：107-111.
② 马克思恩格斯全集(第3卷)[M]. 北京：人民出版社，1960：31.
③ 马克思恩格斯全集(第6卷)[M]. 北京：人民出版社，1961：486.

了关于认识世界、改造世界的共同性认识，这些共同性认识有多种表现形式，例如价值、观念、风俗、习惯等。这些共同性认识一方面都是物质交往的产物，“人们的思想、观念、意识的生产最初是直接与人们的物质活动，与人们的物质交往，与现实生活的语言交织在一起的。人们的想象、思维、精神交往在这里还是人们物质行动的直接产物。表现在某一民族的政治、法律、道德、宗教、形而上学等的语言中的精神生产也是这样。”① 另一方面又为下一步的物质交往及精神交往提供基础。事实上，经济交往中所形成的经济制度，政治交往中所建立的各种政治组织或机构等，都可以说是社会共识的产物，尤其是精神交往中所形成的社会意识，作为一种观念体系是社会存在的反映，反过来又构成人们社会交往的基础。

同时，从发生学的角度来说，人们通过共同的历史记忆来认识自我。马克思把人理解为历史性的，他认为，人不仅创造了历史，同时人又是社会历史活动的产物。对个体的人来说，个体记忆是对过去时空的经验积淀，而对群体来说，群体的记忆是生活方式、文化样式以及价值观念多方面的集体经验和历史传统，它构成了人类生活最基本的形式和经验事实。

二、可知论信念是社会共识之可能的认识论基础

从认识论的角度来看，社会共识之所以可能，是因为我们相信从人类的认识发展来看，世界存在着被认识的可能性，这个世界不仅包括客观物质世界，同时也包括观念世界。人们能够认识观念世界，进一步表明人们之间是可以互相理解的。人们之间的相互理解甚至在伽达默尔那里具有本体论的意义，他认为理解与解释是人与自然之间、人与人之间以及人与社会之间交往的基本形式。人们通过理解实现视域融合，这种视域融合，实际上可以看作某种形式的共识。也就是说，虽然个体具有极大差异性，不可能实现相互之间完全的理解和公度，但是，一定程度的视域融合是可能

① 马克思恩格斯选集(第1卷)[M]. 北京：人民出版社，1995：72.

实现的。只要人们认为一定程度的共识是可以达成的，无论这种共识是采取什么样的方式来达成，都表明人们相信自我与他者之间是可以通过某种途径来达成一定程度的理解。在面临某些根本的利益或价值冲突时，或许我们无法说服对方放弃自己的利益或价值，但是我们仍然能够在如何对待矛盾和分歧的问题上达成共识——悬置争议、求同存异未必不是一个有效的办法。也就是说，无论我们能否在实质或结果上达成共识，我们仍然可以通过某种途径相互理解，在处理矛盾和分歧的方式上达成共识。例如不同的宗教对所信仰的神看法各异，并且都各自坚持自己的信仰，无法达成共识，但是，人们对他人的信仰所采取的态度是可以达成共识的：各自保持自己的信仰，对他人的信仰即使不理解、不认可，也能够同意每个人都有保持自己独特信仰的权利。

同时，从马克思主义认识论的实践性来看，人类的认识活动与自由自觉的实践活动密不可分。共识是主体之间的观念一致，而主体之间的交往实践使得实现这种观念一致成为可能。首先，人类实践是有目的、有意识的活动，马克思广为人知的“最聪明的蜜蜂”与“最蹩脚的建筑师”的比较生动地说明了这一点。正是在实践中，人的情感、意志等内在的力量得以体现，实践的这种意识性、目的性特征不仅使得人自觉的认识活动成为可能，也使得人们相互之间的共识成为可能。在人们的共识实践中，并非所有的人都一定成为共识主体，也并不是所有的外在事物都成为共识的对象，实践的目的性特性决定了哪些人成为共识主体、哪些事物成为共识客体，共识主体和客体都是在实践中产生和确定的。其次，实践还为共识过程提供了工具和手段。人的实践借助各种工具和中介而展开，这些工具和中介也为人们之间共识的达成提供了可靠的手段。

三、公共价值的存在是社会共识之可能的价值论基础

正如前文所述，人的社会性存在使得人具有某些基本的共同需求，对这些共同需求的满足就涉及公共价值问题。从价值论的角度来看，“公共价值是指同一价值客体或同类价值客体能同时满足不同主体甚至是公众

(或民众)的相同需要的这种效用和意义。"①生活在一定社会中的人，必定有某些共同的客体能满足他们的需要，也就是存在着某些共同的价值。人类最基本的需要是生存的需要，因此最基本的公共价值就是物质资料的生产及物质产品对主体的生存需要，而从物质资料的生产需要基础之上就产生了人们交往的需要。马克思主义认为，人的需要具有社会性，是在人类的共同活动中产生的，要满足这种需要，必须要直接或间接与他人进行交往，参加到满足社会需要的人类共同活动中，将个人需要与社会需要相统一，在社会需要满足的过程中实现个人自身的需要。这些社会性的需要就体现为公共价值。或许某些公共价值就某个人或群体来说并不一定是他们所偏好的，但是就整个社会来说，却反映了社会公众的需要，具有公共性特征。例如一个社会的公共服务就体现出了公共价值，虽然公共服务的标准、层次和具体内容存在差异，但是其总的价值准则是一致的。

从社会共同体的统一角度来看，只要社会还存在和维持下去，就意味着这个社会存在着公共价值。社会不可能满足每个人的价值，只能满足一个统一的价值。当然这并不意味着社会不承认和满足个人的价值，而只是表明价值除了多元性特征外，还具有统一性特征，这种统一性就体现为公共价值。公共价值往往是在公共领域中得到体现的，公共领域中的共同生活、共同利益成为公共价值产生的社会前提。反过来，公共价值的存在又对社会的维持产生积极影响，公共价值不仅具有描述性特征，还具有规范性特征，社会公德就是典型的公共价值，任何社会都存在着社会公德，尽管在不同的国家、不同的社会中有着具体不同的内容，但是在这个社会中它告诉人们所应遵守的基本的道德准则和行为规范。正是因为公共价值的存在，使得人们之间的价值共识成为可能。

第三节　社会共识的功能

使用功能这一概念，借用的是结构功能主义的观点。自迪尔凯姆在研

① 胡敏中. 论价值共识[J]. 哲学研究，2008(7)：96-102.

究劳动分工时使用到“功能”一词后，结构功能主义就将其发扬光大，帕森斯更是在其行动系统理论中提出社会系统为了要保持其维持和存在的“AGIL”条件：适应(Adaptation)、目标达成(Goal Attainment)、整合(Integration)与维模(Latency Pattern Maintenance)。从这个角度来说，研究社会共识问题，就需要将社会共识与社会的整个结构和运行过程联系起来进行考虑，分析它在社会运行和发展的协调和平衡过程中所发挥的功能和作用。从整个社会系统来看，社会共识是通过经济、政治、社会和文化四个子系统来实现其功能的，然而从个人与社会的关系来看，社会共识又是个人与群体、社会共同作用的结果，无论在哪一个子系统之中，都遵循个人到群体或社会的作用原理，因此，可以从个人与群体或社会两个层面来考察社会共识的功能。当然，社会共识在这两个层面上所起的作用往往也是相互联系、相互缠绕的。

一、社会共识在个人层面的功能

个人要能在社会中顺利生存和生活下去，必须了解社会生活中的种种规范、规则，对自我有明确的认知和定位，社会共识在其中起到促进自我认知、身份确认和规范导引功能。

(一)内群感知功能

内群感知是个体认为自身属于某个群体的个人感受。人作为社会存在物，除了基本的生理需要之外，还存在着社会需要，人的社会需要是多方面、多层次的，其中对社会的依赖与掌握是一种重要的需要。人的生产、交往等各项社会实践活动都需要与他人发生联系，人们在保持自己个性的同时，也需要保持一种社会性和公共需要，归属于某个群体是其中最基本的一种公共需要，只有满足了这种公共需要，获得了这种集体的情感，人才成为真正意义上的社会人。迈克尔·A. 豪格和多米尼克·阿布拉姆斯指出，“如果我们认为不同的共识界定了不同群体的范围，那么我们就会发现：人们力争坚持他们自己群体的观点，并且以跟其他内群成员相同的方式看待这个世界；内群感知被积极地评价，因为它们提供了'真实的'理解"。① 这种与群体内其他成员相同的"共同感"对个人来说非常重要，"正是这种'共同感'，作为先天条件，使个人的审美判断具有一种社会的普遍性，即人通过'将心比心'的心理活动发现'人同此心，心同此理'，同时又用普遍的情感来衡量自己的情感，把自己从个人偏见中解脱出来，这样就使人类的情感紧密靠拢在一起。"②

共识发挥内群感知功能，就是个体与他人所具有的共同的价值、规范、准则、目标等使人们感受到自己归属于某个群体。"我们可以把使个体获得其自我统一体的有组织的共同体或者社会群体，称为'一般化的他人'(The Generalized Other)。……只有当他采取了他所从属的这个有组织的社会群体针对这个群体本身所参与的、有组织的合作性社会活动或者一系列这样的活动的态度时，他才能确实发展一个完整的自我，或者说拥有他已经发展成的这种完整的自我。"③可见，正是这些共同的观念、合作性的社会活动使得人们从"原子式的个人"的迷雾中走出，成为真正社会化的个体。

(二)身份认同功能

共识有助于个人实现身份的认同，个人对自身身份的认同过程就是确立"我是谁"的过程，确立"我是谁"可以从两个维度展开：内省的维度和外化的维度。内省指认同是个体自我认识的活动，但这并不意味着个体是通过先验的、与生俱来的方式来认识自我，而是通过某种外在的形式表现出来的，也就是说，内省的和外化的两个维度实际上是相互联系在一起的，

---

① [澳]迈克尔·A. 豪格，[英]多米尼克·阿布拉姆斯. 社会认同过程[M]. 高明华，译. 北京：中国人民大学出版社，2011：29.

② 邓晓芒. 论康德《判断力批判》的先验人类学建构[M]//[德]康德. 判断力批判. 北京：人民出版社，2002：392.

③ [美]乔治·赫伯特·米德. 心灵、自我与社会[M]. 霍桂桓，译. 北京：华夏出版社，1999：167-169.

主要的方式就是通过在群体中来实现。也就是说，个体的认同往往是在具有某种共识的群体中来确立和体现的，离开了群体，个人很难确立自身的身份。具体来说，共识的功能主要体现在两个方面。

一方面，共识为个人的身份认同提供了来源和基础。正如米德所指出的那样，人们通过所在共同体对他的态度，而意识到自己的个体身份，并且因此发展自我的人格。在群体中，人们使用共同的语言符号、秉承共同的思维方式、持有共同的价值观念、遵守共同的行为规范。人们根据这些共识来确定群体的范围，不持同样的价值、观念、“游戏规则”的人被排斥在一定的群体之外，因此，从这个意义上来说，人们在共识的基础上产生认同。简单举例来说，人们对男性身份的认识在大多数情况下都与坚强、有力等联系在一起，而不具有这样特征的男性往往被称为“娘娘腔”而受到排斥。

另一方面，共识还能够强化个人的身份认同。社会共识作为杜克海姆所说的“集体意识”，具有一种隐性的强制力量，这种力量以潜移默化的方式对人们的个体意识产生影响。一个群体或社会具有越明确的共同目标、共同价值观、共同规范准则，那么这个群体的每一个体的身份认同也越强烈。例如政党有党徽、党章，企业和社会组织有 logo，城市有形象标识和城市口号，甚至临时成立的一些组织都要命名、确定口号，也就是说，组织、群体往往都会通过各式标识、仪式、制度、目标等来强化每一个体的身份认同。

（三）规范导引功能

共识不仅是在必要的时候人们去主动达成的，而且还内在地体现在社会的种种规范中，有的表现为习俗、信仰等形式，有的则表现为法律、规则等。根据这些共识，人们就能够判断哪些行为能够得到社会的普遍认可，是可以做的；哪些行为会受到排斥，是不能做的；以及可以做的行为要如何去做，等等，这样共识对人来说就有了存在论的意义。共识促进自我认知，还意味着人们能够根据共识预期他人的行为。人作为社会的人，要与他人顺利交往，就需要在一定程度上对他人的行为产生预期，假如在一个没有一定共识的、不兼容的跨文化交往中，人们难以预料他人的行为，那么他们之间的相互交往也将很难顺利进行。

二、社会共识在群体或社会层面的功能

人们的许多社会行为或行动都是在群体或社会中进行的，因此社会共识的功能是同时在个人和群体或社会层面上实现的。在社会层面，社会共识具有社会整合功能、矛盾化解功能和目标导向功能。

(一)社会整合功能

社会共识的社会整合功能包括群体建构功能、合法性的确认功能、秩序维持功能以及社会凝聚功能四种。

第一，群体建构功能。群体建构功能是指共识对一个群体甚至社会的形成所发挥的作用。滕尼斯就认为无论是血缘的共同体，还是地缘的共同体，都要求其全体市民理智意志的结合才能形成，其中相互依存、重叠的共同意志是共同体建构、存在的核心纽带，这种共同意志有诸多的形式，可以体现为习俗、习惯或是社会心理、民族记忆。滕尼斯所提出的共同体以及“公团”，前者强调内部的自身活动，后者强调对外统一的判断力和力量，它们都强调共同的记忆和语言，正是在这种原始的、有机的相互联系之中发展出了共同体和公团的理念和本质。

第二，合法性的确认功能。群体建构出来，尤其是国家建立起来，就存在着合法性的问题，政治合法性一般被认为是国家或政府运用权力的正当性。约翰·西蒙斯认为：“国家(或政府)的合法性是其拥有的一种复合的道德权利，使其能排他地施于国民以必须履行的义务，使之遵循这些义务，并运用强力使之执行这些义务。”①大致来说，政治共同体的合法性有三个来源，第一个来源是这个政治共同体的存在是以共享的道德或宗教观

① A. John Simmons. Justification and Legitimacy[J]. Ethics, 1999(109): 739-771.

念为前提的，也就是说，成员的资格是以共享一定的道德或宗教原则为条件的，只有体现出这种普遍的道德或宗教原则的决策才被认为具有合法性。

那么，如果这个政治共同体并不具有普遍的道德或宗教原则，如何保证国家行使政治权力的合法性呢？这涉及合法性的第二个来源，“同意理论家”们通常认为，只有经过平等主体之间自由而理性的协商之后形成的一致意见才具有合法性，也就是说，一致同意是合法性的唯一基础。约翰·西蒙斯明确指出，“一个政府之所以具有合法性，只能透过其公民经由同意授予其权威而获得，只有博得所有公民同意的政府才是合法的。”①伯纳德·曼宁也指出，“政治权力及其规则的唯一合法性基础就是其平等个体的意志。”②柯恩也说过，“当且仅当平等的主体之间达成自由而理性的共识时，其结果才是民主的、合法的。”③当然，如果真的要求绝对的“所有公民同意”，则现实中所有的政府都不具合法性，因此又有“同意理论家”提出了“多数同意”的原则，也就是说，全体一致同意只适用于最初签订契约所创立的政府，而后来的政府就不受全体一致同意的束缚了。第一种情形将共享的道德或观念作为合法性的基础，使得共识有了道德的特征，而第二种情形只是强调共识，这种共识并不要求政治共同体提供一个共同的道德或宗教前景，而是为政治权力支配下的人们提供一种可以接受政治权力支配的理由，但是这种情形强调理性的特征。

事实上，合法性的第三个来源，也称第三种共识基础，也就是韦伯最早提出来的，合法性只要求公众的同意，而通过何种手段(哪怕是欺骗等手段)取得同意则不在考虑之列，也不涉及其他的道德原则和理性标准。

---

① ［美］A. 约翰·西蒙斯. 道德原则与政治义务［M］. 郭为贵，李艳丽，译. 南京：江苏人民出版社，2009：56.

② Bernard Manin. On Legitimacy and Political Deliberation［J］. Political Theory，1987(15)：338-368.

③ Cohen，Joshua. Deliberation and Democratic Legitimacy［M］// Alan Hamlin，Philip Pettit. The Good Polity. Oxford：Basil Blackwell，1989：22.

无论合法性是来源于具有共享道德的共识、理性的共识还是简单的共识，都说明共识是合法性的基础和来源。当然，利用非理性或非自由的手段取得共识而实现合法性，具有一定的虚假性，合法性只有建立在共享道德的、理性的基础上才是最理想也最能持久的。

第三，秩序维持功能。一个社会要有良好的秩序，要求人们彼此能够有效地发生联系，有效发生联系的重要前提是需要有共同的符号表达方式，以此促成彼此之间的沟通和理解。当然，人类与其他种类也能够发生联系，例如宠物与主人生活在一起，能够发生某种联系，然而，宠物虽然不能完全理解或懂得主人的语言，但是它能够跟主人和谐相处，也依赖于宠物能够理解主人的大部分指令，作为同类的人们的生活更是需要有共同的符号表达方式，卡西尔甚至称人是符号的动物，对共同的符号方式给予了高度确认。

在相同的符号表达方式基础上人们之间产生了更进一步的共识，根据这些共识人们能够预期他人的行为以及确认自己的行为。“社会要想生存下去，不仅需要一种能够令人心满意足的道德一致性，还需要最低限度的逻辑一致性，倘若超出了这个限度，社会也就岌岌可危了。”①道德一致性与逻辑一致性给人提供了确立相互之间关系的准则，而这些准则对于社会秩序来说是非常重要的。这些准则的主要形式是法律和道德。法律制度是显性的共识，是国家为了维护社会秩序、规范人们行为而制定的。事实上国家在某种意义上说就是为了要维持一定的社会秩序而存在的，恩格斯在《家庭、私有制和国家的起源》中指出：“国家是社会在一定发展阶段上的产物；国家是承认：这个社会陷入了不可解决的自我矛盾，分裂为不可调和的对立面而又无力摆脱这些对立面。而为了使这些对立面，这些经济利益互相冲突的阶级，不致在无谓的斗争中把自己和社会消灭，就需要有一种表面上凌驾于社会之上的力量，这种力量应当缓和冲突，把冲突保持在

① ［法］爱弥尔·涂尔干．宗教生活的基本形式［M］．渠东，汲喆，译．上海：上海人民出版社，1999：18．

‘秩序’的范围以内”。① 国家为了维护社会秩序而产生，同时又建立一系列政治制度、法律制度，通过政治层面的共识来保证社会有序运行。正是在这个意义上，亨廷顿认为，“一定程度的政治共识，是任何社会群体存在的先决条件。一个有序的组织，通常要求其成员对其组织功能的范围和解决从这种范围中产生纷争的程序，至少应有相当的一致性认识。一种政治体系的积极参与者必须具有这种认识的一致性。”②

而道德、信仰、习俗等是隐性的共识，它以更加广泛也更加隐蔽的方式发挥作用，虽然在一个社会中，尤其是多民族国家中，价值多元成为不争的事实，不同文化价值之间的差异可以被认可和尊重，但是这种文化差异存续的前提是共同民族国家的价值核心和程序规则，只有在大多数人所接受的公共秩序的框架之内，人们才有可能去追求自己的文化传统、价值观念和生活方式，也就是说，一个社会总要有大多数人都认可的价值共识，否则，多元社会就无法正常运行。孔德、杜克海姆、帕森斯等人也正是从这个角度充分肯定共识的重要性，托克维尔也说过类似的话，他认为只有当相当数量的人们以同样的方式来考虑各种事务，对各种事务持同样的观点，并且在面对同一件事时，他们能够得到同样的印象时，社会才得以存在。

无论是显性的共识还是隐形的共识，对于社会秩序的维护都是必不可少的。尽管这种社会秩序在不同的社会中表现出不同的形式，例如在有的国家当中体现为更加民主、具有活力，而在另一些国家中体现为更加统一和集中，但只要是以共同的协调一致所建立起来的，都是值得维护的。“一个共同生活的秩序，只要它是建立在意志的协调一致、基本上是建立在和睦的基础之上，并通过习俗和宗教产生和改良，它就表现着同另一种共同生活秩序的对立，只要后一种秩序是以聚合一起的、联合的选择意志即惯例为基础的，通过政治的立法获得其安全，通过公众舆论而得到其思

① 马克思恩格斯选集(第4卷)[M]. 北京：人民出版社，1995：170.

② [美]塞缪尔·亨廷顿. 变革社会中的政治秩序[M]. 李盛平，杨玉生，等译. 北京：华夏出版社，1998：22.

想和有意识的解释，即获得自我辩护。”①

第四，社会凝聚功能。从社会凝聚力角度来看，正如滕尼斯所说，“相互之间的——共同的、有约束力的思想信念作为一个共同体自己的意志，就是这里应该被理解为默认一致(consensus)的概念。它就是把人作为一个整体的成员团结在一起的特殊的社会力量和同情。”②虽然一些学者在研究群体凝聚力时，往往将个体之间的吸引力看作是群体凝聚力的来源，但是显然地，在群体规模比较大尤其是上升到整个社会层面时，个体之间的吸引力对群体的影响力微乎其微。本尼迪克特所研究的 Dubo 部落就是这样一个群体：个体之间的吸引力并不存在，群体的凝聚力依靠共享的规范和集体仪式来实现。他的研究可以扩展到更大规模的群体和社会之中，在更大规模的群体和社会中，依靠个人之间的吸引力来实现群体的凝聚显然是不现实的，此时共识在群体与社会凝聚力的增强中起到重要的作用。正是因为具有共识，个体之间才会产生社会吸引，社会吸引不同于由于个人之间的亲密人际关系而产生的吸引力，它是在“植根于群体资格、产生于(促生心理群体归属的)自我范畴化过程的人际吸引形式……”③也就是说，正是由于基于群体成员的社会吸引的产生，使得群体成员在思想和行为上更加相似和接近，彼此之间的关系更加紧密，成员在群体中的归属感得到提升，从而增强群体或社会的凝聚力。所以迪尔凯姆也认为，社会具有统一性，就“有必要按时定期地强化和确认集体情感和集体意识……”④

---

① ［德］斐迪南·滕尼斯. 共同体与社会——纯粹社会学的基本概念［M］. 林荣远，译. 北京：商务印书馆，1999：328.

② ［德］斐迪南·滕尼斯. 共同体与社会——纯粹社会学的基本概念［M］. 林荣远，译. 北京：商务印书馆，1999：71-72.

③ ［澳］迈克尔·A. 豪格.［英］多米尼克·阿布拉姆斯. 社会认同过程［M］. 高明华，译. 北京：中国人民大学出版社，2011：133.

④ ［法］爱弥尔·涂尔干. 宗教生活的基本形式［M］. 渠东，汲喆，译. 上海：上海人民出版社，1999：562.

(二)矛盾化解功能

社会共识的矛盾化解功能是指通过共识调节人们之间的矛盾冲突，促进社会的和谐发展。社会共识除了在社会的前端发挥社会整合作用外，还能起到矛盾化解作用。一方面，矛盾化解功能体现在社会构建的过程中，越大程度的共识越能够减少矛盾的产生。正如滕尼斯所指出的那样，如果一个大城市、一个民族、一个世界是由纯粹自由的人所组成的，这些人虽然在不断地相互交往、相互接触和共同发挥作用，但是，如果没有产生出共同的意志，那么就会存在很多内在敌对和对抗性，双方的对立就会妨碍到对方，甚至毁灭对方。另一方面，社会共识的矛盾化解功能还体现在矛盾冲突发生之后的协调冲突、化解矛盾。人们生活在社会之中，不可避免地会产生种种分歧、矛盾甚至冲突，这些分歧、矛盾甚至冲突如果不加以协调解决，就会对社会的和谐稳定造成影响。如果在社会层面达成程序、价值、目标等基本共识，那么种种社会矛盾就会以适当的方式予以协调和解决，从而促进社会成员之间的良性互动、和平相处。矛盾冲突当然可以以矛盾的一方消灭另一方这样极端的方式来解决，这也是世界上某些极端宗教组织所想要使用的方式，但是在大多数情况下，和谐共存、和而不同、异中求和是解决矛盾更加重要的方式。

(三)目标导向功能

社会要想向前发展，无论是经济的、政治的还是文化方面，都需要实现一定的目标。个人的目标与群体或社会的目标并不一定完全一致，群体的共识具有目标导向功能，就是要通过一种社会氛围指引人们的思想观念、行为方式，促进全体成员的行动一致，促使人们将个人的目标与群体的目标融合起来，为群体的目标而努力，在群体目标的实现过程中实现个人自身的目标。

第四章 社会共识所面临的批判及回应

虽然前文对社会共识的概念、思想史进行了梳理，并对社会共识的必要性、可能性以及功能进行了论证，但是研究共识问题，就不能绕开对共识是否可欲、是否可能的质疑，只有对这些质疑和批判给予深入的分析与正面的回应，才能更好地认识与理解社会共识问题。在质疑共识的学者看来，共识并非可欲的，对共识的追求会破坏差异性和多元性，而差异性和多元性对一个社会来说是必不可少的。也有人认为即使共识可欲，但从现实来看，对某些涉及根本利益和根本价值的冲突能否达成共识是值得怀疑的。

第一节 对社会共识可欲性的质疑及回应

差异性和多元性是现代社会的基本特征，不同学派的学者都承认这一点。相对共识论者而言，文化多元论者、社群主义者、冲突理论者以及后现代学者对差异性和多元性非常关注，他们对共识抱有警惕甚至敌意，强调多元性、差异性和异质性，在他们看来，共识与同一性无异，许多弱势的或者边缘的群体会在求得共识的名义下，被主流的群体同质化，并纳入自身的秩序中，导致差异性和多元性被压制和破坏，而这对社会秩序无益，因此共识是不可欲的。例如墨菲(Mouffe)指出："否定不可消除的对立，致力于普遍的理性共识——是对民主真正的威胁。的确，这会导致诉诸'理性'背后所不被承认和隐藏的暴力，这在自由主义的思想中是常见的。”①尼古拉斯·瑞彻尔(Nicholas Rescher)认为人们应该知道并接受这样的观点与事实：他人与自身在想法、价值、习俗及行为方式上都是不同的，因此在科学以及真理的理论中都没有必要达成共识，我们可以宽容、尊重甚至鼓励异见。而对桑德尔和麦尔金太等社群主义者来说，任何人都是生活在社群之中的，社群决定着个人的属性，不同的社群具有不同的价值观念，各有其存在的合理性，共识也只能在社群之内形成。这些对共识可欲性的质疑从人类生存所需要的最基本的沟通到政治层面的民主、合法性等问题，再到形而上的真理的追求层面等各个方面。

一、从本体论的角度看，共识是否会破坏多元性

现代社会从同质走向多元是一个不争的事实，正是在此基础上，伯林、盖尔斯敦、尼古拉斯·瑞彻尔等多元论者对共识进行了批评，认为共识会破坏多元性。他们认为，现实社会是一个复杂多元的社会，持不同价值观念的人有理由按自己的价值观生活、行事，而不存在值得所有理性的人共同追寻的单一价值追求，这就是多元价值的事实。不同文化的差异性、本真性和独特性应该得到尊重和弘扬，正是这些构成了差异政治正当性的基础。当然，价值多元论承认存在着某些普遍的和客观的价值，这一点也使他们与相对主义者区分开来，但他们认为：“只有高度一般性的人类价值才是普遍的，而且它们在不同的语境中以不同的方式被解释和应用，这种语境既有历史的也有文化的。”②并且在多元论看来，这种普遍的价值也是多元的，例如追求幸福或者善可能是不同文化都认可的基本价值，但是什么是幸福或善仍然是多元的。因此，即使是凯克斯提到的“自我之善”“亲密之善”“社会秩序之善”，在不同文化中都有不同的理解；而

① Mouffe, Chantal. Democracy, Power and "The Political" [M]// Seyla Benhabib. Democracy and Difference: Contesting the Boundaries of the Political. Princeton: Princeton University Press, 1996: 248.

② [英]乔治·克劳德. 自由主义与价值多元论[M]. 应奇，张小玲，杨立峰，王琼，译. 南京：江苏人民出版社，2006: 52.

共识就意味着同质化、不平等以及压迫。在他们看来，某一群体区别于其他群体的独特特征在于这个群体中具有同一性，并且构成了这个群体的文化身份或认同。由于独特的文化身份是不同群体实现自我理解和认识，进而建构自我认同的基础，因此应该得到承认和认同。

在后现代主义理论家那里，比起共识来说，他们更倾向于差异、歧见。例如利奥塔认为，共识要追求同一性，就是对自由的压制，哈贝马斯通过对话达致共识需要的是理想的言谈境界，而在现实生活中更多的是强者对弱者的压制。他认为，哈贝马斯在相互沟通基础上所达成的共识，只能破坏各种语言游戏规则之间的异质多样性。利奥塔至少从两个方面反对共识，一方面他认为寻求共识需要依靠语言，这样就会对语言游戏的多样性造成破坏。当然，在后期，利奥塔用“歧异”的概念代替了“语言游戏”，试图用此概念来保证“差异”能够得到明确的陈述，使少数的或处于被支配地位的观点都能够进入到语言之中，并且得到社会话语的肯定。另一方面，他认为科学的任务是提出未知，也就是与现存知识相反的内容，其合法性的基础是差异。因此比起共识，他更推崇差异和悖谬推理。正如贝斯特所评价那样：“利奥塔置歧见(dissenus)于共识之上，置分歧和异议于一致和共识之上，置异质性和不可通约性于普遍性之上。”①

二、从政治层面看，合法性是否需要共识

从政治层面来看，有学者从根本上对通过共识来实现合法性的观点提出了质疑，认为成员的同意或共识往往只是一种思想实验，尤其是针对罗尔斯的“无知之幕”和哈贝马斯的“理想的言谈境界”的类似批评非常多。例如杰瑞米·韦伯(Jeremy Weber)就认为，这种思想实验在事实上无外乎三种形式，或者是其中某些形式的融合。② 第一，关注公民可能同意什么。

① ［美］道格拉斯·凯尔纳，［美］斯蒂文·贝斯特. 后现代理论——批判性的质疑［M］. 张志斌，译. 北京：中央编译出版社，2001：217.

② Jeremy Weber, Colin M. MacLeod. Between Consenting People Political Community and the Meaning of Consent［M］. Vancouver：UBC Press，2010：9-10.

特别是在个人主义的理论中，关注为什么个人会愿意放弃自身的某些天然的自由来使社会受益。第二，关注公民应该同意什么。这里的同意不仅是个人有足够兴趣去同意的，也包括他们有义务去同意的。它不仅关注国家的角色也关注公民的角色——关注公民可能会对所在的社会承担规范性的义务。第三，注意公民如果被要求会同意什么。这与实际的同意最接近，因为至少在理论上它强调了成员自身。在缺乏成员同意的直接表达中，它愿意假定同意，在这一点上是公平的。杰瑞米·韦伯认为将同意或共识与合法性联系起来的思想实验总是以上述三种形式或某几种形式的变体或融合来存在的。而问题在于，对思想实验中某些假设如果存在着实际的不同意，特别是由不同的文化所导致的不一致，那么这些思想实验的基础就从根本上削弱了，或者至少是不再具有普遍性了，而是只适用于接受思想实验中的假设的那些成员，因此只是在部分文化中适用。按照这样的思路，共识并不能成为合法性的基础。

还有学者认为，民主才是合法性的基础，只有民主的决策才能具备合法性，而民主并不必然达致共识，而是为了让异见得到充分的表达，民主与其说是压制冲突、实现共识的一种手段，毋宁说是表达冲突的一种手段。实际上，在协商民主理论内部也有不同意见，一方认为多元是人类生活的一部分，不一定要达成共识，要实现共识的理想对民主政治来说是危险的；而另一方则认为多元是严重的政治问题，需要通过协商来解决。对抗民主观点认为协商民主与程序民主都要求通过消除冲突来实现共识、达致民主，这恰恰是对冲突的误解，甚至可以说，正是对共识的追求破坏了民主的实现，因为冲突与对抗是民主社会不可或缺的特征，在他们看来，冲突不是敌人之间的对立，而是对手之间的对立。例如伊若(Valerio Nitrato Izzo)指出，“民主其实是管理的一种形式，它与冲突及异见的可能性联系在一起。”①里柯尔(Paul Ricoeur)也认为对共识的追求是无谓的，国家只有

① Valerio Nitrato Izzo. Beyond Consensus: Law, Disagreement and Democracy[J]. Int J Semiot Law, 2012 (25): 563-575.

不再把消除冲突作为目标，而是致力于实现制度化的程序来表达这些冲突，才能说是民主的国家。甚至追求共识反而对民主产生消极影响，因为要追求高共识度甚至全体一致，很容易导致牺牲少数人的意见，形成“多数人的暴政”。就像墨菲所说，“去除敌对的无法根除的特性并且追求普遍的理性共识——这恰恰是民主的真正威胁。确实，这会导致未被意识到的以及隐藏在对‘理性’的追求背后的暴力……”①

三、从社会层面看，维护社会秩序是否需要共识

对共识是维护社会秩序的必要条件的观点，也有学者对此表达了质疑。这种质疑主要体现在几个方面。

有学者对社会稳定进行了分类，认为并不是所有的社会稳定都需要诉诸共识。例如保罗·韦特南(Paul Weithman)认为社会稳定有两种类型：强加的稳定和内在的稳定。强加的稳定是政府通过政治权力的实话而实现的，与公民的理性是分开的(甚至排除了公民的理性)；内在的稳定则是基于人们的理性而实现的。② 依照这种观点，理性是达成共识的基础，只有内在的稳定才使得共识成为必要。也有学者利用博弈理论及实验模型进行研究，表明即使是在可控的实验环境下，也很难通过共识来实现稳定，更何况是在多样化的、不断变化的现实社会当中。③ 因此，他认为即使是内在的稳定，所依靠的共识也是脆弱的。

而冲突论者虽然并不否定共识对维护社会秩序稳定的重要作用，但是，他们认为不能只看到共识的重要性，“共识和冲突都是能促进或阻碍

① Mouffe, Chantal. Democracy, Power and the Political[M]//Seyla Benhabib. Democracy and Difference: Contesting the Boundaries of the Political. Princeton: Princeton University Press, 1996: 248.

② Paul Weithman. Why Political Liberalism? On John Rawls's Political Turn[M]. New York: Oxford University Press. 2013: 44-45.

③ John Thrasher. The Fragility of Consensus: Public Reason, Diversity and Stability [J]. European Journal of Philosophy, 2015, 23(4): 933-954.

社会合作或政治凝聚的因素。”①比起共识来说，他们更加强调冲突对社会秩序的重要作用。他们认为，虽然异见对社会秩序存在着负面影响，但是只要冲突维持在“理性的限度”之内，那么，仍然能够保障良好的社会秩序。健康的社会应该容忍甚至欢迎异见，而并不一定要诉诸共识。在他们看来，冲突对社会结构的组成、维持起到决定作用。首先，冲突对社会的稳定来说至关重要。例如齐美尔认为，不同群体之间存在的冲突，使得这些群体间往往可以形成一种平衡，从而使整个社会系统的结构得以维持。因此，在冲突理论那里，冲突是社会的“排气孔”和“安全阀”。另外，冲突使得冲突的各方能够进行一定的互动，促进新的规范、规则和制度的建立，从而起到激发器的作用，并调节社会关系。例如，科塞指出，“作为规范改进和形成的激发器，冲突使与已经变化了的社会条件相对应的社会关系的调整成为可能。”②

其次，从社会的子系统——各个群体身份认同来看，冲突理论认为冲突有利于共同体的建立。他们认为，并不是共识确定了成员身份，而是冲突在里面起到了决定作用。例如齐美尔和科塞认为，冲突加强了群体意识，并且在社会的不同群体之间建立起了边界线，从而使得系统内的不同群体身份得到确立，因此对个体的身份认同起到决定作用。马克思也认为在资本主义社会中，阶级只有通过冲突才能得以形成。“只有在对另一个阶级进行的共同斗争中，单独的个人才会形成一个阶级；否则，他们只是作为竞争者而处于敌对状态。”③同时，冲突还有利于维持群体的结构，在冲突理论看来，冲突只要不与涉及群体所赖以存在的最基本的命题相矛盾，那么群体冲突对共同体的结构是有利的。

---

① Irving Louis Horowitz. Consensus, Conflict and Cooperation: A Sociological Inventory[J]. Social Forces, 1962, 41 (2). 177-188.

② [美]L. 科塞. 社会冲突的功能[M]. 孙立平，等译. 北京：华夏出版社. 1989：114.

③ [德]马克思. 德意志意识形态[M]. 北京：人民出版社，2003：48-49.

最后，冲突是社会存在的事实。社会生活的许多价值冲突是根本的冲突，无法求得共识。达伦多夫认为，“出于某些目的提及社会中的‘价值系统’或许是有用的，但是在一个冲突的模式中，任何时候这种典型的价值是统治的而不是共同的，强制的而不是接受的。”①他指出，社会是一个动态的非稳定过程，由于资源的稀缺和分配不均，社会不可避免地会发生冲突。而科塞进一步认为，群体关系越是紧密，冲突会越激烈。“……关系越紧密，参与者卷入得越深，发生冲突的机会也就越多。互动越经常，发生敌对关系的机会也就越多。”②

也有学者鲜明地反对共识对稳定社会秩序的作用。在一些多元论者那里，多元性才是保证社会秩序的必要条件，而共识的目的是要追求同一性，结果会破坏多元性，对社会秩序反而是无益的。例如尼古拉斯·瑞彻尔(Nicholas Rescher)认为希望通过共识实现良好的社会秩序存在着诸多问题，其中就包括如果共识不是通过理性的认识，而是通过诸如宣传、洗脑之类的方式达到，则可能产生像纳粹德国那样的社会，这样的社会即使被称为是秩序良好的，也并不是可欲的。欧文·路易斯·霍维兹(Irving Louis Horowitz)也对共识能够带来合作从而维持社会结构的稳定这一观点进行了批判，他详细阐述了共识与合作的区别。在他看来，根据共识所作出的决定并不自动地就代表着合作所作出的决定，共识与合作存在着根本的区别。首先，共识从本质上来说代表着一致同意，意味着共享的观念，对交往和行动规则的一致同意，一套共同的规则和价值；而合作则并不要求角色的一致，而只要求程序规则。合作只涉及问题的解决，允许差异和根本不一致存在。其次，共识是关于行为内容的一致同意；而合作只需要对行为形式的一致同意。欧文在此举例对二者的区别进行说明，如果妇女基督徒戒酒协会的所有成员都同意戒酒，那么我们可以说是共识；但是如果所

① Ralf Dahrendorf. Essays in the Theory of Society[M]. Stanford, Calif.: Stanford University Press, 1968: 127.

② [美]L. 科塞. 社会冲突的功能[M]. 孙立平，等译. 北京：华夏出版社. 1989: 60.

有成员对允许喝酒或允许阻止喝酒的形式达成一致，那就是合作。很多时候，过于强调共识而非合作，并不会带来新的道德，而只会带来混乱。最后，合作涉及容忍差异，而共识则要求废除这些差异。因此，共识理论“并不是要达到一致的理论，而是一种将和谐看作是官僚生活组织来说最本质的：一种存在于人们所实际不能达到的和谐”。①

总结上述对社会共识可欲产生质疑的观点，我们可以看到，某些观点对共识是持温和态度的，例如冲突论者并不否定共识对稳定社会秩序的重要作用，并且他们也强调冲突必须限定在一定范围之内，这一观点是应该肯定的，在此基础之上，本书认为，无论是在本体论的角度还是在社会的根本政治制度、根本价值层面上都是需要一定程度的共识的。

多元论认为不同的文化、价值之间，存在某些根本的价值，这些根本的价值之间是不可通约的，不可能也没有必要求得共识。但是，这种观点至少在三个方面存在问题。第一，如果所有的价值都承认多元论的这种观点，那么事实上，这些价值之间至少在这一点上是可以通约的：在“所有的价值之间都是不可通约的”这一价值上达成了共识。第二，多元论所认可的多元其实本身也是一种价值，按照多元论的观点，既然多元论本身只是众多价值之一，如果要按照多元论的价值来看待问题，就与他们所倡导的尊重各自的价值相违背，从而陷入了一元与多元之间的悖论。第三，片面强调不同文化、不同价值之间的差异性，实质就是不承认人类社会不同文化、价值之间的相互交往和发展的可能性，极易陷入文化相对主义的泥潭中。在一个社会中，如果过分强调不同群体的特殊性，而不承认所有群体所共同遵循的规范和原则，不在一些基本的观念、规则和目标中求得共识，那么社会也不可能正常运行下去，这在许多多民族国家的实践中已经得到了印证。当今世界上众多的多民族国家中，大多既在一定程度上承认、尊重和保护不同民族的多样性和特殊性，同时也强调作为统一的民族

① Irving Louis Horowitz. Consensus, Conflict and Cooperation: A Sociological Inventory[J]. Social Forces, 1962, 41 (2): 177-188.

国家的同一性。正如贝斯特所说："不同于利奥塔对论争性语言游戏之差异性、片断性及歧见的片面颂扬，我们认为无论是在理论领域还是在政治领域，有些时候强调差异性、多元性和异质性是必要的，而在另一些时候，寻求普遍性、共同利益和共识或许更为可取。"①

而后现代主义认为共识就意味着同一和压制的观点，其实是对共识的理解失之偏颇，有矫枉过正之嫌。共识并不意味着同一或百分之百一致，也不一定意味着对多元的压制，共识存在着度的特征，后文中将详细说明。就像哈贝马斯所说的那样，"真正的共识绝不会否定差异，取消多元性，而是要在多元的价值领域内，对话语论证的形式规则达成主体间认识的合理的一致，并将这一前提引入语言交往。"②而对文化多元主义者强调的少数群体的认同以保证多样性的观点，本书认为，如果没有基本的政治共识，少数群体的认同更难以得到保障。就像哈贝马斯所指出的那样，从民族国家的视角来看，共同体不能仅以群体的认同来维系，如果没有政治层面的宪法共识，民族国家会成为一盘散沙，这样反过来又会导致不同群体的多样性无法得到保障。因此，多元论者所述"多元是一种事实"的论断即使在某种意义上是正确的，也不能将多元看作是无法求得共识的原因或阻碍，而应该将其看作是需要达成共识的前提或基础。事实上，多元论内部也发生了一定的分化，产生了温和的多元论者或自由主义多元论者，与极端多元主义者不同，他们并不否定共识的可能性，只是比起共识来说，他们更强调多元。

而从政治层面来看，学者的质疑无外乎两个方面：一是"同意""共识"具有理想性，在现实的政治生活中不能成为合法性的基础；二是合法性来源于民主，而民主并不要求共识，也不必然达致共识。事实上，这两种质疑是相互联系的，涉及政治的合法性问题。而政治合法性从根本上来说是

---

① ［美］道格拉斯·凯尔纳，［美］斯蒂文·贝斯特. 后现代理论——批判性的质疑［M］. 张志斌，译. 北京：中央编译出版社，2001：229.

② ［德］尤尔根·哈贝马斯，米夏埃尔·哈勒. 作为未来的过去［M］. 章国锋，译. 杭州：浙江人民出版社，2001：126.

公民对统治者心理上的认同与自愿的服从。民主是一种制度安排，当今世界上的政治国家有着不同的民主制度，无论是代议制民主、协商民主还是直接民主，本身也涉及是否具有合法性的问题。因此不能简单地说民主是合法性的基础，如果一定要说民主是合法性的基础，那也是因为这一制度能够代表多数人的利益，从这多数人的利益之中提炼出社会公共意志，并因此获得公民的认同与服从。当然，这其中少数人的利益往往也会被忽略甚至侵占，因此会产生多数人与少数人的矛盾冲突，而民主需要使这些冲突表达出来，所以萨利托认为多数人的意见加上少数人的权利才是真正的民主。但是如果民主只是表达各种冲突，而不致力于去平衡、协调和解决这些冲突的话，那么政治秩序将会受到影响，最终民主会失去意义，因此表达冲突绝不应该成为民主的目的。理想的民主是要体现出所有人的利益，将所有的利益作为公共意志来维护，当然在现实的政治生活中，更多的是在多数人的利益基础上产生公共意志，这种社会公共意志就体现为一种社会共识。因此无论是在规范性的层面还是描述性的层面，共识都成为了合法性的基础。

从社会层面来看，如果对某些关于社会基本结构的问题上都无法达成共识，那么这样的社会难免充满着紧张、矛盾、变动，本应成为“排气孔”和“安全阀”的冲突也随时会发展为社会的不稳定因素，造成社会结构的解体和社会稳定的崩溃。保罗·韦特曼(Paul Weithman)从对社会稳定的两个区分出发来说明社会秩序不仅仅依靠共识来达成的观点，也并没有对共识能维护社会秩序的观点持反对态度，只是说明可以有别的形式来实现社会稳定。然而从长远来看，强加的稳定是不可持续的，仅仅通过强力来压制社会的不同意见而实现的平衡或稳定状态只是暂时的或表面的，当歧见、对强加的不满积累到一定程度就会引起爆发，社会秩序也会被打破，而新的社会秩序的建构一定需要在社会根本的价值或政治制度的层面达成一定程度的共识，因此强加的稳定并不是一个具有良好秩序的现代社会所希望的。

而欧文·路易斯·霍维兹对共识与合作的区分确实具有一定的合理

性，但是并不能因此批判共识能够维持社会秩序结构。首先，共识并不如欧文所言是排斥差异、寻求一致同意或百分百的一致性。一个高度共识的社会并不一定是理想的社会，有可能在高度共识的背后是各种暗流涌动。共识并不排斥差异，相反，有的时候“和而不同”“求同存异”，求得最大公约数，反而是共识所要达到的目标。其次，共识虽然意味着共享的观念，以及对交往和行动规则的一致同意，但是，共识最理想的状态并不是一致同意，一致同意只是共识的某种状态，并不是所有甚至是最佳状态，有的时候我们希望达成百分百的一致同意，但在某些情况下，并不是共识程度越高越好。也就是说，共识具有度的特征，后文中将详细论述这一点。最后，共识与合作并非互相对立，共识是合作的前提。要实现共识有很多手段，例如在谈判中各方妥协也是一个解决冲突、实现某种程度共识的有效手段。

除了这些对共识的质疑之外，还有学者认为共识存在的负面影响包括阻碍创造和创新，理由是社会生活中大多数的知识、文化和社会进步都是由不同意见者对已有的共识的质疑和反驳开始的。当然，也有学者的观点比较温和，认为对某些价值的共识并不一定能促进创新，例如如果一个组织或社会中把“墨守成规”的价值作为共识，那么这种共识就会阻碍创新。应该说，这种质疑涉及两个层面，一个层面是涉及对价值的共识，如果人们所达成的共识本身就与创新这种价值是背道而驰的，那么这种共识的确会阻碍创新；但是，如果人们所达成的共识是“全民创新”的价值，那么这一共识反过来是有利于创造和创新的。而另一个层面是涉及对具体某一领域的知识或认识的共识，在某些情况下创造和创新确实要打破已有的某些共识，另辟蹊径，尤其是在自然科学的发展中更是如此。虽然对自然科学的共识问题不在本书的讨论范围之内，但是即使是在自然科学之中，如果某一科学理论或结论不能得到学界的充分认可并达成共识，那么或许是因为这一理论或结论太超前或未充分得到验证，但也可能是因为这一理论或结论还不够成熟甚至是错误的。并且即使在创新时需要打破过去的某些共识，但是另一些共识，例如这一学科的基本研究范式往往仍需要遵循，因为在同一个范式下进行科学研究成为一种学科的共同规则，是规范某一学科研究规则、促进学科发展的保证。我们可以看到国内近年来出现不少没有经过基本的学科训练、不了解基本的学科研究范式的所谓民间科学家，耗费了大量的时间、精力、财力，号称破解了某些世界难题，而最后大多被验证不过是个闹剧，对科学的发展并无积极意义。当然社会科学的发展与自然科学发展来说有其自身的特殊性，范式在某些学科中也并不如自然科学中那么严苛，但是，这并不意味着社会科学的研究可以在完全不考虑前人研究的基础上进行，相反，许多创新的理论恰恰是在原有理论基础之上(哪怕是批判的基础上)所产生的。

第二节　对社会共识可能性的质疑及回应

社会共识所面临的另一个质疑是共识是否能够达成的问题，这包括根本利益的冲突以及根本价值的冲突是否能够实现共识，以及社会共识的手段是否有效。

一、根本利益的冲突能否达成共识

即使我们假设人们可以进行理想的理性沟通，但是在理性沟通的前提下，人们之间真的能够达成共识吗？特别是在根本利益、根本价值冲突的情况下，共识是否只存在于理想而不是现实中呢？

个人利益的存在是人的生存发展需要所决定的，马克思、恩格斯指出："任何人如果不同时为了自己的某种需要和为了这种需要的器官而做事，他就什么也不能做"。① 马克思还指出："人们奋斗所争取的一切，都同他们的利益有关。"②同时，个体的多样性导致利益诉求的多元性。人与人之间的冲突，有的涉及根本的利益，而这些根本的利益，在博登海默看

① 马克思恩格斯全集(第三卷)[M]. 北京：人民出版社，1960：286.
② 马克思恩格斯全集(第一卷)[M]. 北京：人民出版社，1956：82.

来，是没有一般性的衡量尺度和衡量标准的，那么没有衡量尺度和标准，是否能够达成共识呢？让我们试想一下人们之间利益关系的可能性。

其一，人们具有不同甚至冲突、对立的利益。例如，垃圾处理场的搬迁，住在原垃圾处理场附近的人们会因此获益，如不再受到垃圾处理时的异味困扰，房价也可能因此上涨；而垃圾处理场新址的人们则因此利益受损。再如为了修地铁而要施行的房屋拆迁，一部分人会因为拆迁获利，如拥有更宽的马路、更方便的出行，另一部分人则可能会因此利益受损，如被拆迁者必须离开居住多年的地方另寻他处。在这些情形中，人们的利益是彼此对立、矛盾的。

其二，人们具有相同的利益。例如，在廉租房分配中，人人都希望分得位置更好、朝向更佳的住房，但这样的住房总是有限的，一部分人占有了这类房源，则另一部分人就不可能再享受到这类房源。在这种情况下，由于社会资源的有限性和排他性，往往一方需求和利益的满足会影响到他人需求和利益的实现。

其三，人们具有共同的利益。在这种情况下，利益不具有排他性，例如，人们都希望享受到清新的空气，而一部分人拥有了清新空气，并不会影响另一部分人对空气的享用，人们很容易达成对空气污染的治理共识。

在第一和第二种情况下，人们之间的利益冲突很容易表现为根本的冲突，一方利益的实现就意味着另一方利益的无法实现或损害。那么，在这种根本利益冲突的情况下，人们是否能够达成共识呢？当然，要解决相互冲突的偏好或者利益，我们可以诉诸某些策略性行为，如采用投票甚至是抓阄的方式，但是，用这种方式解决的结果能称作是共识吗？或者更毋宁说是对结果的接受，况且诸如投票这种方式利用了多数人同意的原则，对少数人来说能说是正义的吗？是否仍有可能陷入“多数人的暴政”中呢？或者，也可以采取谈判的方式来达成某种程度的共识，但是，通过谈判实现的究竟是理性沟通所达成的共识，还是仅仅是某一方或者说双方妥协而达成的“权宜之计”？

而看似容易达成共识的第三种情况，也存在着更复杂的情形：对“所有人”有利不一定对“每个人”有利，即使在同一个事件中，人们或许在某一方面具有共同利益，但从其他角度来看又有自己的特殊利益。例如减少空气污染对所有人都有利，但是为了减少空气污染，政府可能会因此对车辆限行，那么对这部分被限行的人来说，则自身的利益会产生冲突，有人可能认为因为限行所带来的利益损害，大于因为限行空气质量得到好转所带来的收益，那么原本对减少空气污染所达成的共识也不再会成为共识。为了减少环境污染而限制高污染企业的排放也同样如此，污染企业存在着自己的特殊利益，限制排放对其显然是不利的。除了公共政策的处理中存在着这种复杂的情形外，在政治生活中同样存在类似的情形，例如政府为扩大民主而使每个人拥有同样的投票权，但是如此一来，由于多数族裔拥有更多的投票人数，那么投票结果往往会更加符合多数族裔的利益，而少数民族的利益则可能因此受损，这在多民族国家中产生的利益冲突中尤其明显。因此，从这里的事例中我们可以看出，对“所有群体”有利的不一定对“某些群体”有利，如此一来，要达成共识就更加困难了。

二、根本价值的冲突能否达成共识

现代多元社会存在着各种各样的价值，有的价值是可以调和的，但对某些根本价值之间的冲突，是否能够调和以求得共识呢？事实上，多元主义所提出的这一问题大概是对共识理论最大的挑战了。

多元论者承认存在着某些普遍的价值，例如凯克斯就把主要的和普遍的价值分为三类：满足生理需要的“自我之善”、使我们可能与他人建立亲密关系的“亲密之善”，以及维护社会的“社会秩序之善”。① 但是，即使如此，他仍然认为这些普遍的价值在不同的情境中会采取不同的形式，因此这种普遍性并未改变价值多元的事实。事实上，一些多元论者认为价值不仅多元，而且互相不可通约或者不可公度。乔治·克劳德认为不可公度性

① ［英］乔治·克劳德．自由主义与价值多元论［M］．应奇，张小玲，杨立峰，王琼，译．南京：江苏人民出版社，2006：54-55.

有三种方式："首先是不比性；其次是不可衡量性；第三是不可排序性或者至少是难以排序性。"①当然，作为一个自由主义多元论者，他认为价值的不可公度性虽然给理性选择带来了困难，但并不意味着理性选择达成共识的不可能性，而在极端多元论者那里，某些根本的价值是不可通约的。这些多元和不可公度的价值在特定的情形中可能会彼此冲突，甚至一种价值的实现要以取代或剥夺另一种价值为代价。这种根本的价值多元现象排除了在具体情况下由于客观条件、人们理性的限制所导致的不同价值选择，而是涉及理性的人们之间可能产生的根本的价值冲突，也就是罗尔斯所说的"合乎理性的分歧"。② 例如伯林指出："人类的目标是多样的，它们并不都是可以公度的，而且它们相互之间往往处于永久的敌对状态。"③也就是说，在现代社会的诸多价值中，某些根本的价值是不可通约的，甚至在某些特定的情况下会相互冲突，要实现一种价值就必须放弃或剥夺另一种价值。"既然有些价值可能本质上是相互冲突的，那么，原则上可以发现所有价值都能和谐相处的模式这样一种观念，便是建立在关于世界本质的一种错误的、先验的观念之上。"④在他看来，由于某些价值具有本质上的冲突，因此不应该要求在这些价值之间求得共识。盖尔斯顿也有同样的看法，认为多元本身就是一种内在的价值，而不是需要克服或解决的问题。马克尔(Markell)也认为共识是不可达到的，因为现代社会本身就具有价值多元且不可通约的事实。

从实践来看，休斯(Hughes)曾经报告过一个关于根本价值冲突的事件。⑤

---

① [英]乔治·克劳德. 自由主义与价值多元论[M]. 应奇，张小玲，杨立峰，王琼，译. 南京：江苏人民出版社，2006：57.

② [美]约翰·罗尔斯. 政治自由主义[M]. 万俊人，译. 南京：译林出版社，2011：50.

③ [英]以塞亚·伯林. 自由论[M]. 胡传胜，译. 南京：译林出版社，2003：244-245.

④ [英]以塞亚·伯林. 自由论[M]. 胡传胜，译. 南京：译林出版社，2003：49.

⑤ John S. Dryzek, Simon Niemeyer. Reconciling Pluralism and Consensus as Political Ideals[J]. American Journal of Political Science, 2006, 50(3): 634-649.

这一事件发生在科罗拉多州，就艾滋病政策进行了多方对话，以便最终为州政府提供决策参考。有60~70人参加到对话之中，由中间人协调召开一开始是每月一次后来是每周一次的会议。参加者有同性恋激进分子(包括ACT-UP的成员)、艾滋病患者、反同性恋运动中的基督教原教旨主义的代表。根本的价值冲突尤其体现在同性恋激进分子与基督教原教旨主义者之间。基督教原教旨主义者积极投入各项反同性恋权利的运动中，特别是在1992年，科罗拉多州全州进行投票，禁止科罗拉多州及地方政府明确保护同性恋的人权，这表明他们自身的认同要在对同性恋认同的否定中得到实现。因此，这种价值的冲突已经成为根本的价值冲突。在这场对话中，双方后来都发出声明，同性恋激进分子认为有必要把科罗拉多州关于艾滋病的讨论从伦理领域转变到公共卫生领域，如果不能解决这个问题，他们将拒绝进行对话。而基督教原教旨主义者则认为该问题本来就是伦理问题，如果不把它当作伦理问题，人们就会继续危险地行事。双方各自站在自己的立场上，并且发现无法改变对方的价值观念，因为这种价值观念是根本的价值冲突。也就是说，在某些情况下，人们所持有的某些价值是根本的、不可通约的，是“非此即彼”的，而这些价值也不能够依照某种标准进行排序。那么在这种根本的价值冲突之下，双方都坚持自身的价值判断，而不愿意作出妥协或者是让步，要达成共识非常困难。

这样的情形并不鲜见，尤其是在不同的宗教文化群体的交往中，要达成共识则面临着根本价值的冲突。在全世界范围内愈演愈烈的基督教与伊斯兰教的冲突就是根本价值的冲突。虽然在宗教冲突的背后包括经济利益、地缘政治等极其复杂的原因，但是价值观的差异是其中非常重要的因素。不同的宗教都希望维护自身宗教的神圣性、权威性和唯一性，然而彼此之间往往存在着教义、核心价值观以及终极价值的差异，这种差异属于根本的价值差异，不但难以达成共识，而且还极易导致冲突，甚至上升到战争或屠杀。即使在同一宗教内部，不同的教派也可能因为对教义的解读或者利害的不同而发生内部冲突。

以上对根本利益以及根本价值的冲突是否能够达成共识确实给共识理

论带来了挑战。然而，正如前文所述，共识可以分为程序共识与实质共识，而以上的质疑都预设了一个前提，也就是共识就是实质共识。或许在人们具有相互对立、冲突的利益或者相同而排他的利益情形之下，人们很难愿意去牺牲自己的利益而实现他人的利益，也就是很难达成对利益分配的实质共识。但是，我们可以通过对利益冲突处理规则的协商而达成程序共识，可以在解决的机制、规则和程序上达成共识，并且各方都同意接受并遵循按照程序共识所得出的结果。例如前面所说的为修地铁而拆迁的例子，如果说人们同意选择利益相关方通过协商或者投票的方式来解决问题，即使协商或投票的结果并未表达出各方的愿望或实现了其利益，但只要各方认可协商或投票的规则和程序，同意遵循协商或投票所得出的结果，我们仍可以说他们达成了程序共识。

对根本价值的冲突解决同样需要借助程序共识。在一个多元的社会中，“合理的多元主义事实”是普遍存在的，只要不违背社会公序良俗，不违反国家的法律制度，人们有权选择自己的价值观，按照自己所认可的良善观念进行生活，这些有关良善生活的观念有时即使是完全不相容的，但可能都是合理的，在这种情况之下，即使人们都遵循哈贝马斯所说的所有理性原则，也不一定能够通过协商产生实质共识。例如我国宪法规定人们有宗教信仰自由，人们可以选择自己的宗教信仰，而不同的宗教信仰之间往往存在着根本价值的冲突，不可能通过理性的协商达成共识。宪法规定，中华人民共和国公民有宗教信仰自由。任何国家机关、社会团体和个人不得强制公民信仰宗教或者不信仰宗教，不得歧视信仰宗教的公民和不信仰宗教的公民。国家保护正常的宗教活动。任何人不得利用宗教进行破坏社会秩序、损害公民身体健康、妨碍国家教育制度的活动。宗教团体和宗教事务不受外国势力的支配。这些规定内含着宗教信仰方面的程序共识，也就是说，人们有宗教信仰自由；宗教信仰要在法律的框架下进行。至于信教或者不信教，信仰基督教或者伊斯兰教之类的实质共识，我们并不要求达成。

三、社会共识手段是否有效

如果说社会共识有可能以及可以达成的话，那么它总需要依靠一定的手段，一般认为，投票、协商、谈判、讨价还价都是实现共识的有效手段，但是这些手段是否能够有效实现共识也是存疑的。

（一）投票

一般来看，投票主要是为了找到大家都认可的对某一问题的解决对策，也就是说，它所要实现的事实上是一种集体选择，根据投票规则的不同，这种集体选择可能是全体一致同意，也可能是多数人同意。哈贝马斯在《事实与规范之间》一书中引用了福楼拜尔的观点，认为在许多时候，多数人同意只是一种"有条件的共识"，① 也就是说投票中产生的少数人并不会因此宣布自己的意见为错或撤销自己的意见，甚至多数人也不会要求他们放弃自己的目标，而不过是少数人如果没有更好的理由能够说服多数人而使自己的意见为多数人同意的话，就放弃自己的理念在实践中的使用，把投票结果作为所有参与投票人员所共同接受或遵守的规则。所以，投票所达成的共识类似于玛格瑞特·吉尔伯特(Margaret Gilbert)所说的"共同接受"(joint acceptance)。② 在她看来，共同接受指的是当且仅当个体成员都公开同意将命题 p 作为群体的立场时，一个群体共同地接受 p。而实际上，某些成员可能就其自身来说是反对 p 的。例如，在部门评选优秀时，虽然有人并不同意将张三评为优秀，还有一些人弃权，但是大多数人投了张三的票，因此最后张三作为部门的优秀上报。也就是说，投票所达成的共识不是关于群体成员对 p 本身达成了共识，而是成员对把 p 作为群体的立场或决定达成了共识。当然我们可以称它为实践层面的共识，但它绝非理念

① ［德］哈贝马斯. 在事实与规范之间——关于法律和民主法治国的商谈理论[M]. 童世骏，译. 北京：生活·读书·新知三联书店，2003：634.

② Gilbert, Margaret. Modelling Collective Belief[J]. Synthese, 1987, 73(1): 185-204.

或理性层面的共识。

如果我们把投票结果看作是参加投票人实践层面的共识，那么投票看起来是实现群体共识的最直接、简单的方式了，但是，在实践层面用投票来实现共识也存在着诸多问题。首先，投票可能会陷入孔多塞悖论或者波达效应。孔多塞认为只要平均起来超过半数的人做出正确的判断结果就是正确的选择。但这面临着两个问题，一个问题是著名的孔多塞悖论，假定有三个人就某事投票，选项为 x，y，z，如果他们的选择是，A 的偏好是 x，y，z，B 的偏好是 y，z，x，C 的偏好是 z，x，y，那么结果就是：x 多数超过 y，y 多数超过 z，z 多数超过 x，也就是说陷入了一个循环的怪圈，从而得不出一个确定的结果。另外，另一个问题是，投票也可能出现投票结果并不能代表多数人的情况，也就是波达效应。假设有 A～F 七个人就某事投票，选项为 x，y，z，如果他们的选择是，A 和 B 的偏好是 x，y，z，C 和 D 的偏好是 y，z，x，E、F、G 的偏好是 z，x，y，那么，按照多数规则，结果为 z 有三票，x，y 都分别为两票，那么 z 应胜出。但是，如果仔细考察就会发现，实际上有 4 个人是不同意以 z 作为最佳方案的，也就是说，大多数人不同意的方案成为了投票结果选出的最后方案，这就是波达效应。投票本来是要选出大多数人或者所有人都同意的方案，结果却有可能把大多数人都不同意的方案选了出来，那么投票的结果并不能称为共识。

其次，通过投票实现共识的方式，一旦多数人的意见形成，那么少数人的意见和看法被完全地无视或忽视了，最后的结果完全不能体现少数人的意见，多数人与少数人的权利没有实现必要的折中和平衡。因此，如此达成的共识并不是全体成员之间的共识，而毋宁说是多数人之间的共识。

再次，无从得知投票人背后的动机。一般来说，投票人的动机有两类：一是按照自己的偏好来投票；二是按照公共的善来投票。乔纳森·沃尔夫曾经讨论过投票的动机问题，他举了一个是否允许在公共场所吸烟的问题，假设大家都同意用多数人同意的原则来达成共识。他认为，初看起来，吸烟的人会赞成，不吸烟的人会反对，因此，只要哪方的人多，这方的偏好就会被通过。但是，仔细反思后，我们会发现，有的人不一定按照自己的偏好来进行投票，例如，有的人虽然吸烟，但他会认为在公共场所吸烟是不对的，因此会抑制自身的偏好，而听从于自身的道德观来进行投票；而反过来，不吸烟的人也可能认为在哪里吸烟应该是个人做决定的事，因此会允许在公共场合吸烟。也就是说，人们可能会根据自己的偏好或利益来投票，也可能根据自己的道德观来进行投票，而我们无从知道他们的动机究竟是什么。“也就是说，这些人没有按照自己的利益来投票，他们的投票行为并不反映他们自身的利益。”①这样一来，投票所达到的共识有可能是偏好的集聚，也有可能是多数人关于公共的善的观念。

最后，在投票中，投票人的理性不一定得到最大限度的彰显。在个体决策中，个体对选择收益和成本都比较确定，并且是独自承担选择的结果，因此他会更加理性、更加谨慎，而投票过程是一种集体决策，虽然投票人意识到最终的投票结果会影响到自己的收益或者成本，但是正如詹姆斯·M. 布坎南和戈登·塔洛克所指出的那样，个人很难准确预测到自身收益或成本的份额，因此这个不确定因素限制了理性计算(rational calculus)的范围。同时，在某些情形中，投票人可能会预测到自身的意见是少数意见而会被忽略掉，自己投票与否、如何投票并不能改变投票结果，因此可能会随意进行投票，最终投票的结果并不表现为一种理性选择。以英国脱欧的投票为例，在脱欧的结果出来之后，竟然有数十万人要求重新投票，其中有人的理由就是，以为自己那票起不到作用，就随便投了，但是后来才发现脱欧通过了投票，而仔细思考后认为脱欧对自己无益，所以想要重新投票。

另外，在某些情况下，甚至不存在一个“多数人”。特别是在一些可供选择的选项较多的公共政策中，往往存在着多个意见不一致的“少数人群体”，在这种情况下，投票时往往意见会比较分散，很难寻求到一个“多数

① [英]乔纳森·沃尔夫. 政治哲学导论[M]. 王涛，赵荣华，陈任博，译. 长春：吉林出版集团有限责任公司，2009：78.

人同意”的结果。

（二）协商

“协商”一词正式出现在现代社会中是在15世纪，而当时还只限于政治领袖之间小范围的、排他的政治讨论，甚至到约翰·斯图亚特·密尔那里，都还倾向于认为协商应该主要限制在受到良好教育的人之间。而真正现代意义上的协商是从罗尔斯和哈贝马斯开始的。虽然罗尔斯和哈贝马斯以及后来的很多协商民主理论之间的观点存在差异，但这些协商民主理论仍然存在着诸多共同的特征。正如博曼所概括的，其一，他们都强调协商在政治决策中的重要性；其二，由于他们都反对把政治学和决策还原到工具性的、策略性的理性上，因此他们的观点属于强规范性理论；其三，他们都是程序主义者；其四，他们都是普遍主义者。①

协商被看作是既可以单独使用，也可以与投票相结合的一种共识实现方式。要实现理想的协商，对协商主体、协商过程都有严格的限制和要求。

首先，从协商的前提来看，需要协商主体具有一定的协商态度以及平等的关系。正如柯恩所说，理想的协商应该满足两个条件。其一，参与者认定自己只受通过协商达成的结果以及这种协商的前提条件的约束。其二，参与者认定他们能从结果中行事，因为某一决定是通过他们的协商而达成的，因此人们有充分理由去遵守它。② 同时，协商主体应该是平等的，人人都可以提起话题、质疑协商的主题、对协商的程序或规则进行反思性的论证，等等。虽然在现实生活中，协商主体在身份、地位、能力等各方面都不可能绝对的平等，但是正如柯恩所说，在理想的协商中，各方不仅在形式还是实质上都应该是平等的。形式上平等意味着程序制定的那些原

① David S. Owen. Deliberative Democracy：On James Bohman's Public Deliberation：Pluralism，Complexity and Democracy［J］. Philosophy Social Criticism，2001(5)：117-124.

② Cohen，Joshua. Deliberation and Democratic Legitimacy［M］// Alan Hamlin，Philip Pettit. The Good Polity. Oxford：Basil Blackwell，1989：17-34.

则不针对某些特定的个人。人人在协商的过程中都能够平等地提出议题，提出解决方案以及发表支持或反对某一方案的理由，并且在决定中发出平等的声音。实质上平等意味着权力和资源的现实分配状况不会影响他们协商的机会，也不会在他们的协商中起到主导作用。参与协商的主体不会认为自己受到现存权利系统的约束，除非这一系统建立了平等主体的自由协商框架。相反，他们把这一系统看作是其协商的潜在对象。

其次，协商的过程必须要是理性的。认为共识能够达成的大多数学者都强调理性沟通在共识达成过程中的重要作用，例如哈贝马斯的商谈理论就详细描述了如何通过理性沟通来达成共识。大致来说，理性要求在协商的过程中，各方在提出意见或方案，支持或者反对某种意见或方案时，都必须陈述理由。虽然双方有自身的立场和偏好，但是“协商这一概念强调集体决策必须以一种协商的方式来实现，而不仅是说选择适应人们的偏好”，① 应该是在充分表达和听取各方主张的基础上经过讨论来修正偏好，在此过程中，双方要平等地陈述自己的理由，并且以开放的心态对待对方提出的理由。对此，古德曼和汤普森将其称作是“给出理由的要求”(reason-giving requirement)，并且认为它是协商民主最重要的特征。他们对给出理由的要求给予了详细说明。② 其一，他认为给出的理由不仅仅是程序上的(例如某一决策是大多数人同意的)或者仅仅是实体上的(例如某一决策能够带来社会稳定)，而应该是自由而平等的人们在寻求合作的平等条款过程中接受的。其二，理由应该是公开的。一方面，协商本身应该是公开的，而不仅仅是人们在头脑中想想而已。另一方面，理由必须公开意味着内容也必须公共的。给出理由的要求除了需要参与的各方在说服别人采用自己的观点时必须陈述理由之外，还要求参与者互相尊重，也就是说，共识不仅是建立在你自己的论点基础上，而且如果你不能对看起来最

---

① Cohen, Joshua. Deliberation and Democratic Legitimacy[M]// Alan Hamlin, Philip Pettit. The Good Polity. Oxford：Basil Blackwell, 1989：17-34.

② Amy Gutmann, Dennis Thompson. Why Deliberative Democracy? [M]. Princeton：Princeton University Press, 2004：3-4.

好的论点提出反对意见的话，就应该放弃自己的观点。

但正是由于其理想主义特征，在具体实践中，理想的协商面临着诸多问题，这些问题也成为激进主义者、对抗民主论者所质疑的重点。

第一，理性沟通是否可能的问题。我们当然希望在沟通中人们都能够秉承哈贝马斯所说的平等性、正确性、真诚性和真实性要求，如果这几个要求都能达到，那么在异议、争议产生的时候，理性沟通将不存在障碍，人们之间的异见容易得到解决，共识也容易达成。但是，哈贝马斯所寄希望达成的理性沟通，有几个前提问题需要解决。第一个问题是拥有权力的一方是否可以自动放弃权力或者限制权力，在现实生活中，不同意见的人们之间很难按照理想的言谈境界去进行沟通，各方的偏见、权力的扭曲都是无时无刻不存在的。正如福柯所说："关于存在着一种理想的交往状态——在这种状态下真理的游戏可以无障碍、无限制和无强制地循环往复地想象，在我看来纯属幻想的范畴……我相信，没有权利关系，任何一个社会都不可能存在，只要人们把这种关系理解为个人用以控制和决定他人行为的手段。"①

第二个问题是各方是否可以完全放下偏见，真诚地进行沟通。即使人们可以完全放下偏见，但是人们却无法完全放下前见，因为前见是进行一切判断的基础，人们在进行沟通、做出判断时不可能完全抛弃前见，而不同世界观、不同生活经验的人们具有不同的前见，因此不可能毫无前见地进行沟通。例如，就真诚性而言，不同的人的理解是存在差异的，正如鲁迅先生在《立论》一文中所写到的那样，一家人生了男孩，第一个客人和第二个客人分别要说孩子将来要发财、要做官，我们不能说这两个客人就是存心说谎，或许这两个客人也遵循了他们所认为的真诚性原则，在孩子满月的时候应该从内心对孩子进行祝福，而第三个客人也是从自身的真诚性原则出发说出了孩子将来是要死的一句话。也就是说，对真诚性原则本身

① 章国锋. 关于一个公正世界的"乌托邦"构想——解读哈贝马斯《交往行为理论》[M]. 济南：山东人民出版社，2001：156.

到底是什么，不同的人由于不同的前见会有不同的理解。这样人们哪怕都遵循真诚性原则，但由于彼此对真诚性原则理解存在的差异，在沟通中也很难达成共识。

第二，社会生活的复杂性使得对社会问题进行面对面的协商具有实践上的障碍。现代社会中的许多问题都具有高度复杂性和专业性，因此，不同价值主体之间面对面的协商无法成为规范性的理念。事实上，就连哈贝马斯也承认，社会是一个复杂的系统，而政治商谈不过是这个系统中的一环，而它的进行免不了受到社会其他系统的影响，甚至依赖于其他的系统，这使得社会生活中不是所有组织的协商都能够达到同样的程度。

第三，社会的不平等及各种偏见和意识形态都会阻碍协商的理想状态的达成。协商的理想状态是达成理性的共识，但是，即使通过协商民主理论中的协商而达成了共识，但由于民主协商本身受到主体不同地位的影响，也很难说是理性的共识。在激进民主理论者看来，一方面，人们进行协商是要按照一定的程序来进行的，而协商的程序都是精英群体来制定和推动的，因此在制定协商程序时，他们会将程序设计为严格可控的，很多时候相关利益方的声音都被排除到了协商程序之外。这样协商往往成为政治精英之间的活动并且只是为了要解决这些人之间的冲突或矛盾，尽管协商的事项并不只是涉及这些精英，而是关乎大多数人的利益，因此这样的协商即使达成了看似一致的意见，实际上由于主体之间结构的不平等，这种共识也很难说是真正民主的、理性的共识。对此，I. M. 扬(Iris Marion Young)曾详细地用例子进行了说明:① 1999 年 12 月，各国首脑和高级官员从世界各国到西雅图参加 WTO 峰会，协商并试图达成新一轮的全球贸易规则的共识。但是成千上万的人也在此集会抗议，他们反对、批评会议，认为会议应该停止。他们抗议 WTO 的排他性：其委员会的议程是封

① Iris Marion Young. Activist Challenges to Deliberative Democracy [J]. Political Theory, 2001, 29(5): 670-690.

闭的，并且这次西雅图会议本身都不是公开的。他们认为 WTO 是跨国公司权力的工具，而其协商几乎没有关注自由贸易规则对大多数人尤其是世界上最贫困人口的影响。因此，WTO 的协商是不合法的，其组织的程序在道德上也是错误的。

另一方面，即使在协商中保障了大多数人甚至所有相关方的参与，但是，“……在现实的政治世界中，结构的不平等影响着程序及结果，看似符合协商规则的民主过程通常受到更有权力的主体的影响。”①也就是说，社会的结构性不平等会产生出一种控制性的共同话语，参与协商的大多数人会受到这种共同话语的影响。而这种共同话语导致的协商中的偏见、误解甚至冲突都更加隐蔽，因为它反映的似乎是天经地义的社会现实，因此，协商越希望达成共识，就越会加强现实社会的不平等和等级差异。I. M. 扬曾经对此举过有关贫困及如何通过政策来解决贫困问题以及全球的温室效应的控制问题的例子，说明这种控制性的话语是如何产生出虚假共识的。对贫困问题，许多国家似乎都达成了一种广泛的共识，认为贫困是由于个人无法提升自己的技能来适应现代的劳动力市场而导致的。而不同意见仅仅在于对这种个人的失败，个人、家庭以及教育、社会服务或经济发展的机构各自应该承担什么样的责任。因此，最终制定的政策就变成了个人如何来更好地适应当前的就业市场，除此之外，对社会的结构的不平等造成的贫困问题却关注甚少。

第四，协商的目的是希望能够达成共识，但是，在现实社会中，往往在协商过程中，人们发现通过协商获得更多的信息、有了更多的思考，反而比在协商前更好地意识到自身的偏好或者利益，而这些偏好和利益往往可能是彼此冲突的物质利益，或者是深层次的价值观念的差异，而这些并不一定能与他人利益、偏好或者价值相调和。诚如托马斯·克里斯蒂亚诺指出的那样，“讨论和争论使各种关于许多事务的意见更多样。虽然讨论

① Iris Marion Young. Activist Challenges to Deliberative Democracy [J]. Political Theory, 2001, 29(5): 670-690.

有可能会消除某些分歧，如那些仅仅因为偏见和迷信所导致的分歧，但它也可能产生分歧。”①因此，在这种情况下，协商不仅不能达成共识，反而会强化异见、加剧社会竞争，使意见更加两极分化。

第五，如果说协商是为了实现理性共识，那么在这种共识的目标达成之后协商将向何处去呢？也就是说，共识的达成会影响到未来的协商，因为既然某一群体已经成功达成了完全的、理性的共识目标，那么他们之间就不再存在异见，而异见的存在正是协商之所以必要的前提。如此一来，共识达成造成的另一个后果是人们不再主动地提出新的观点，所以共识可能会对将来的理性协商产生负面影响。例如丰若斯(Henrik Friberg-Fernros)和夏佛(Johan Karlsson Schaffer)就指出，共识会阻碍未来公共理性对话，他们提出了三个阻碍因素：② 停滞、遗忘和从众。停滞指的是人们通过协商到成共识后，会减少协商甚至停止协商，这对公共对话的理性产生阻碍；遗忘指的是人们为了要公开捍卫自己的观点来说服他人，因此会为支撑自己的观点而想出诸多理由，而一旦自己的观点被采纳为群体的共识，那么就不再去想各种理由来支持自己的观点了，这样就会渐渐遗忘了自己的论据，而一旦人们连论据都遗忘了，那么协商的理性就会下降；从众指的是人由于害怕与其他人在认识上的不同，因此往往会放弃自己的少数派观点而导致达成的共识并不那么理性。

(三)谈判

除了协商外，谈判也被认为是实现共识的重要手段。例如哈贝马斯就认为在某些时候，谈判和妥协也是可以接受的。谈判在一般情况下意味着双方都要部分放弃自己的观点或利益，以达到某种妥协或折中的方案，这

---

① [美]托马斯·克里斯蒂亚诺. 公共协商的意义[M]//[美]詹姆斯·博曼，[美]威廉·雷吉. 协商民主：论理性与政治. 陈家刚，等译. 北京：中央编译出版社，2006：189.

② Henrik Friberg-Fernros, Johan Karlsson Schaffer. The Consensus Paradox: Does Deliberative Agreement Impede Rational Discourse? [J]. Political Studies, 2014(62): 99-116.

些方案虽然并不是双方都最满意的方案，但却是都能够接受的方案。

然而，如果把达成共识作为谈判的目标的话，可以发现其有效性也有诸多问题。

第一，谈判并不一定能够达成共识。谈判的结果可能会出现三种情况。一是双方都作出妥协或让步，最终达成“交叉共识”。二是一方由于各种原因未作出任何让步，另一方全部接受了对方的要求，最终达成共识。当然，在实践中，这也可能是表面上的全部接受，因为谈判方有可能采用各种技巧隐瞒自己的真实想法和需求，为的是在谈判中获得更多筹码。但无论是哪种情形，只要最后达成了一致意见，我们也可以认为谈判是有效的，实现了共识。三是双方在各自最核心的利益或观念上都不愿意作出让步，而这些利益或观念又是不可通约或相互矛盾的，那么在这种情况下谈判也无法实现共识。双方都不妥协或者妥协得不够达成双方都能接受的地步，最终谈判就会破裂，共识无法达成。当然，无法达成共识还有一种情况，就是伦理上的冒犯，也就是说，在谈判过程中存在着特定的规范，这些规范一旦被冒犯，那么谈判就无从进行下去。当然，这些规范对不同的群体来说是有差异的，一个群体认为理所当然的规范在另一群体看来有可能就是冒犯。无论是何种原因导致谈判破裂，在实践中都不鲜见。

第二，谈判更多的是一种策略行为。在谈判中，谈判方主体地位的强弱、权力的大小甚至谈判技巧的高下都存在差异，并不一定是平等的，这些都会对谈判结果产生影响。并且由于谈判本身的目的是双方为了使自身利益最大化，因此在谈判中，为了达到自己的目的，各方可能使用诸如欺骗、诱惑、威胁等策略行为，这样即使最终达成了共识，从严格的意义上来说，也很难认定是真正的共识。

（四）意识形态的灌输或强调

除了以上三种共识手段外，意识形态的灌输或强调也是一个可能的手段。意识形态的概念在不同学者那里存在着不同的理解，按照莱蒙德·盖斯的观点，学界有三种不同的意识形态概念：① 一是中性的意识形态概念，只是对意识形态的事实和现象进行描述；二是贬义的意识形态概念，意识形态被看作是“虚假的意识”，认为意识形态掩盖了社会存在的本质，因此是应该被批判的对象；三是肯定意义上的意识形态概念，也就是认为意识形态客观反映了社会存在，因此应该得到承认和肯定。马克思对意识形态的解释基本上是否定性的，他在对前人的意识形态研究的继承和批判的基础上，从历史唯物主义的视角出发，对意识形态进行了界定，“随着经济基础的变更，全部庞大的上层建筑也或慢或快地发生变革。在考察这些变革时，必须时刻把下面两者区别开来：一种是生产的经济条件方面所发生的物质的、可以用自然科学的精确性指明的变革，一种是人们借以意识到这个冲突并力求把它克服的那些法律的、政治的、宗教的、艺术的或哲学的，简言之，意识形态的形式。”②按照马克思对意识形态的理解，意识形态具有“虚假性”，体现在两个方面：一是唯心主义的意识形态颠倒了思维与存在，这种“虚假性”是在批判唯心主义的观点中提出来的；二是作为观念的上层建筑，在阶级社会中，意识形态代表的是统治阶级的思想，反映的是统治阶级的阶级利益，而在阶级社会中，统治阶段的利益与全社会的利益之间并不完全一致，而是存在着差异，因此意识形态呈现出虚假性。他指出：“例如，在贵族统治时期占统治地位的概念是荣誉、忠诚，等等，而在资产阶级统治时期占统治地位的概念则是自由、平等，等等。总之，统治阶级自己为自己编造出诸如此类的幻想……这在观念上的表达就是：赋予自己的思想以普遍性的形式，把它们描绘成唯一合乎理性的、有普遍意义的思想。”③只有工人阶级成长起来，形成了自己的意识，并最终消灭阶级，工人阶级的意识成为全社会的意识形态后，意识形态才从“虚假性”中超越出来，具有全社会的普遍性。这种普遍性是由于无产阶级代表的是

① R. Guess. The Idea of a Critical Theory [M]. Cambridge: Cambridge University Press, 1981: 4、12、22.

② 马克思恩格斯选集(第2卷)[M]. 北京：人民出版社，1995：33.

③ 马克思恩格斯选集(第1卷)[M]. 北京：人民出版社，1995：100.

最广大的阶级，无产阶级运动是为绝大多数人谋利益的运动，正是这种普遍性使得这个阶段的思想意思超越了虚假性，成为“共产主义意识”。

为了在全社会达成共识，利用意识形态的灌输和强调是统治阶级常用的手段，在实现社会共识的过程中，统治阶级宣称现存的一切物质的、精神的都是合理的，并且通过舆论、理论、文化等多种形式和载体，使全社会都接受这种合理性，接受统治阶级的价值、思想观念和信念体系，以期形成全社会的普遍共识。但是，正如马克思所批判的那样，统治阶级的意识形态是统治阶级的利益的呈现，在这种情况下形成的共识实际上反映的只是统治阶级的价值观念，在阶级社会中，它并不能代表全社会的利益，因此具有一定的虚假性，据此有学者认为使用意识形态的灌输或强调容易沦为“虚假共识”。最典型的是法西斯主义通过意识形态的宣传，使得整个纳粹德国中大量的人对种族主义的谬论产生共同的认识。

对实现共识的种种手段的质疑，一方面，我们承认任何共识手段的确都存在一定的局限性，有其各自的适用范围，例如投票所面临的孔多塞悖论、无从知晓投票人的动机、人们可能不会最大限度地运用理性、有时只有多个少数人群体而没有绝大多数人群体等问题，都是投票作为单一的共识手段所确实存在的问题，诸如公共选择理论、社会选择理论都从不同角度尝试对这些问题给出一定的解决方案，但是，从根本上来说，这些问题的解决，也并不一定依靠投票程序本身，而是可以诉诸其他的共识手段，毕竟现实中共识的达成不仅仅依靠其中的某一种手段，而往往是综合运用协商、投票、谈判和意识形态强调的结果。而对协商、谈判和意识形态的灌输的批判，本书认为：

第一，对协商的质疑实际上针对的是理想的协商，理想的协商在可行性上关注不够，对协商条件的理想设定确实大大削弱了协商对达致共识的可能性。正如博曼所批评的那样，传统的协商民主理论关注的重点在于：其一，强调协商的过程本身，而不是其理想的条件和程序。这就导致该理论越来越强调公共判断的认知及伦理方面；其二，越来越对制度化的问题感兴趣，使投票代议制、法庭和制度法之类的机构更加具有协商性，而不是对此加以拒斥而使得直接民主特征更加凸显；其三，关心对不同协商的设置和程序的考察和比较，指出那些不一定总能仅仅由概念性的观点所预料到的经验的问题和障碍。① 而我们要做的，并不是因此摒弃协商，而是应该对其进行修正，使之更加具有现实性。

使协商更具现实性的重要切入点就是重新认识共识所依据的理性。在罗尔斯和哈贝马斯那里，他们都只关注了单一的公共理性。也就是说，公共理性表现为公共协商的某种单一的规范，那么这时公共理性就是单一的公共理性。人们会因为相同的公共理性来达成共识。但是，要依靠这种单一的公共理性来实现共识是一种“强共识”。如果说强共识难以实现，那么我们可以追求“弱共识”的实现，也就是依靠多元的公共理性来实现共识，如果在协商中没有单个的规范作为前提，那么公共理性就是多元的。人们就可能会依据不同的公共理性来达成共识。后者在保证少数团体的权利中尤其重要。这也是博曼区分公共理性为单一的公共理性与多元的公共理性的意义所在。② 在他看来，由于罗尔斯和哈贝马斯受到康德主义与新康德主义在公共理性问题上的模糊性的影响，他们都无法正确地面对和解决文化多元主义的问题。只有对公共理性进行区分，协商中多样的意见和观点才能够得以表达，而一定程度的共识也才能够更容易实现。当然，在某些情况下，涉及某些群体的问题很难被大多数群体认可而成为一个可进入公共理性范围的问题，例如禁止流产、动物权利保护等问题，这些问题的倡导人希望能够扩大其影响和讨论的范围，而另一部分人则可能认为这根本不是一个需要公共理性裁决的问题，不应该进入到公共理性的讨论中。在这种情况下，与其说要达成不同价值观念的共识，还不如说更需要承认他人有自己的关注焦点的自由，承认双方有展开对话的必要，以及承认自身应该以开放的心态来对待自己看问题的视角并愿意随时进行修正，也就是

① James Bohman. The Coming of Age of Deliberative Democracy [J]. Journal of Political Philosophy, 1998, 6(4): 400-425.

② James Bohman. Public Reason and Cultural Pluralism: Political Liberalism and the Problem of Moral Conflict[J]. Political Theory, 1995, 23(2): 253-279.

说，承认“合理的多元主义”。正因为如此，实际上也有许多对抗民主与差异民主理论家承认协商在一定范围能够实现共识，例如 Mansbridge 认为协商的目标从根本上来说不必然达成实质共识，但是他仍建议协商过程以某种形式的共识为目标，也就是参与者之间真正同意的正确而公平的结果。①

第二，在共识的达成中，谈判和妥协是可以接受的。如果我们强调“强共识”的概念，那么一切谈判、妥协、意识形态的强调都是不能接受的，按照这些方式达成的一致意见被认为是权宜之计或策略行为，而不是理性的共识。甚至有人会说，在政治领域中，即使涉及利益，这些利益背后往往也存在着道德理由的支撑，如果在道德理由上进行谈判或让步，很容易产生道德上的负担，更不用说涉及深层次的文化价值冲突了。如果在这种情形之下，人们可以像在市场交易中那样通过讨价还价来解决双方的冲突，达成共识，那说明双方的深层次冲突实际上并不存在或者并不那么根本存在。这种质疑有一定合理之处，但是，即便如此，谈判仍然可以在协调解决政治领域的矛盾和冲突中起到重要作用，关键在于如何使用妥协。任何谈判都内在地包含妥协。在深层次的政治冲突或文化冲突中，双方的立场都有着自身的道德框架作基础，并且这些道德框架是不相容、不可平衡的，但是我们仍然可以实现某种“道德妥协”。② 虽然道德妥协很容易被视为放弃自己的立场，向被己方认为是不正义的、不真理的另一方屈服，并且即使在妥协后一方也并不一定真正放弃了自己的信念，但是如果妥协的内容进入原先的道德框架中或者与原先的道德框架相融，那么妥协仍然是可以接受的。

而在政治生活中，要实现共识，许多情况下妥协也是必不可少的，列宁曾经明确指出：“马克思主义对历史的曲折道路的态度，实际上同它对妥协的态度是一样的。历史的任何曲折转变都是妥协，是已经没有足够的

① Mansbridge, J., Bohman, J. et. al. The Place of Self-Interest and the Role of Power in Deliberative Democracy[J]. Journal of Political Philosophy, 2010, 18(1): 64-100.

② James Bohman. Public Reason and Cultural Pluralism: Political Liberalism and the Problem of Moral Conflict [J]. Political Theory, 1995, 23(2): 253-279.

力量彻底否定新事物的旧事物同还没有足够的力量彻底推翻旧事物的新事物之间的妥协。马克思主义并不拒绝妥协，马克思主义认为必须利用妥协”。① 此外，许多学者都对妥协在政治生活中的重要性作过阐述，例如哈贝马斯指出，“相互冲突的没有任何共识的政治利益和价值所需要的平衡，是无法通过伦理话语获得的，即便讨价还价的过程不违反既有的基本价值观。相互竞争的利益之间必要的平衡，可能是各方进行了相互威胁之后妥协的结果。”②Bobbio 认为，在正常程序下的民主决策中，“集体决策与其说是多数投票运作的结果，还不如说是代表着社会力量(社团)和政治力量(政党)的群体之间妥协和同意的结果。” ③Kelsen 也说过，“公意如果不应该是某个特殊的群体的利益表达的话，就只能是这些对立的结果，是对立的利益之间的妥协。”④甚至有学者认为，所有的政治事务都离不开妥协，如 Edmund Burk 曾说过：“所有的政府，事实上所有的人类利益和欢乐，所有道德，所有的审慎的行为，都是建立在妥协和交易基础上的。”⑤因此，政治中妥协的重要性不言而喻，“政治中妥协的精髓和目的就是要规避将政治问题作为公共的善的启蒙理性主义，以及以进步的名义忽视或重新教育人民对自身利益的观念。”⑥

事实上，协商也内在地包含着妥协，协商在某种意义上来说就是具有

① 列宁选集(第 16 卷)[M]. 北京：人民出版社，2017：6-7.

② [美]塞拉·本哈比. 民主与差异：挑战政治的边界[M]. 黄相怀，等译. 北京：中央编译出版社，2009：25.

③ Adam Przeworski. Consensus, Conflict, and Compromise in Western Thought on Representative Government[J]. Procedia Social and Behavioral Sciences, 2010(2): 7042-7055.

④ Adam Przeworski. Consensus, Conflict, and Compromise in Western Thought on Representative Government[J]. Procedia Social and Behavioral Sciences, 2010(2): 7042-7055.

⑤ Bellamy, Richard. Liberalism and Pluralism: Towards a Politics of Compromise[M]. London: Routedge, 1999: 94.

⑥ Bellamy, Richard. Liberalism and Pluralism: Towards a Politics of Compromise [M]. London: Routedge, 1999: 95.

共识意愿的主体通过信息交流和传播进行谈判、讨价还价，并最终达成共识的过程。在此过程中，歧见、冲突不可避免，因此要达成一定程度的共识，需要通过妥协或其他方式。如果说共识背后的逻辑是主体的同意，那么妥协背后的逻辑则是即使不同意，也愿意为了最终达成某种程序的共识而放弃自己的部分或者全部偏好、利益或价值，去接受集体或者组织所协商的结果。因此，协商就意味着有妥协，只要各方想要获得最终的某些共识，则双方都要部分放弃自己的观点，从这个意义上来说，妥协是协商的要义。诚如博曼所认为的那样，要实现民主，毋宁在公共协商中只要求多元的共识。也就是说，不要求人们因同样的理性而达成共识，而是在公共协商过程中相互合作和妥协，尽管他们一直有不同意见。尤其是在冲突严重的情况下，这种持续的合作并形成共同的公民社会对民主的实现异常重要。博曼认为一旦协商不仅仅只建立在单一同意的基础之上，另一种形式的妥协就可以成为处理冲突的政治协商所要实现的目标：这种妥协是完全道德的，因为尽管很多时候妥协是不能容忍的，但是在某些时候妥协是唯一公平的选择，特别是在一些深层次的冲突中，某种形式的妥协是不可避免的。妥协可能有两种情形：一是双方都或多或少作出妥协或让步，最终达成“交叉共识”；二是一方由于各种原因未作出任何让步，另一方全部接受了对方的要求，当然，在实践中，这也可能是表面上的全部接受，因为主体有可能采用各种技巧隐瞒自己的真实想法和需求，为的是获得更多筹码。但无论是哪种情形，只要最后达成了一致意见，我们也可以认为协商是有效的，实现了共识。

第三，意识形态的灌输或强调在某些时候也可以作为一种有效的共识手段。意识形态作为建立在经济基础之上的上层建筑，在现代社会是必不可少的组成部分，正如阿尔都塞所说：“意识形态因此是一切社会总体的有机组成部分。种种事实表明，没有这些特殊的社会形态，没有意识形态的种种表象体系，人类社会就不能生存下去。”①只要是在阶级社会中，就

① ［法］路易·阿尔都塞. 保卫马克思［M］. 顾良，译. 北京：商务印书馆，2006：228.

存在着不同阶级的意识形态，体现着不同阶级的利益，不同的意识形态交织构成了多样化的意识形态图景。其中，统治阶级的意识形态占据着统治地位，是主流意识形态。统治阶级为了说明其自身统治的合理性，就必然要整合各种社会意识，将其灌输到普通民众中，使之成为全社会的活动准则或共识。而社会其他阶级为了争夺自身的话语权，实现自身的诉求，也会与统治阶级的意识形态竞争，强调自身的意识形态。

在现代社会，不同阶级的意志往往是通过政党来表达和实现的。政党的存在对共识有着天然的促进作用，它本身的产生和存在就有利于社会共识的达成。正如托马斯·佩恩(Thomas Payne)对美国社会政党活动进行分析后所指出的那样，不同的政党通过在民众中推举领袖，使得每一个不同的群体都感到有人会代表他们并发出自己的声音。同时美国政党要寻求每个不同群体的支持，如此一来，人们就会感受到自己在社会生活中的重要性。政党通常会通过确定自身的纲领来联合不同的利益和相冲突的信仰，这些纲领往往在某种程度上又变得与所有人相关。美国政党中和解和共识的过程，通过给大多数群体一个否决权，使得在现实中“极端”的政策不会轻易产生，这样就减少了社会的潜在冲突。① 但是，这并不意味着政党不会对自身的意识形态进行强调。马克思曾经指出，“每一个企图取代旧统治阶级的新阶级，为了达到自己的目的不得不把自己的利益说成是社会全体成员的共同利益，就是说，这在观念上的表达就是：赋予自己的思想以普遍性的形式，把它们描绘成唯一合乎理性的、有普遍意义的思想。”②政党为了取得统治地位，就需要将自己所代表的阶级的利益说成是全体社会成员的利益，把自己的思想变成全社会的共识，而在其成为执政党之后，为了维系统治，更是会利用其所拥有的意识形态工具，使自己的意志与愿望在全社会得到认同，成为全社会的普遍共识。“统治阶级的思想在每一时代都是占统治地位的思想。这就是说，一个阶段是社会上占统治地位的

① Thomas Payne. The Role of Consensus[J]. The Western Political Quarterly, 1965, 18(3), Supplement: 21-31.

② 马克思恩格斯选集(第1卷)[M]. 北京：人民出版社，1995：100.

物质力量，同时也是社会上占统治地位的精神力量。支配着物质生产资料的阶级，同时也支配着精神生产资料，因此，那些没有精神生产资料的人的思想，一般地是隶属于这个阶级的。占统治地位的思想不过是占统治地位的物质关系在观念上的表现，不过是以思想的形式表现出来的占统治地位的物质关系；因而，这就是那些使某一个阶级成为统治阶级的关系在观念上的表现，因而这也就是这个阶级的统治的思想。”①事实上，意识形态在某种意义上就是以社会共识的形式存在的，“它可以是一个政党、一个阶层的共识，也可以是全体社会大众的共识；可以是人们心悦诚服地接受的共识，也可以是被强制达成的共识。”②

在一个国家内部如此，在世界范围来看，由于不同民族国家具有多样化的意识形态，各国意识形态的斗争不仅没有“终结”，反而各国都要强化自身的意识形态，并将这种意识形态上升为全社会的共同意识，否则自身的意识形态就可能会被颠覆、演变、同化或瓦解。因此，意识形态对社会多元意识的统一和思想整合方面起到不可替代的作用，诚如美国学者丹尼斯·姆贝所说的那样：“意识形态在掩饰不同群体的各种旨趣方面起着重要的作用，且表达了强调组织价值观和目标的统一性和一致性的组织现实。”③至于有学者提出的通过意识形态的灌输或强调所达成的共识容易沦为“虚假共识”，本书认为，“虚假共识”并不是共识的某种形态或分类，既然称其为“虚假共识”，那么我们可以说意识形态的强调在达致共识的过程中是失败的，没有真正发挥作用。真正的共识并不排除外部力量的激发和推动，但是最终要将这种外部力量的推动转化为主体自身的自觉理解和接受，因此将意识形态的灌输或强调作为达成共识的手段之一并无不妥之处，关键在于如何将所要强调或灌输的社会意识转化为主体真正的理解和认同。

---

① 马克思恩格斯选集(第1卷)［M］. 北京：人民出版社，1995：98.

② 周民锋. 当代中国意识形态观研究［M］. 北京：人民出版社，2012：80.

③ ［美］丹尼斯·姆贝. 组织中的传播和权力：话语、意识形态和统治［M］. 北京：中国社会科学出版社，2000：60.

第五章　解决社会共识问题的切入点

——共识度概念的引入

前文对社会共识问题的可欲及可能性进行了分析，并且部分回应了对共识可欲及可能的质疑。在此引入“共识度”这一概念，希望从根本上探讨并解决共识能否达成的难题。

第一节　引入共识度概念的意义

与任何事物一样，共识也是质的规定性与量的规定性的统一。共识具有“度”的特征，这种“度”的特征，我们称之为共识度。共识度，是共识主体之间达成共识的程度，表明共识在达成过程中的量的限度、幅度、程度和范围等外在规定，体现出共识的“边界”和“层次性”特征。按照度本身的概念界定来说，共识度与其他度一样，在其范围内由无限多的量所构成，未达到一定的度的范围，我们不能称之为共识。

引入共识度这一概念，主要是出于几方面的考虑。首先，共识的特征决定了共识度的必要性。任何共识都是具体的、历史的，共识的实现离不开广度、强度、时间和空间等规定性，这些规定性就体现为共识度。同时，共识具有多样性，我们谈及不同情形下的共识时，事实上都是具有特殊的量、范围、程度的差异的，因此是存在着不同的共识度的。

其次，引入共识度，主要是为了解决对共识是否存在、有无必要以及能否达成的质疑。不同学派在争论共识是否存在、有无必要以及能否达成的时候，往往对共识究竟如何理解这一前提问题存在着不同的看法。如果将共识看作百分之百的意见一致，就自然容易得出共识很难存在及达成的结论了。但是，如果将共识看作是具有一定的“度”的概念，那么在不同的情况下，就无疑存在着或者可以要求不同的共识度。因此，共识度这一概念可以用来分析、解释和诠释社会生活的不同层面存在着的程度上有差异的共识问题，从而在同一与多元、一致与歧异之间架起一座桥梁，解决对共识问题的诸多挑战和质疑。

第二节　共识度的主要类型

共识度是一个比较复杂的概念，它既可以作为一个描述性的概念来分析现实的共识情况，也可以作为一个规范性的概念来确定不同情形之下的共识目标，并且还可以从不同的角度，对共识度进行不同的审视。在此主要从共识主体与共识客体的角度进行审视。

一、从共识主体角度进行分类

从共识的主体角度来看，共识度可以按共识主体的广度、主识主体的共识程度和态度来分别进行分类。

共识度可以从广度来进行划分，广度是指从主体中达致共识的人群范围(或百分比)。从这个角度来看，共识度从高到低可以表现为：完全共识、高度共识和基本共识(底线共识)，如图 5-1 所示。

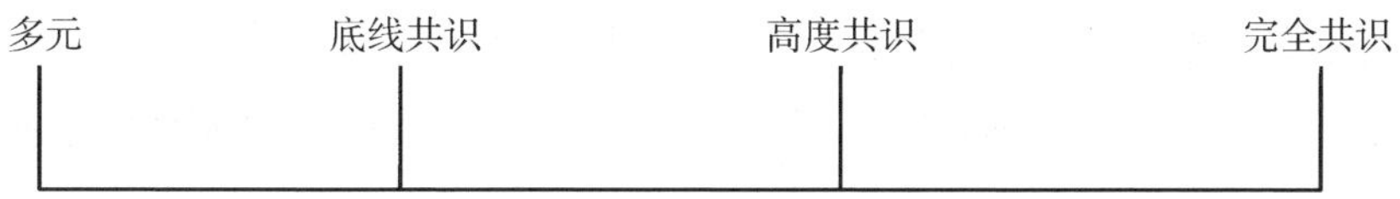

图 5-1　从共识广度看共识度

完全共识(或者一致性)指涉及的共识主体百分之百实现意见统一，也就是全体一致，是共识能够达到的最高程度，虽然在现实中也存在(如联合国常任理事国的表决)，但是更多地表现为一种理想状态。布坎南和塔洛克曾经从经济学的角度进行过分析，他们认为对每个普通的个人来说，最好的决策是基于全体一致同意基础之上的，因为这样决策就不会出现不利于自己的情况。但是如果考虑到决策本身的成本的话，那么全体一致同意，也就是所有人的共识就有很多不利之处了，涉及的诸如时间、精力、资源之类的成本是相当大的，实际很难操作，需要用多数同意作为补充。正如西耶士(Sieyes)所说："公共机构(即政府)是其大多数成员的意志的结果。一致同意哪怕是在非常小的人群中也是非常困难的一个目标，在由百万人口所组成的社会中更是不可能的。由于公共机构有其特定的目标，必须使用理性的手段实现目标。我们必须让多数人满意。这样，为了善的原因，多数同意就合法地成为一致同意的补充。"①除了实际操作的不可行之外，在很多情况下，尤其在政治生活中，一致同意往往并不一定是最佳共识状态，因为一致同意往往是由于对不同意见的压制、威胁、强制等方式实现的。所以恩斯特(Jon Elster)指出："事实上，我倾向于相信有着少数人投票反对的民主决策结果，而不是全体一致同意的民主决策结果。"②而与存在着少数人反对、多数人同意联系在一起的就是高度共识，如果共识的结果是大多数人同意，那么这种情况下达成的共识可称为是高度共识。基本共识是最低层次的共识，也可称为底线共识，达不到底线共识，那么我们就可以说对某一共识客体，主体间没有达成共识，各方的意见更倾向于多元。从具体的百分比来看，正如前文所述，有学者给出了75%的比例，认为如果对某一共识客体低于75%的主体认可的话，那么主体之间就没有达成共识，如果高于75%，主体之间就达成了共识。在现实生活中，例如在许多组织的人事选拔中，往往会根据相应的规则设定四分之三或三

① Bernard Manin. On Legitimacy and Political Deliberation[J]. Political Theory, 1987(15): 338-368.

② Jon Elster. The Market and the Forum: Three Varieties of Political Theory[J]. Foundations of Social Choice Theory, 1986(3): 102-132.

分之二的比例，只要达到这个比例，按照程序，就认为人们达成了意见一致，选举的结果有效，且可以被接受。当然这一比例在不同的情形中也不尽一致，有人认为只要某一人群中同意的比例超过50%就达成了共识，也有人给出了更低的数字。

共识度还可以从强度来进行划分，强度指从共识主体对客体意见一致的强弱程度，从强到弱可划分为：强烈共识、一般共识和底线共识，如图5-2所示。

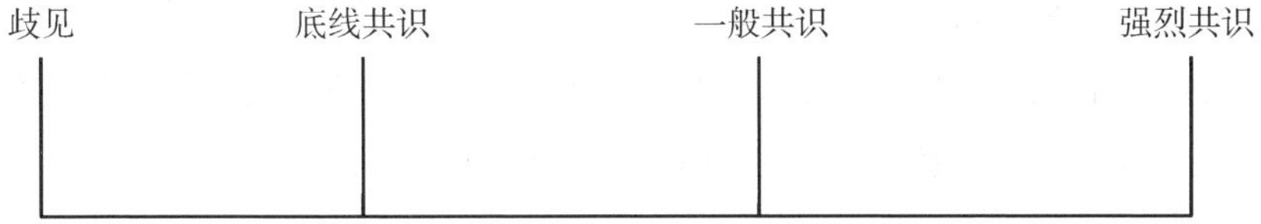

图5-2 从主体的共识态度看共识度

在共识过程中，很多时候看似主体都达成了同样的共识，但是达成共识的程度往往存在着差异，例如爱国成为许多人的共识，但是对这一共识不同的人却表现出不同的共识度，有表现出强烈共识的，对国家投入强烈的情感，对爱国的要求非常高，对他们认为不爱国的行为异常愤慨；也有人只是一般共识，只对自身有要求，对别人的选择并不介意；还有人的共识体现为底线共识，对爱国的界定相当宽松，例如认为只要在战争时期不背叛祖国就是爱国。再如上文提到的一群朋友对看什么电影要达成共识的例子中，即使其中一些人同意去看同一部电影，但是有的人可能怀着非常强烈的愿望想去看，而有的人只是随大流而已。这都体现出共识度强弱的区别。

共识度还可以从主体共识态度的积极程度来进行划分，按此标准可以将共识度区分为：支持性共识（也称主动共识）、允许性共识（也称消极共识）和默许的共识（也称默契），如图5-3所示。

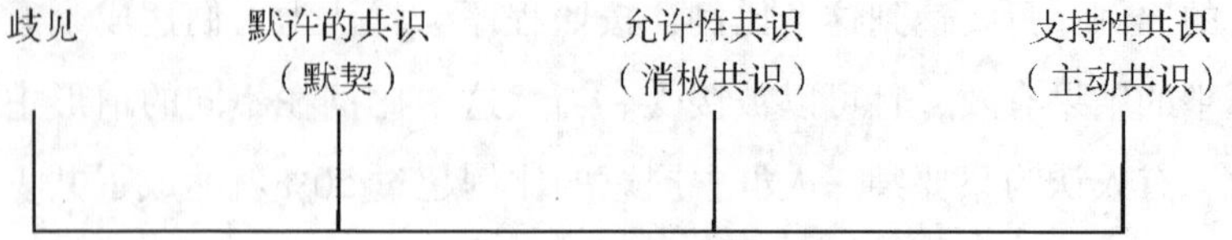

图 5-3　从共识程度看共识度

人们即使有着同样的共识行为，也往往存在着不同的共识态度。有的共识表现为主动积极地去支持或同意他人的观点、行为，也就是支持性共识。有的共识则表现为允许他人的观点、行为，也就是允许性共识。有的共识则更多地强调宽容，以宽容的态度对待不同意见者，也就是默许他人的观点、行为，可以称作默许的共识，这是一种萨利托所说的消极意义上的共识，“不是指每个人对某件事的主动同意。……虽然我们称为共识的现象大体上可以说是指接受，即泛泛而言或基本上是消极意义上的共识”。① 在这些不同的情形中，我们可以说人们有着相同的共识行为，但是却存在不同的共识度。

二、从共识客体角度进行分类

从共识客体角度进行分类，包括共识客体的范围、层次和时间等方面。从共识客体的范围来看，同样可以把共识度按照完全共识、高度共识和基本共识来划分。如图 5-4 所示。

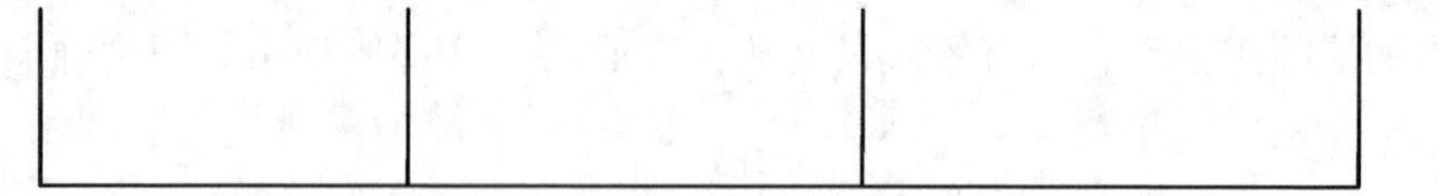

图 5-4　从共识客体的范围看共识度

① ［美］乔·萨利托. 民主新论［M］. 冯克利，阎克文，译. 北京：东方出版社，1998：101.

虽然在此使用的术语与从主体的范围角度所使用的术语完全一致，但实际上表达的内容却是存在差异的。这里所说明的是从主体对客体所达成的共识内容的重叠程度。共识度越高，说明各方意见重叠的部分越多，如果所有的共识客体都达成了完全相同的意见，那么我们可以说是完全共识。对客体的大多数内容都存在不同意见，则更接近于多元。当然，完全共识在现实生活中并不多见。即使我们偶尔发现主体双方认为对客体的认识有着百分百的意见一致，但也很难说各方达成意见一致背后的理由也是完全相同的。许多学者质疑共识是否有必要，实际上就是从完全共识的角度出发来进行阐述的。但是本书认为，共识并不意味着主体对客体的认识达到百分之百的意见一致，有必要按照主体对客体达成共识的范围来进行共识度的区分。

由于全体一致在实践上存在困难，有学者提出了“原则上的一致同意”与“实际的一致同意”之间的区分。① 而哲学上的判断则只要求原则上的一致同意。例如，尽管某些人现实地反对某种原则，但是实际上这种规则是符合他们的愿望的，那么我们就可以说，他们实际的不赞同并不导致规则失效，因为规则在原则上反映了他们的需求和愿望。这样的区分事实上也并未解决实际中的困难，现实生活中很难知道人们是出于自身的愿望反对某种原则，还是违背自身的愿望而反对某种原则。因此，可以采用策略性的路径，根据实际情形来确定人们是否达成了完全共识。例如在双方进行的合同谈判中，双方都同意所有的合同条款，我们就认为他们达到了完全共识，哪怕一方可能对某些条款并不是心甘情愿的同意，而是出于拿下订单的愿望而进行的妥协。

从达成共识的时间来看，可以将共识度分为短期共识和长期共识。短期共识有时表现为一种权宜之计，在主体的目标达成或情形发生变化时，共识便会解体，例如国际社会中国家与国家之间达成的共识与合作往往就

① Bernard Manin. On Legitimacy and Political Deliberation[J]. Political Theory, 1987(15): 338-368.

体现为一定的阶段性，当国际局面发生变化时，共识往往就不再存在。而长期共识则往往表现为根本的价值共识，不容易受时间、情势的影响而发生变化。仍以国际社会的共识为例，一些根本价值层面的共识已经成为全人类的长期共识，例如当人们越来越意识到环境保护的重要性时，全球生态环境的保护就成为全人类的长期共识。如图 5-5 所示。

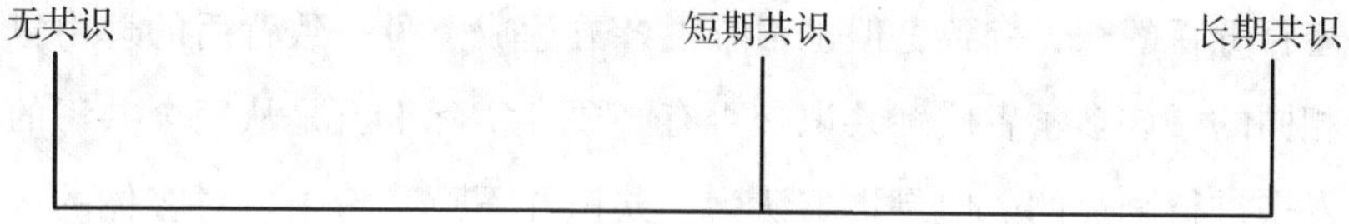

图 5-5 从共识客体的范围看共识度

第三节 影响共识度的因素①

要进一步认识和理解共识度，需要对影响共识度的因素进行剖析，影响共识度的因素很多，主体因素、中介因素以及所涉及的共识客体都会对共识度产生影响，这三者是相互缠绕、密不可分的，最终的共识度是主体、中介以及客体三者共同作用的结果，为方便论述，以下对三者分别进行阐述。

一、主体因素

正如前文所说，社会共识的主体同时也是认识主体和价值评价主体，因此可以从认识论和价值论的角度对影响共识度的主体因素进行分析。

第一，从认识论的角度来看，主体作为共识主体，主体的共识能力、共识态度和主体之间的关系都对共识度产生影响。主体的能力影响到主体

① 这部分内容发表于：朱玲琳. 一元与多元之间的共识问题：引入“共识度”概念的考察[J]. 学习与实践，2013(11)：123-129.

的认知，无论这种认知是基于事实还是基于价值；主体的共识态度反映出主体的自觉性和目的性，决定了主体是否有动力达成共识；主体之间的关系包括地位的对等性、主体的范围等因素，对主体认知的一致性产生影响。

主体的共识能力是影响共识度非常基础的内容，主要分为主体的认识能力和主体的交往能力。主体的认识能力是主体认识客体的能力，主体的交往能力是主体与主体之间进行交往的能力，这两种能力对共识度都会产生一定影响。这些能力是实现社会共识的内在根据，如果主体不具备基本的认识能力和交往能力，那么很难说能与其他主体达成共识。例如尚未成熟的婴孩或者丧失正常思维能力的人，虽然他们仍是作为人而存在，但是在某种意义上来说是不能作为真正的共识主体而存在的。认识能力包括理性思维能力、情感交流能力等，不同的个体主体，由于天赋及后天环境、教育因素的差异，在能力结构上有着质和量的差异，“在接收和采集客体有效信息的数量和种类方面，在理解客体信息的正确性和深刻性方面，在处理、传输客体信息的速度方面，在转换和再造信息的预见性和创造性等方面的差距，都是非常明显并为人们所熟知的。”①共识主体的认识能力越强，越能够对同一社会运动和发展的本质与规律有比较科学合理的认识，如果主体各方的认识能力都比较强，那么双方达成高共识度的可能性也就越大。

此外，社会共识主体还需要具有一定的交往能力。主体的交往能力主要包括语言能力，还包括但不仅限于胡塞尔所说的“统觉”“同感”“移情”等能力。共识是要依靠语言为基础的交往行为来达成的，按照哈贝马斯的看法，“言说者必须选择一个可领会的表达以便说者和听者能够相互理解；言说者必须有提供一个真实陈述(或陈述性内容，该内容的存在性先决条件已经得到满足)的意向，以便听者能分享说者的知识；言说者必须真诚地表达他的意向以便听者能相信说者的话语(能信任他)；最后，言说者必

① 欧阳康. 论主体能力[J]. 哲学研究，1985(7)：3-11.

须选择一种本身是正确的话语，以便听者能够接受之，从而使言说者和听者能在以公认的规范为背景的话语中形成共识”。① 当然，哈贝马斯所说的共识更接近于理解，而即使所有这些条件都具备，不同的语境人们对语言作出的不同反应以及语言本身的复杂性，也使得双方的理解并不一定能够得到保证，更何况理解并不必然促成共识，如果理解后，交往双方发现不能接受对方的意见或看法，则不可能达成共识，只有当双方发现可以相互协调或者接受对方的看法和要求时，共识才有可能实现。尤其是在价值多元的条件下，理想的理性对话并不必然达致理性共识。

主体的共识态度是指达成共识的自觉意识和意愿，它是影响主体共识行为的动机因素。人类的活动因为有了动机的存在就具备了一定的自觉性和目的性特征，社会共识活动也不例外。正如恩格斯所说，“在社会历史领域内进行活动的，是具有意识的、经过思虑或凭激情行动的、追求某种目的的人；任何事情的发生都不是没有自觉的意图，没有预期的目的的。”②社会共识的主体具有了追求与他人达成共识的动机，便会朝着达成共识的目标去努力，否则个体很难积极地活动去实现共识。“人对于社会关系、社会组织、社会活动的支配、调节和控制，都是通过人的自觉意识来实现的。”③主体之间达成共识的自觉意识是达成共识的重要因素。也就是说，在特定的情形中，尤其是在涉及分歧或争端时，主体双方要愿意倾听、理解对方，不仅陈述自己的见解，也认真倾听对方的意见，期待通过讨论来厘清并澄明问题。如果只是一味地表达自己的意见，而不愿意倾听对方的看法，也不愿意通过对话和讨论来消除分歧、达成共识，那么即使有沟通，也并不能说具有了真正的共识态度，自然也不可能实现共识。一般来说，达成共识的意愿越高，实现的共识度就越高。反之，如果主体一方或双方都只是一味地表达自己的见解，而不愿意倾听他人的想法，甚至

① [德]哈贝马斯. 交往与社会进化[M]. 张博树，译. 重庆：重庆出版社，1989：3. 译文略改.

② 马克思恩格斯全集(第28卷)[M]. 北京：人民出版社，2018：356.

③ 欧阳康. 社会认识论导论[M]. 北京：中国社会科学出版社，2010：151.

以逆反、对抗的心态进行交往，那么互相理解对方都无法做到，更不用说达成共识了。对此，Herbert McClosky 曾经对 1957—1968 年美国一项针对政治行为和政治参与的国家级的研究结果做过分析，这项研究针对 3000 名积极参与公共事务的人群及 1500 名普通人群提出了同样的问题。积极参与公共事务的人群，指那些对公共事务的参与超过了通常的限度的人群。但是这些人并没有特定的共同利益，也并不是特定的阶层人员，而是涵盖了整个社会中不同职业、不同收入、不同组织的人(当然在某些群体中这类人占的比例会或高或低)，例如政府官员、积极的党派成员、公众人物、志愿者机构的工作人员以及意见领袖等，另一类是普遍人群。他将共识度界定在 75%，也就是说如果同意某一观念或做法的人超过 75%，就认为在这一问题上人们达成了共识。他的研究表明，第一类群体对美国的政治价值更容易达成共识。Herbert McClosky 认为其中最主要的原因就是第一类群体参与政治生活的意愿比较高。①

主体之间的关系同样对共识度产生影响，包括主体之间的地位对等性、主体之间的利益或价值相关性以及主体之间的范围。在理想的状态下，主体的关系是平等的，这种平等包括实质的平等和形式的平等。对于实质的平等是指主体的能力、地位、资源等的平等，而形式的平等是指机会、交流的平等。对于这种实质与形式的平等哈贝马斯曾经论述过，他认为，主体间的交往行为就是在自由平等的人之间以语言为媒介、以共识达成为目的的理性交往。哈贝马斯非常强调参加对话的主体之间的平等的关系，他所确定的理想言谈语境有三个特征：一是参与的主体是各种共同体，体现出主体间性，并且每一主体都是潜在的参与者，参与与否全凭自身真实的意愿；二是谈论的话题没有限制，原则上一切话题都可以谈论；三是主体之间的平等性，没有人拥有比他人更大的权力。他所涉及的主体的平等关系涉及了形式平等和实质平等，在平等的主体关系中，主体之间

① Herbert McClosky. Consensus and Ideology in American Politics[J]. The American Political Science Review，1964，58(2)：361-382.

更容易实现共识，实现的共识度也更高。但是，这种理想的言谈语境毕竟只是一种理论上的假设，在现实生活中，由于身份、地位、财力以及个人能力等多方面的因素，主体之间关系的不平等往往是常态。例如在当今世界国与国的关系中，某些强国在经济地位、政治地位上与弱国之间存在着差异，很难以平等的态度与弱国进行交往。一般来说，主体之间的关系越不平等，实现的共识度往往更低。当然，主体地位对共识度的影响呈现复杂的状况，有的时候主体之间地位的平等程度与共识度之间并不一定呈正相关关系。在某些情况下，由于主体之间地位相当悬殊，地位高的人利用其地位采取种种非协商的方式，往往能够实现较高的共识度。例如在希特勒时期，希特勒与民众之间的地位是不平等的，但是他利用各种意识形态的手段，使得整个纳粹德国在政治意识形态上实现了相当高的共识度。

此外，主体的其他因素如年龄、性别也会对共识度的高低产生影响。例如，有学者研究，在韩国，就同样的性别而言，年轻一代对基本价值的共识度高于年长一代；而就代际间的共识度而言，男性共识度高于女性，原因在于在韩国社会中，相比较上一代而言，新一代的女性地位、角色和机遇都发生了较大变化，这种变化影响到她们与上一代女性的共识度，而这一变化在男性身上并不明显。①

第二，从价值论的角度来看，共识主体的价值评价能力是影响共识度的重要因素。如果说主体的认识涉及的是对事物的认知，属于真理性范畴的话，那么主体对事物的价值评价则属于合理性范畴。当然在同一共识活动中，认知和评价往往是同时发生、相互依赖的，主体在对事物进行认识的过程中，往往也伴随着对其必要性和可行性的评价，影响主体认识的一些因素例如主体的能力、态度等同样也影响着主体的价值评价，但比起对事物的真理性认识，对其合理性评价更具相对性和复杂性，因此对主体之间达成共识度的影响也更为复杂。对一件事即使有着同样的事实认知，不

① Eun-Yeong Na, John Duckitt. Value Consensus and Diversity between Generations and Genders[J]. Social Indicators Research, 2003, 62-63(1): 411-435.

同的人也可能产生完全不同的评价。例如中共当前反腐的力度很大，但有人认为力度过大会动摇共产党执政的根基，也有人认为反腐是刮骨疗伤，应该更加深入地进行下去，这就体现了不同的价值评价。

从主体的角度来看，影响其价值评价的因素包括其主体的价值评价标准和所涉及事物的相关性。这带来了主体对客体的不同评价，最终影响到共识度的高低。

从价值评价标准来看，人们出于不同的兴趣、爱好、愿望、理想、信念等，往往有着不同的价值评价尺度，这种价值标准的主观性影响到主体价值共识的达成。从根本意义上说，人们的价值评价标准取决于人们的需要和利益。“需要和利益是客观的，它们以各种方式反映在人们对待事物的态度中，就成为评价的标准。”①如果主体之间的利益和需求相关度很高，那么他们的评价标准就会越接近，主体之间较易达成共识，达成的共识度也较高。反之，如果主体的利益或需求相关度低，甚至相互对立，那么他们之间的评价标准也会存在较大差异，甚至相互对立，那么就很难达成共识，即使达成一定程度的共识，共识度也较低。事实上现实生活中很多时候很难达成共识与价值评价标准是存在直接关系的。例如，是否应该修建垃圾焚烧厂，离垃圾焚烧厂选址比较近的人与城市另一端的人显然有着不一样的利益和需求，产生的价值判断也会截然不同，自然难以达成共识。当然，也有的时候情况非常复杂，利益和需求不一致的人们有着不同的评价标准，但也可能会得出同样的价值判断。例如对百度竞价排名问题，没有花钱去参加竞价排名的企业与花了大钱去获得排名却没有得到良好回报的企业，前者的需求可能是期望一种用产品或服务的质量来竞争的商业环境，而后者的需求则是通过竞价排名来增长业务(这个期望没有满足)，二者虽然有着完全不同的需求，因而产生不同的评价标准(前者是看百度竞价排名是否有助于实现他们所希望的商业环境，而后者的评价标准则是有没有给他们带来业务的增长)，

① 李德顺. 价值论[M]. 北京：中国人民大学出版社，2007：194.

但是他们对百度竞价排名的评价却有可能都是负面的。也就是说，不同的需求和利益带来了不同的评价标准，但却有可能形成同样的价值判断而达成共识。这也就是前文所分析过的人们可能达成共识，但背后的理由却不一定一致的情形。

从主体的范围来看，在具有接近的价值观的某一社群或共同体内部，能达到的共识度往往较高；而在不同的社群或共同性之间，共识度则往往比较低。从价值论角度来看，社会共识主体可能是同质的也可能是异质的。同质主要是主体具有接近的价值观，或者在身份、兴趣或者利益诉求方面相同、相近或者一致。而异质则指主体在价值观、兴趣或者利益诉求方面相异或者对立。共识主体倾向于同质的，能达到的共识度往往较高；共识主体倾向于异质的，能达到的共识度则往往比较低。在社群主义那里，共识只能存在于同一个社群中，可见在具有同样的文化背景、利益诉求的群体内部，共识度是相对比较高的；而在社群外部，共识度比较低。如果不仅限于社群，在同一文化或亚文化中生活的人们，彼此之间比较容易达成理解和共识，而不同文化或亚文化的人们之间则较难达成共识。例如对于社会主义核心价值观，与在中国人之间达成高共识度相比，在中国人和美国人之间达到高共识度自然非常困难。正如滕尼斯所说，“默认一致是建立在相互间密切的认识之上的，只要这种认识是受到一个人直接参与另一个人的生活即同甘共苦的倾向所制约，并反过来又促进这种倾向。因此，结构和经验的相似性越大，或者本性、性格、思想越是具有相同的性质或相互协调，默认一致的可然率就越高。”①

第三，从实践论的角度来看，共识不仅体现在观念的认识和评价，还体现在具体的交往实践之中，在某些情况下，观念上的一致就成为共识的目标，但在另一些情况下，共识的达成则往往意味着下一步的行动。因此，主体交往实践的目标会对共识度产生影响。

---

① ［德］斐迪南·滕尼斯. 共同体与社会——纯粹社会学的基本概念［M］. 林荣远，译. 北京：商务印书馆，1999：72.

二、中介因素

从中介因素来看，共识的达成还离不开一定的手段或工具，正如前文所说，按照哈贝马斯的看法，共识的达成有三种手段：权力、货币和交往。但他认为，前两者是工具理性，产生的结果是策略行为，也就是“协调效果取决于行为者通过非言语行为对行为语境以及行为者之间所施加的影响”，策略行动并不试图与他人建立起对世界的一致理解，而是采取“奖励、威胁、诱导或误导”的方式，这样所带来的一切并不是共识。① 只有通过理性交往达成的共识才是真正的理性共识，也就是要通过主体间的交往行为，这种交往行为的主体是自由平等的，达成共识的媒介是通过言语行为，而言语行为要遵守真实性、正当性以及真诚性三种有效性要求。但是，在价值多元的条件下，通过理想的理性对话有时仍然不能达到理性共识。对于某些不可调和，或者说调和空间很小的冲突(如根本的利益冲突、对动物权利、安乐死、流产的看法等)，很难通过对话来达成共识，哈贝马斯对此提出了通过谈判的手段，如投票、多数人法则作为合法解决争议的方式，但如果采取这种方式，就很难说能继续“交往行动”而不陷入“策略性行动”，并且即使最后的结果也被各方视为合法，但与其称其为“理性共识”还不如称其为“理性非共识”。甚至在某些极端的情况下，在公共讨论、理性对话之前，人们可能对自己的需求并不明确，但在讨论过程中，往往更了解了自身想要的，从而在普遍价值与根本利益上不仅不能达成共识，反而使冲突更加尖锐化。当然，对此哈贝马斯也提出了他的解决之道，那就是更大的抽象化，例如“从不同的偏好到选择的自由，从对立的信仰到良知的释放，从冲突的价值到隐私的权利”②(在这方面哈贝马斯也更接近于罗尔斯)，但这种更大的抽象化在实际的充满社会、文化、政治、

① [德]哈贝马斯. 后形而上学思想[M]. 曹卫东，等译. 南京：译林出版社，2001：59.

② Tomas McCathy. Kantian Constructivism and Reconstructivism：Rawls and Habermas in Dialogue[J]. Ethics，1994，105 (1)：44-63.

意识形态差异的公共空间中如何帮助实现理性的共识，仍是一个悬而未决的问题。

也就是说，尽管哈贝马斯以言语行为为中介的交往理性为达成共识提供了一个有效的路径，并且如果按哈贝马斯所设计的方式，会达到较高的共识度，但在实际生活中，更多的时候，理想的理性交往是无法实现的，要达成共识，权力与货币等其他方式往往也不失为一个选择。以国家的基本政治制度为例，1918 年成立的魏玛共和国，其国家制度没有形成较高的共识度，政治竞争和价值观竞争不受节制，最终导致多元社会的颠覆和国家的解体。由此可见，较高的社会共识度对一个国家的基本政治制度来说是必不可少的，而这往往难以通过理性的交往行为达成共识，只能通过强制或意识形态的建构式灌输，来提高全体社会成员对基本政治制度的共识度。再如，诸如城市行道树的选取品种这类涉及较多专业知识的公共事务，通过投票之类的方式很难达成比较理性的结果，而诉诸专家的意见则更为恰当，因此通过说服的方式来提高共识度就显得更为可行。而涉及个人之间的私人事务，共识达成的方式则更为灵活，如两个朋友聚会，一个想去看电影，另一个想去咖啡厅，如何解决分歧？完全可以一方强制，另一方妥协，或者万一不能达到最后的意见一致，则搁置争议，取消聚会，各回各家，这也未尝不是一种解决问题的方法。

三、客体因素

从影响共识度的客体因素也就是内容因素来看，一般来说，在一个社会中，社会成员对根本价值的共识度会比具体问题的共识度要高。上文提到了 Herbert McClosk 的研究，Herbert McClosky 发现，在美国，针对言论自由这类基本政治价值，积极参与政治生活的群体与普通群体的共识度相差不大，并且都超过了 75%，例如对“不管一个人的政治信仰是什么，他都获得与其他人一样的法律权力及保障”这一问题，第一类群体共识度达到 96.4%，第二类群体共识度达到 94.3%。而针对具体的对美国政治制度的看法，则共识度差别很大，例如针对“国家的法律本应使所有人平等受益，但是事实是它们几乎都是'富人的法律'"这一问题，第一类群体中只有 8.4%的人同意这一观点，而第二类群体中则有 33.3%的人同意这一观点。①

在其他国家中，也有类似的情况。Shalom H. Schwartz 和 Galit Sagie 曾经对 1988 年到 1994 年间 42 个国家的人进行问卷调查，研究了社会经济发展程度与民主化程度对自我引导(self-direction)、自发性(stimulation)、享乐主义(hedonism)、成就(achievement)、权力(power)、安全(security)、整合(conformity)、传统(tradition)、慈善(benevolence)、普遍主义(universalism)这十大价值的共识度影响状况。结果表明，慈善和普遍主义这两大属于自我超越类型的价值，在世界大多数国家大多数国民中处于共识度最高的前三位。当然，在最贫困的那些国家中，人们还为自身的生存苦苦挣扎，对自我超越类型的价值共识度自然较低，但是随着这些国家国民收入的增长、生活条件的改善，大多数人能够解决温饱问题，社会经济发展超过了最低限度时(1986 年的数据是人均国内生产总值约为 4195 美元)，自我超越类型的价值共识度就会显著提升。这也从另一层面印证了前文所述共识度的历史性。

Shalom H. Schwartz 和 Galit Sagie 的研究还证实了对于相同的共识内容，与社会经济发展和民主化程度有关，总体来说，社会经济越发展，共识度越高；民主化程度越高，共识度越低。具体来说，社会经济发展程度越高的国家，由于人们基本都从同样的国家媒体获取信息，孩子送至同样的教育系统接受教育，在同样的劳动市场中寻找工作，接触同样的政治理念，因此总体上共识度较高。当然，由于社会经济发展程度的不同，对不同的价值所产生的共识度也各异。国家越发达，人们在普遍主义、慈善、自我引导、自发性和享乐等几类价值意义的重要性上获得的共识度更高。相反，对安全、整合、传统、权力等几类价值的重要意义上获得更高共识

① Herbert McClosky. Consensus and Ideology in American Politics[J]. The American Political Science Review, 1964, 58(2): 361-382.

度。然而，吊诡的是，从民主化程度对共识度的影响来看，总的来说，一个国家政治体制的民主化程度越高，不同文化之间的价值共识程度越低。原因在于，一个社会的民主化程度越高，亚群体就有更多的自由去反对主流群体的价值观，为自身群体的利益坚持传统价值或接受新的价值。① 这一研究结果也颠覆了传统的民主与共识之间存在着正相关关系的观点。

除此之外，共识度具有相当的复杂性和多样性，在同一问题的不同层面上，也涉及共识度的多样性。例如你和我都认为政府不应该对住房限购，但可能你的理由是如果限购，会对你的购房带来麻烦，而我的理由是购房应该是市场行为。可见，在政府是否应该限购这一点上我们的共识度达到100%，但是背后的理由的共识度却几乎为零。再如，在大多数国家的价值观中，是不赞成谋杀的，在这一点上共识度较高，但是对流产算不算谋杀这一点上共识度却相对较低。因此，对共识的具体问题，不同层面的问题对应着不同的共识度。例如，在人类的生态家园问题上，面对着全球范围内的资源枯竭与环境污染，共同的生态危机使得人们对保护生态环境、保护人类所共同拥有的物质家园的共识度比较高；对于自我价值与自我成就层面，不同的个人既可以把追求真理作为个人的最高价值，也可以把美德作为自己的生命意义，很难达成共识，只要不违背公序良俗，就没有必要达成共识。

① Shalom H. Schwartz, Galit Sagie. Value Consensus and Importance: A Cross-National Study[J]. Journal of Cross-Cultural Psychology, 2000(31): 465-497.

第六章　社会共识的实现机制

社会共识的实现具有强烈的实践性特征。社会共识首先是在人们的交往实践过程发生的，按照马克思主义的观点，实践包括主体之间的交往实践以及主体对客体的实践，社会共识过程主要是在主体之间的交往实践中发生的。同时，虽然社会共识的主体主要体现为一种认识主体，社会共识的过程很多时候表现为观念的互相交流、碰撞，但观念也具有强烈的实践性，一旦人们产生一定的实践观念，即使人们并不一定产生共同的行动，观念也会影响甚至制约人们的行为，尤其是在政治领域，人们在观念上的共识或多或少地会以公共政策、规划、方针、路线等具体的实践活动形式表现出来。

人的实践交往的复杂性决定了社会共识的实现机制也具有复杂性，共识的实现机制是一个或多个子系统组成的复合系统，由于共识实现过程是具有不同利益、观念、偏好的人们为了某种共识目标，进行反复沟通、协商甚至谈判、妥协、博弈的复杂过程，因此需要通过各种机制要素来共同作用。其核心包括社会共识意愿的产生机制、社会共识目标的确定机制、社会共识手段的选择机制、社会共识结果的反馈与评价机制。

第一节　共识意愿的产生

主体之间共识意愿的产生是社会共识产生的起点和前提。虽然有许多学者对共识的手段、共识的目标提出质疑，但是在很多情况下，共识达成的困难往往并不是由于共识目标、共识手段存在问题，而是主体缺乏达成共识的意愿，阻碍了共识过程的实施，更不用说共识目标的实现了。哈贝马斯在他的交往理性的概念中集中论述了理性交往的可能性，认为只要遵循了他所说的各种理性的原则，共识自然就会实现，至于双方或各方的共识愿望问题却不在他的视野之内。但实际上，社会生活中的交往行为有很多类型，有的交往行为目标并不是达成共识，而社会共识过程作为社会交往的一种类型，起点和前提就在于双方要有取得共识的意愿。如果主体在交往中不以达成一定的共识作为自身交往的出发点，不存在共识愿望，那么共识很难达成。例如在国与国之间的战争中，情势不利的一方虽然仍有力量，但出于对局势的分析，愿意停战以免付出更大的代价，而此时有利的一方若无停战的意愿则无法达成停战的共识；或者有利的一方愿意停战以获得更大的筹码，但不利的一方无停战的意愿也无法达成停战的共识，这种情况下要停战，只能是有利的一方完全消灭另一方的有生力量后自然结束战争。当然，在社会生活中，共识问题并不一定如战争中这么极端，但共识的有效达成离不开双方或各方都具有一定的共识愿望。近年来美国总统大选参与投票人数一直低迷，这表明有相当数量的人没有意愿参与总统选举投票，如果人们由于缺乏参与总统选举投票的愿望而未参选，那么很难说最后的选举结果体现了全美国人民的共识。

共识意愿一般是自觉的、在主体的意志控制之下产生的，正如亚里士多德所说，出于意愿的行为指的是“一个人能力范围内的、他在知情的情况下，即在并非不了解谁会受到影响、会使用什么手段、会有什么后果的情况下做出的行为”。① 当然，作为一种主体间行为，共识意愿有可能最初是单方的意愿，也有可能一开始就是双方共同的意愿；有可能是主动形成的，也有可能是第三方推动的结果。在不同的情形中，主体的共识意愿可能并不完全一致和同步，受到诸多因素的影响。

一是共识目的的相关性。一般来说，无论是国家与国家之间、群体与

① ［古希腊］亚里士多德. 尼各马可伦理学［M］. 廖申白，译. 北京：商务印书馆，2003：151.

群体之间还是个人与个人之间，共识意愿产生的基础一般可归纳为以下几个维度：心理的需要、价值的需要与利益的需要。例如，为了要在同一个集体中不被对方所排斥而具有共识意愿体现的则是一种心理的需要；国家之间为了资源互补、风险互担而具有共识意愿体现的是一种利益的需要；群体之间为了实现更大程度的价值认同而具有共识意愿体现的是一种价值的需要；个人之间为了在交易中最终签订合同而具有共识意愿体现的是一种利益的需要。在不同的共识基础条件下，大致来说，与人们切身的利益、价值或心理相关度较高的，人们的共识意愿较高；对相关的需求较低的，则共识意愿较低。例如人们初入一个群体，往往因为急于融入群体中而具有较强的共识意愿。再如某一拆迁政策会影响到自身的房屋拆迁补偿标准，比自身没有房屋被拆迁的人对此拆迁政策就具有更强的共识意愿。当然，也有认知心理学家认为在公共生活例如公共政策的制定中，在对公共事物进行决策时，人们往往有着"搭便车"的心态——许多公共政策的复杂性使得人们知道很难有容易的解决方案，因此人们不愿意去直接影响政策的结果，不愿意去承担参与的责任，但是他们知道即便如此，仍然可以享受最后的政策所带来的好处。① 也就是说，在面临困难复杂的问题时，人们的共识意愿会有所降低，更倾向于努力去避免决策中所需要承担的责任。

二是共识主体间的关系特征。共识主体间的熟悉程度、身份地位关系等对共识意愿的产生也存在影响，例如在一个组织中，人们对与自己熟知或关系紧密者之间达成共识的意愿往往比与其他陌生人之间达成共识的意愿要高。

三是历史因素。如果在过去的共识行为中，主体的偏好、利益和观念得到了较好的体现，那么他们就会更加愿意参加往后的共识行为；如果主体认为他们的偏好、利益和观念没有在最终的共识中得到体现，就会缺乏

① David M. Ryfe, Does Deliberative Democracy Work? [J]. Annual Review of Political Science, 2005(8): 49-71.

再次参与的动力。这也是激进主义者对协商民主理论进行批判的一个重要着力点，在他们看来，人们当然愿意坐下来就公共政策等相关问题与相关的官员进行协商以达成共识，但是协商的所有规则都是由政府官员所制定的，因此整个协商就具有天然的结构的不平等，在这种情形下人们的诉求根本无法进入最后的政策中，因此还不如采取他们所提出的示威游行、静坐等方式来实现自己的诉求。

通过对影响共识意愿的因素的分析，在具体的共识行为中，如果各方共识意愿较低，可以根据相应的原因调整对策，提升参与者的共识愿望。例如在政治生活中，在涉及一些公共政策的制定时，诸如政治精英、政府官员、意见领袖或者直接利益相关者与一般民众相对来说具有更大的共识意愿，但是公共政策的制定以及最后的实施往往都离不开大众的共识，可以采取一些措施提升共识愿望，例如通过小团体的影响，在参与人所在的社区、单位或组织中找到领袖人物或者共识意愿较高的人施加影响，或者通过群体的认同促使意愿较低的人也加入共识行为中。

第二节　共识目标的确定

共识目标的确定与共识意愿的产生往往是交织在一起的，两者结合起来最终会导致共识行为的发生。共识目标的确定与需要达成的议题直接相关。从形态上看，社会共识的目标有两种表现形态：程序性目标和实质性目标。程序性目标是指不一定追求最后的结果一致性，而是对程序、过程和实践达成共识。实质性目标指通过各种程序、过程和实践最终达成结果具有一致性的目标。一般来说，最具包容性的目标要求达成实质性目标，这类目标属于原则性的规范或长期目标，例如国家的基本政治制度、核心价值观念等。对某些社会生活中的具体事务或政府具体政策所要达成的目标，例如社会保障体系、政府的城市规划，等等，虽然相比第一类目标而言，这类目标显然包容性要小得多，但是在社会生活中，如果能够最大限度地达成实质共识，则有助于这些政策的实施。当然，就算是第一类具有包容性的目标，在多元论者看来，正如前文所说，这些属于根本的价值冲突，很难达成共识。而对某些根本利益的冲突，如前文提到的人们具有不同甚至冲突、对立的利益或者人们具有相同但是非此即彼的利益时，在多元论者看来，要实现共识是很困难的，事实上，这里的质疑预设了一个前提，那就是将共识等同于实质共识。例如认为根本价值的冲突、根本利益的冲突无法达成共识，其实所说的就是实质性共识，但是如果我们换个角度，不追求实质目标的达成，而是从处理不同价值冲突的程序、过程中去寻求共识，那么，共识也就不会如多元论者所批判的那样毫无裨益并且无法实现了。正如本哈比所说，“我们无法通过新建一种高度统一的道德、宗教规范来解决不同价值体系和各种善的观念之间的冲突，因为如此行事，我们将不得不放弃各项基本自由。在价值多元的社会中，我们不能在各种实质性的信念层次上寻求共识，而只能到追求达成或修改信念的程序、过程和实践中去找。程序主义对于实质层次上持续存在的价值冲突是一个合理的答案。”①简单来说，社会共识的程度性目标就在于对“游戏规则”的共识，例如在政治生活中，对政府如何行使权力的过程中所用到的各种正式以及非正式的制度和程序所达成的共识，包括多数原则、司法独立、代议制，等等。

当然，在很多情况下，共识是程序与实质的统一，共识一方面不能离开恰当的实现形式，另一方面也离不开实质的内容和结果。如果只有“华丽”的程序设计，缺乏实质的维度，则容易使得共识具有非理性的特征。反之，片面强调实质而缺乏程序的设计，也会使共识的实现缺乏必要的根基。实现程序共识就要做到在协调社会各种矛盾冲突的过程中，尽量让各方对协调冲突的各种机制、政策、措施达成共识。而实现实质共识则是要使协调利益的结果做到公平正义。

而从程度上看，可以用不同的共识度来确定社会共识的目标。前文对

① ［美］塞拉·本哈比. 民主与差异：挑战政治的边界［M］. 黄相怀，等译. 北京：中央编译出版社，2009：78.

共识度有了详细的论述，在此不再赘述。只需要说明的是，共识度的目标有可能是事先确认的，也可能是事后认可的，同时也可能在共识过程中不断调整。

第三节　共识手段的选择

共识主体具有共识意愿，确定了共识目标并不一定就能够实现共识，共识意愿和共识目标必须经过选择恰当的共识手段才能够达成。影响共识手段选择的因素包括主体之间的相互关系、需要实现的共识内容、需要达成的共识度目标等。

一、投票

在共识主体的范围确定的前提下，需要在几种备选的方案中选择其一作为主体之间所达成的一致意见时，投票是比较好的方式。一般看来，投票有两种规则，一是全体同意规则，二是简单多数规则。前者指在投票中，必须所有人都同意，才能够获得通过的规则。这看似决策成本高，不容易实现，但实则在实践中亦有应用，例如联合国常任理事国会议在重大问题上，如进行表决和欧洲联盟对财政预算议案、修改有关欧洲中央银行体制的协议进行表决时都使用一致同意规则。① 在这种规则下，所有人的偏好都可以得到满足，只要有参与投票的任何一方否决，则相应的决策不能通过，也就是说，通过这一规则，可以实现最大共识(即百分百共识)。而简单多数规则是指，在投票中，超过一定以上比例(可能是半数，也可能是2/3、3/4等)人员投票同意即能通过的规则。这一规则在实践中使用较多，在这一规则下，所实现的共识实际上就有了度的性质。要求的比例越高，则投票结果实现的共识度越高；要求的比例越低，则共识度越低。

投票涉及三个方面的要素。一是投票人。投票人可能是以个人身份出

① 陈赟. 对投票研究的文献综述[J]. 天府新论，2006(3)：81-84.

现，也可能以团体身份出现。投票人参加投票具有一定的预设前提，也就是假定投票人是理性的。正如前文所述，投票人投票的动机我们无从知晓，他们既有可能基于自身利益投票，也有可能基于公共的善投票，但无论如何，他们都明了投票的规则，能够接受投票的后果。二是投票规则。投票规则规定投票结果所适用的原则：是多数原则还是全体一致同意；以及投票的具体程序，例如，是记名投票还是不记名投票；是举手表决还是书面投票，等等。三是投票方案。提供的投票方案必须是可选择的，可以是不同的方案，在这些不同的方案中进行选择；也可以是对某一方案的肯定或否定，但不管是哪一种，选择其中一个方案就排除了其他方案的可能性。

当然，前文也指出，投票可能导致孔多塞悖论和波达效应，但这些在实践中可以通过对投票规则加以设计予以解决，事实上早在 1958 年，针对孔多塞的投票悖论，布莱克就在他的《委员会和选举理论》一书中提出了单峰理论，通过适当限制个人偏好，便大致可在投票中避免可能出现的孔多塞悖论。比较而言，对投票所达成的共识究竟是反映了共识主体的偏好或是公共的善，倒确实是个难题。因为在投票中，我们无从得知投票人究竟是从自身的利益出发按偏好进行投票，还是从公共的善出发来进行投票的。而要知晓投票人的动机，只能通过协商的方法，在协商过程中理性沟通。

二、协商

如果不仅仅需要得知主体的选择结果，而且还需要知晓投票人的动机，或者投票人的偏好的强弱程度，或者对达成共识的结果并无备选或者无从知道可能会达成何种共识时，协商就是较好的共识手段。例如几个朋友打算一起去看电影，假如同一时段有两部片子可供选择，而对看哪一部几个人意见不统一，这种情形下似乎投票是最好的选择，但是简单的投票并不能得知各自偏好的强弱程度。有的人可能选择了其中一部，但是却认为看另一部也未为不可，而有的人则可能有非常强烈的意愿想去看其中一部，对另一部则毫无兴趣，因此通过投票选择出来了可能并非大多数人真正具有强烈意愿想去看的那部电影，这种情形下通过协商才能够更好地把各自的偏好反映出来。虽然前文也提到，对协商作为共识手段的有效性存在质疑，但事实上已经有协商民主理论家对协商民主的观点进行了修订，试图进行一些调和。有人认为就协商本身来说包括很多方面，但是民主协商的范围要小得多，必须要满足公共性、责任和包容。就上面西雅图的例子来说，古德曼（Amy Gutmann）和汤普森（Dennis Tompson）的观点认为，那虽然是协商，但是由于不满足公共性、责任和包容三个特征，就不能算作是真正的民主协商。还有人认为在协商中可以就某些结构上的不平等进行批判讨论并在实践中加以变革。

当然，理想的协商自然是希望协商主体之间是平等的关系，在沟通过程中也能够秉承理性的原则进行真诚的沟通。在这样的前提之下达成的共识自然可以说是理性共识，但是却影响了其现实性和可行性。因此，要回应对协商作为共识有效手段的质疑，需要重新从协商的主体、协商的过程来进行分析。

从协商的主体来看，主体之间可能体现为平等的关系，也可能体现为不平等的关系，而主体能力、理性程度甚至协商技巧的差异是不可避免的客观现实。但是，权力、地位、能力不同并不意味着不同主体之间不能进行协商。事实上，正是由于协商过程的系统性和复杂性，不同能力的主体的想法和意见都能够得到表达和倾听。协商的运作过程和机制大致可以分为以下几个阶段。

首先，主体在协商中进行信息交换和传播。协商首先是一个信息传播的过程，在信息传播的过程中，信息的不对称情形可以减少，人们可以了解到更多的偏好、意见或事实。对此，斯科菲尔德指出，“支撑合作问题的基本理论问题是他们相互获取对方偏好和可能行为信息的方式。既然每个人不仅拥有他人偏好的信息，而且也知道他人拥有对自己的偏好和策略的知识，所以，这是一个共有知识的问题。”①参与者会看到关于协商议题

① ［美］乔·B. 史蒂文斯. 集体选择经济学［M］. 杨晓维，等译，上海：上海人民出版社，上海三联书店，1999：128.

的各种新事实、新观点或者新的视角，而这些都会证实或证伪参与者原先的事实、观点或视角。这对主体能力差异较大的协商尤其重要，主体能力较弱的参与者可能对协商的议题的一些基本事实了解得不甚全面，或者思考的视角比较狭窄，但是经过信息的交换和传播，他们能了解更多的事实和更多的视角。一些实证的研究也证实了协商在信息传播中的重要作用。例如针对克林顿时期的医疗保险政策，马克·巴顿(Mark Button)和凯文·马特逊(Kevin Mattson)的研究表明，在参加某一协商团体市民陪审团之前，54%的参与人对医疗保险政策的大多数要点都不明白，但是在协商之后，只有4%的人对这些问题仍感到迷惑。①

其次，主体在协商中进行论辩。在进行信息传播和交换后，为了使自身的偏好为他人所接受，主体会进行论辩，在论辩的过程中，主体会对他人的偏好有所了解(即使这种偏好是为了某种目的假装呈现出来的)，并进一步进行判断和理性认识，究竟他人所表现出来的偏好是真实的偏好还是虚假的偏好或是公共利益。人们在争论中观点更加明晰，并且可以辨清如果双方意见一致，究竟是出于偏好还是出于公共利益；如果双方意见相左，是由于事实、方法或手段相冲突，还是因为目标或价值不一致。由于协商是用于达成共识的一个手段，那么即便主体希望自身的偏好能成为大多数人甚至所有人普遍接受的共识，但是如果主体仅从自身的偏好出发进行论辩，而不诉诸正义或正当性时，则很难使自己的观点受到认真的对待和广泛的接受。因此，“这一过程会促使个人的初始偏好从主观的欲望转向客观的要求，偏好的内容也会随之发生改变，即通过诉诸权利或正当性使自己的主张适合于公开地陈述。”②如此一来，协商的过程就变得更加理性，所达成的共识也更加接近理性共识。这对简单的投票是一个极好的补充。

① Mark Button, Kevin Mattson. Deliberative Democracy in Practice: Challenges and Prospects for Civic Deliberation[J]. Polity, 1999, 4(31): 609-637.

② [美]塞拉·本哈比. 民主与差异：挑战政治的边界[M]. 黄相怀，等译. 北京：中央编译出版社，2009：122.

再次，主体通过协商对自身偏好进行反思、修正或者妥协。虽然许多政治理论受到理性选择理论的影响，认为个人对自己的偏好是有一定排序的，但实际上，在复杂的社会生活中，人们虽然有自己的观点和看法，但是对自己的偏好并不一定能够了然于胸，恰恰是在协商中，人们在表达自己的偏好并且清晰陈述自己所持偏好的理由的过程中，主体对自身的偏好有更加理性清晰的认识。同时，在论辩过程中，了解到他人的偏好以及偏好的理由后，主体也会对自身的观点和看法进行批判性的反思。正如本哈比所说："正是公开陈述观点的程序迫使个体对自身的偏好和意见进行某种程度的反思。"①约翰·S. 德雷泽克也指出："协商民主的一个典型特征是，因为协商引起反思性，所以，参与民主过程的个体会自觉地改变其想法和偏好。"②仍以上文所提到的克林顿时期的医疗保险政策问题为例，研究表明，在市民陪审团会议的第一天，29%的人认为克林顿的计划对国家不利(这一数据于各类媒体所披露的全27%的全国平均数据很接近)，而在五天的协商会议结束之后，这一数据上升到了46%。③ 由此表明，正是在协商中，人们对自身的偏好进行了反思和修正。

同时，即使主体不愿意接受他人的看法或意见，也不愿意对自身的偏好进行修正，但为了要达成共识，仍然会在自身偏好不变的前提下进行妥协。协商并不拒斥讨价还价或妥协，正如哈贝马斯所说，协商需要确定的是在什么情况下，讨价还价或妥协是解决冲突的公正、恰当的方式。也就是说，偏好反思和修正需要满足柯恩所说的"自主"的原则，而不是为了符合现在的权力关系而进行的调整从而产生的"顺从的偏好"。④ 当然，如果

---

① [美]塞拉·本哈比. 民主与差异：挑战政治的边界[M]. 黄相怀，等译. 北京：中央编译出版社，2009：76.

② [澳]约翰·S. 德雷泽克. 协商民主及其超越：自由与批判的视角[M]. 丁开杰，等译. 北京：中央编译出版社，2006：24.

③ Mark Button, Kevin Mattson Source. Deliberative Democracy in Practice：Challenges and Prospects for Civic Deliberation[J]. Polity, 1999, 4(31)：609-637.

④ [美]詹姆斯·博曼，威廉·雷吉. 协商民主：论理性与政治[M]. 陈家刚，等译. 北京：中央编译出版社，2006：59.

通过协商的各个阶段包括偏见的不断修正、各方的妥协等反复的过程仍然不能达成共识，而主体仍然希望能够达成某种共识时，主体可以重新回到投票的方式，对不同意见或方案进行投票，按照多数人规则来确定共识，因此，投票、协商作为共识手段是可以结合起来使用的。

三、谈判

谈判是指双方或多方就某些共同关心的问题互相磋商，寻求解决的途径和达成协议的过程。谈判可以看作是协商的一种形式或其中的过程。尤以经济领域运用最为常见，双方就某项交易进行谈判，双方都想要利益最大化，但是要最终达成交易，往往双方就需要在遵守市场原则的基础上通过博弈和讨价还价，一方或双方都作出让步，来实现双方都能接受的某种折中的方案，否则谈判一旦破裂，双方的利益都无法实现。因此，就前文提到认为谈判不一定能实现共识的质疑，本书认为，在双方都不让步的情况下，确实会导致共识无法达成。但是，只要双方是以实现一定的共识和合作为目标，那么在谈判破裂之后，双方要么会选择采用其他方式来达成共识，要么会开启新一轮的谈判，在实践中，开启多轮谈判最后达成共识的情形非常常见。正如 Avishai Margalit 所说，“交易给谈判留下了空间，哪里有谈判存在的空间，那里就有妥协存在的空间。”①詹姆斯·M. 布坎南和戈登·塔洛克曾经在《同意的计算——立宪民主的逻辑基础》中讨论过一致同意形成“社会契约”三人社会模型，也认为人们可以通过某种合适的妥协来实现全体一致的共识。他们指出，在三方的讨论中，各方会意识到最后的结果不可能完全符合某一方的预期想法，往往一方认为最重要、不能让步的内容，其他方并不一定认为是最着急的，因此各方可以坚持自身认为最重要的条款，而在自身认为并不是最重要的条款上作出让步，最后达成各方都认可的契约。在这实践中也不鲜见，例如中国加入 WTO 的谈

① Avishai Margalit. On Compromise and Rotten Compromises [M]. Princeton: Princeton University Press, 2009: 24.

判中，中国代表团发现美方把第十五条“关于判定补贴或倾销的价格比较条款”看得非常重要、毫不让步，但中国并不认为这是最重要的条款，于是在此问题上进行了让步，换回了中国认为最重要的、最关键的如美国在中国文化市场开放、化肥专营权放开等方面的重大让步，最后达成了协议。也就是说，由于人们价值观念的多样化，对价值排序的差异化，双方可以在自己排序靠后的价值上作出让步，而在排序靠前的价值上坚持自己的意见，达成最终的共识。

但是，问题在于，在某些情况下，人们可能只是对某项单一的事项进行谈判，不存在非常重要和不太重要的子事项，那么谈判又如何进行下去并达成共识呢？Robert Goodin 援引经济学的概念，提出了一个次优的共识，当然前提是他认为人们宁愿选择第二甚至更加靠后的偏好，也不愿意对最佳偏好进行修正。事实上，冲突的双方哪怕第一偏好是冲突的，也有可能他们的第二偏好是一致的，因此，双方都妥协，选择一致的第二偏好比调和第一偏好更容易被双方接受。①

以上的谈判原则同样可以运用在政治和社会领域，当然，在这些领域的谈判中，作出让步的并不一定是弱势或少数意见一方，在某些情况下，为达成共识，多数意见或强势的一方作出一些让步和妥协也是必要的。在这些情况下，民主的要义就是要确定什么时候或者在什么情况下使用谈判或者妥协来作为解决争端的手段。

四、意识形态的强调

在意识形态领域，很难通过投票、协商、谈判等方式实现共识，只能通过意识形态的强调来实现，只要是在阶级社会，意识形态的灌输和强调都是统治阶段用以实现社会共识的非常重要的手段，只不过在某些社会中这一手段比较明显，而在另一些社会中更加隐蔽而已。比起投票、协商、

① Robet Goodin. Political Ideals and Political Practice [J]. British Journal of Political Science, 1995 (25): 37-56.

谈判等手段来说，意识形态的强调作为一种共识手段，其适用范围和方式都存在着独有的特征。

从适用范围来看，强调意识形态以实现共识主要用于确定社会的指导思想或主导价值观念。社会的指导思想和主导价值观念是政党、国家的核心的价值，对政党、国家的发展起到核心作用。统治阶级希望把这些主导思想和价值观念变为全社会的共识，就需要使用意识形态的强调。作为一种特殊的共识手段，意识形态的强调的使用范围不能随意扩大，不能在非政治问题上滥用意识形态的强调。例如十年“文化大革命”中极端放大了意识形态的共识作用，将文化领域的学术论争上升到阶级斗争，最后不断扩大，似乎在全社会都达成了“反右”的共识，但是这种共识却以十年的经济停滞、社会混乱为代价。与此同时，也不能主张终结意识形态，滥用意识形态的强调极易使社会陷入高度同一化的社会中，而主张终结意识形态则易导致统治阶级领导权的丧失。苏联共产党起初过多强调意识形态的同一性，把社会的诸多矛盾都归结于意识形态的斗争，使社会高度集权化和同质化，到后来又主动放弃了意识形态的指导地位，导致政权丧失、国家解体。

从共识特征来看，如果说投票、协商、谈判更多地体现的是主体各方较为平等的关系的话，那么意识形态的强调则更多是一种自上而下的方式来实现共识，采用的一般是思想教育、政治运动、新闻舆论的宣传、文化的引领等方式。思想教育是意识形态强调非常重要的方式，在各国都会使用到，例如为了使国民从小就形成民族认同或国家认同，各国都会在自己国家的国民教育体系当中进行历史等知识的教育，而在不同的国家中，对于历史的评价甚至对历史事实本身的描述都是存在差异的，但是在本国当中却能够达成比较广泛的共识。政治运动是使用政治化的手段在某一政党或国家公务人员甚至全社会范围内实现对执政党政策的共识的一种显性的意识形态强调方式。比较而言，新闻舆论的宣传和文化的引领在意识形态的强调上有时比较隐蔽，尤其是一些国家以新闻自由为口号，强调客观公正，似乎新闻报道是“超阶级”“超党派”的，但实际上许多报道的背后都体现出一定的政治或价值理念，从来没有“超阶级”“超时空”的新闻自由，新闻自由的性质和内涵都是随着历史的变迁和利益的调整而不断变化的。新闻舆论的宣传都多多少少具有政治性、历史性以及意识形态特征。文化的引领同样如此，在主流文化、大众文化背后都体现着一定的价值理念，特别是主流文化具有鲜明的意识形态属性。

第四节　共识结果的实现

产生了共识意愿、确定了共识目标、选择了一定的共识手段，如果顺利的话，共识就能够得到一定程度的实现。当然，这几个环节也可能会不断地反复，甚至出现最终仍然无法达成共识的情形。如果共识得以实现的话，那么一般来说会出现三种类型：因对事物的认识一致所实现的认知共识，因评价一致而实现的价值共识以及因行动一致可实现的共同行动。

从认识论的角度来看，主体对知识或客观事物通过认识或交流达成了一致意见，就实现了主体对事物的认知共识；从价值论的角度来看，主体对事物的评价产生一致意见就体现为价值共识。无论是认知共识还是价值共识，其共同点在于都具有一定程度的共通性，都必须以一定的方式来表现或承载，有的表现为正式形式的法律、制度、规章等，有的表现为非正式的习俗、口头约定、价值观念等。以法律、制度、规章等形式表现出来的共识为正式形式，例如国际法的制定就是各国形成的对如何处理国际秩序和国际事务的共同认识，而《华盛顿共识》《北京共识》等也是相关国家就所讨论的议题达成的一致的认识。某一国家或地区的公共政策也可以视作正式形式的共识，而社会的规章制度也在很大程度上反映出一个秩序良好的社会需要社会成员遵守的规范。以习俗、口头约定等形式表现出来的共识为非正式形式的共识。任何一个社会都存在着大量的非正式的共识，这些以习惯、口头约定或者习俗表现出来的非正式共识是社会成员在长期的社会实践中所形成的，具有约定俗成的力量，规范着社会成员的行为，在社会的人际协调、道德传承、心理认同、社会融合等各个方面发挥着重要作用。

主体之间实现认知共识与价值共识，共识过程有可能就此结束，目标达成，例如两个人都认为公民应该爱国，如果就此达成共识，那么就只体现为观念的共识，但是主体之间也可能达成实践的共识，体现为共同行动。① 例如共同行动有三种可能：由共识而产生共同行动；无共识而有共同行动；共识就体现在共同行动之中。举例来说，如果两个人都认为应该爱国而在战争爆发时参军保家卫国，那么就可以说这是由共识而产生的共同行动。而前文所说的投票的例子，我们都投票给一个人，但是你是因为认可其能力，而我是因为此人是我的亲戚而投票给他，这就是无共识而有共同行动。而从实践论的角度来看，虽然人们的共识往往体现为观念行为，但是共识往往决定了人们实践的方向或者产生共同的行动。

第五节　社会共识的评价

社会共识的评价是主体依据一定的标准和尺度对共识进行评估、测量、计算、权衡、判断的活动。社会共识评价具有以下三个方面的特征。一是评价主体的多元性。对社会共识进行评价既可以由共识主体自身作出，也可以由第三方作出；既可以由个人作出，也可以由群体或社会作出。二是评价标准的多样性。不同的人、不同的情境往往涉及不同的评价标准。大致来说，有两个主要的维度：共识度角度和合理性角度。三是评价结果的规范性。既然评价是按一定标准或尺度作出的，那么这一标准和尺度便反映了主体的需要，从而成为规范共识行为的明确量度和标准。在此着重考察共识的评价标准问题。

从共识度的评价维度来看，共识度的标准是度的标准，具有价值中立

① 如果两人都因爱国而在外敌入侵时走上前线，那么这种爱国的共识就产生了下一步的共同行动。当然共同行动问题比较复杂，也可能有共同行动而无共识，例如外敌入侵时走上前线有可能是因为爱国，也有可能只是为了找个地方糊口，这不在本书讨论范围之内。

性。当然，度累积到一定程度就会发生质的飞跃，因此共识度的评价标准可以在两方面起作用：一是评价社会共识是否达成；二是如果共识达成，共识度的高低如何。在共识目标确定之时，一般来说都会涉及共识度的指标，尤其是在采用投票的方式来达成共识的情形下，人们会规定半数通过，或三分之二通过，或百分之百的通过就算是达成共识。在共识过程完成之后，对共识度进行测评便能够对共识结果进行评价，看其是否达到了既定的目标，如果达到便可以说是实现了共识。例如麦克劳斯基在对美国民主意识中的"政治程序、言论自由、平等"等指标确定了一个75%的共识标准，并且以政治精英群体与普通大众群体为对象分类进行问卷调查，最后用此标准来对相应的指标进行评价，得出结论：在美国，精英群体与普遍群体对美国民主政治的共识度都超过了75%，因此可以说都达成了共识，但是精英群体的共识度要高于普通群体。再如在我国目前的干部选拔制度中，往往会有民主测评一项，民主测评的结果会反映出群众对候选人评价的共识程度，用事先确实的共识度标准进行评价就可以得出对候选人的任用是否达成了共识，如果对多名候选人的共识度都超过了预定的标准，那么就可以用共识度的高低来进行评价。

对社会共识的另一评价标准是合理性，即价值评价，也就是看社会共识是否合理，"它以一定的价值观念为指导，以一定的评价指标体系的方式存在，受主体的情感、愿望、兴趣等的影响，体现着人的价值追求。"①对社会共识进行合理性评价不仅必要，也有可能。康德在《纯粹理性批判》序言中指出："我们这个时代可以称为批判的时代，没有什么东西能逃避这批判的。宗教企图躲在神圣的后边，法律企图躲在尊严的后边，而结果正引起人们对它们的怀疑，并失去人们对它们真诚尊敬的地位。因为只有经得起理性的自由、公开检查的东西才能博得理性的尊敬。"②对共识的评价不能只从共识度的角度进行评价，从人类的发展来看，人类历史上的诸

① 欧阳康. 哲学研究方法论[M]. 武汉：武汉大学出版社，1998：618.

② [加]约翰·华特生. 康德哲学原著选读[M]. 韦卓民，译. 武汉：华中师范大学出版社，2006：1.

多浩劫往往并不是单个的历史人物一手造成的，而是在千千万万人的共识推动之下发生的，在这些事件发生时，共识度往往非常之高，而不同的声音却被忽略甚至压制，例如中国的“文化大革命”，当时在全社会达成了相当高的共识，这种高共识度却带来了消极的、反主体性的负效应。由此可见，社会共识的价值评价与共识度的评价并不一定呈正向关系，往往在共识度高尤其是百分之百共识的情况下，更有必要从合理性角度对共识进行反思和评价。

从价值评价的可能性角度来看，按照哈贝马斯的看法，理性的人在理想的言谈情境中进行交往所达成的共识就具有理性有效性。但是，现实生活中的人不可能是完全理性的人，也不可能完全满足理想的言谈情境要求，因此无法保证人们所达成的共识一定具有合理性特征。那是否说明共识评价不可能呢？的确，我们承认对社会共识进行价值评价具有相当大的复杂性，涉及评价主体的差异性、共识客体的历史性以及价值标准的多样性。不同的人会产生不同的价值评价，在不同的历史时期也可能会有不同的价值评价，更不用说哪怕是针对相同的共识都存在着不同的价值标准了。在不同的社会条件下，不同的主体之间由于不同的能力以及需要，会以不同的尺度和标准来达成共识。即使是在同一个历史阶段，共识所表现出来的平衡也不是永久的，随着共识主体之间力量的变化以及评价标准的变化，共识也呈现出动态的特征。例如对某些涉及社会发展重大关系的共识，我们可以用公共的善的标准来评价，但是几个朋友达成共识周末一起去钓鱼而不是去参加一个慈善活动，如果用“公共的善”的标准对他们的共识行为进行评价未免陷入道德主义。但是，我们承认这种相对性，并不意味着我们就放弃合理性评价的绝对的一面。其可能性的依据在于，首先当今社会科学技术的极大发展促进了人类认识能力不断进步，社会交往也不断深入，虽然仍有人对人类的共识持怀疑和反对态度，但是总体而言，人们趋于更加理性地看待和评价社会共识。其次，我们可以将社会共识放到更大的范围以及更长的历史视野中进行评价，在某一历史时期的共识经过了历史的检验仍然具有普遍有效性，那么我们可以说这一共识是合理的。

具体到价值评价标准来说，不妨使用真善美作为共识的评价标准，真的标准意味着主体之间的共识活动不能完全从各自的主观愿望出发，而必须遵循客观事物的发展规律。善的标准意味着在共识活动中，不能把对方当作工具或手段，而是将对方看作是共同在世的主体。美的标准意味着人们的共识达到更高的阶段——为了实现人们的自由而全面的发展。

第七章　当代中国社会共识的实现

前文从普遍性的角度对社会共识问题进行研究，涉及了个人与个人、个人与群体、群体与群体、国家与国家之间的共识问题，既包括了人们对社会总体的共同认识，也包含了个体之间对某些具体事务的共识。具体到当代中国社会共识问题，主要探讨人们在社会层面的共识问题。

虽然当今中国不再是一个同质性的社会，而是在利益、观念、价值上表现得越来越多样，但是，一定的社会共识仍然是必要的。首先，社会共识是增强执政党执政合法性的重要基础。具体来说，政治共识是执政合法性的基础。中国共产党的执政地位不是与生俱来的，党经历了一个从无到有、从小到大的过程，这个过程也是不断得到民众拥护和支持的过程；党的执政地位也不是一劳永逸的，如果不能时刻保持和扩大人民对共产党的拥护和支持，不能获得人民对共产党执政理念、路线、方针、政策的认同，不能在全社会形成普遍的政治共识，就容易失去领导的资格，失去执政的合法性。这些普遍的政治共识包括：坚持马克思主义在意识形态的主导地位，坚持走中国特色社会主义发展道路，坚持和完善人民代表大会制度、中国共产党领导的多党合作和政治协商制度、民族区域自治制度以及基层群众自治制度，坚持公有制为主体、多种所有制经济共同发展的基本经济制度，坚持全面深化改革，等等。只有这些基本的原则被大多数社会成员所认同并成为全社会共同认可和接受的政治价值最大公约数，党的执政合法性基础才会更加牢固。

其次，社会共识是解决中国社会矛盾冲突的重要环节。当前我国的主要矛盾虽然已经不再是阶级矛盾，而是表现为人民日益增长的美好生活需要和不平衡不充分的发展需求之间的矛盾，但是，由于社会矛盾无处不在，矛盾和冲突时有发生，当前社会的矛盾呈现出复杂性和多发性。一方面，由于社会多元化发展，人们的思想、利益都处于不断的分化之中，社会矛盾也呈现多样化的特点；另一方面，社会生活实践更加复杂，各种矛盾也更加复杂。虽然一定程度的矛盾和冲突是社会富有生机和活力的必备要素，同时也是社会发展和进步的动力，但是，矛盾和冲突如果长期不能解决，一旦升级恶化，便会造成严重的后果。社会的矛盾冲突不能依靠对抗的方式来解决，最好的解决办法就是采用非对抗性的方式，如通过沟通、协商、谈判等达成妥协或实现共识。

最后，社会共识是维持中国社会稳定秩序的重要路径。“秩序在人类生活起着极为重要的作用，大多数人在安排他们各自的生活时都遵循某些习惯，并按一定的方式组织他的活动的空闲时间。”①冷战结束以来一些国家内部不同种族、不同阶层之间的日益分化，社会秩序受到严重动荡，甚至最终导致动乱和内战。虽然造成动荡和冲突的原因是多方面的，但是社会成员没有在一定层面上达成共识是一个很重要的原因。当然，也有一些国家只允许一个思想、一种声音，看似共识度很高，但是整个社会却高度集权，同质化倾向严重，社会缺乏活力。当代中国正处于现代化的转型期，农业社会与工业社会、后工业社会并存；计划经济的影子尚在，市场经济已然并存；传统文化尚未退场，当代文化也未成型，西方文化则悄然入侵；民族国家发展快速推进的同时，又受到全球化的浪潮的裹挟……种种因素同时存在而又相互影响，对整个社会的秩序和稳定也带来了冲击。虽然我们并不要求一个完全固化的稳定社会，但是一旦社会缺乏基本的共识，那么就很容易导致整个社会失范和无序，甚至带来暴力事件和动乱。正如有学者所说，“一个人，作为社会的一个成员，不管在自己的一生中怀抱什么样的个人和社会的理想，追求什么样的价值目标，有一些基本的

① ［英］E. 博登海默. 法理学：法律哲学与法律方法［M］. 邓正来，译. 北京：中国政法大学出版社，1999：223.

行为准则和规范是无论如何必须共同遵循的。否则，社会就可能崩溃。”①这些人们共同遵守的行为准则和规范是构建和维护中国社会稳定秩序的基础。

第一节　中国社会共识度的现状

一、政治共识现状

从政治共识的目标指向来看，政治共识涉及程序性共识与实质性共识，程序共识和实质共识在当今中国都非常重要，没有基本的程序共识，人们对政治安排的程序和原则没有一致意见，那么所有的冲突和矛盾可能用专制的手段来解决，而民众与政府之间将始终处于对抗的状态，甚至可能最后陷入动乱之中。如果没有实质共识，人们无法达成一致的政治目标、价值和愿景，那么程序共识将没有明确的目标指引。

程序共识涉及国家的基本政治制度安排，中国共产党经过多年的执政，建立并逐步完善起了基本的政治制度安排，即人民代表大会制度（根本政治制度）与民族区域自治制度、共产党领导的多党合作和政治协商制度（基本政治制度）。从中华人民共和国成立以来尤其是改革开放以来的实践来看，我国的根本政治制度和基本政治制度是符合我国的基本国情的，中国共产党的执政能力也不断地在改进和提升，人民对我国的基本政治制度存在着较高的共识度。近年来，北京大学国情中心和中国社科院等国内民意调查机构以及皮尤调查中心等西方调查机构的数据都显示，我国民众对中央政府的信任度在80%左右，体现出了相当高的支持率。② 但是，我们也要看到，中国共产党内部存在精神松懈、脱离群众、党内腐败等现象，加上国际环境的复杂化、敌对势力的分化等也在某种程度上歪曲了共

① 何怀宏. 底线伦理[M]. 沈阳：辽宁人民出版社，1998：6.
② 杨光斌. 不能做“合法性”概念的囚徒[N]. 北京日报，2015-11-25.

产党执政的合法性。无论是在学术界还是在民间，要求学习西方政治体制，进行所谓的直选、两党制或多党轮流执政的“呼声”偶有出现，这对整个社会的政治共识的实现造成了一定的影响。

而从实质性共识的角度来看，中国的政治共识主要体现在以下几个层次。一是政治国家共同体共识，也就是全体公民要承认中国作为统一的政治国家共同体这一基本事实，而不应该试图分裂和颠覆国家。这是政治共识中的最低要求，应该实现最大限度的共识度。中国作为民族国家，必须构建一种民族国家的合法性，并在此基础上形成国家认同及凝聚力，国家认同中所包含的文化认同要求强化国家的认同及归属，减少不同族群的文化多样性和差异性。只有这样，各族群的共同利益才能得到保障，民族国家才能更好地维持而不至于陷入分裂之中。正如鲍曼所说，“共同的民族性将发挥至关重要的合法化作用，而且求助于同根同源和共同的特征，将是意识形态动员的主要途径”。① 二是对国家基本政治理念的共识，包括国家的发展目标、发展道路的认识。在现阶段，中国共产党提出要把中国建设成为富强、民主、文明、和谐、美丽的社会主义现代化国家，实现伟大的“中国梦”。三是对党和国家重大发展战略的认同，例如“五位一体”的总体布局、“四个全面”的战略布局，等等。在这三个层次中，比较而言，对根本的政治制度的共识度往往比对具体的政治体制的共识度要高。

二、经济共识现状

经济共识包含对我国基本经济制度及具体的经济制度的共识。从基本经济制度来看，我国改革开放以来确立了社会主义市场经济体制，并由此带来了“贫穷不是社会主义”的思想共识，全社会对发展社会主义市场经济形成了相当高的共识度。从改革开放以来的经济发展实践中，人们看到了经济发展给国家、个人生活带来的巨大变化，不仅企业主、劳动者、银

① ［英］奇格蒙特·鲍曼. 共同体［M］. 欧阳景根，译. 南京：江苏人民出版社，2007：105.

行、消费者，甚至政府的经济调节部门等相关经济组织都能够从国家的经济发展中获得自身的利益。整体来看，经济发展较快时对社会的发展都是有益的，政府提供学校、医院、社会保障等公共服务的水平也受到经济发展水平的直接影响。当然，由于利益主体和利益格局的多元化，不同群体的利益有时存在着矛盾甚至冲突，但是整体上来说，经济的发展让大多数人群都能受益。当然，在公共服务产品以及再分配中仍存在这样那样的问题，有的问题是社会领域所存在并需要解决的问题，如有些发展中的问题仍依赖经济发展来解决。然而，对于经济发展的共识是一把双刃剑，一方面，人们意识到经济发展对社会及个人生存与发展的重要作用，但另一方面，过分地关注经济利益、“以经济发展为中心”也使得“一切向钱看”的观念在很大程度上成为一些人的新的共识，消费主义、享乐主义、个人主义有很大市场，与此相伴的是信仰真空、道德滑坡、心灵空虚，一些人并没有因为经济发展而更加幸福，在很多方面也没有因为经济繁荣而变得更加美好。

因此，中国共产党一直也在致力于提出新的经济发展理念，从科学发展观到“创新、协调、绿色、开放、共享”五大发展理念，经济发展的逻辑越来越全面，也越来越符合历史发展的规律。但是，在多年来唯GDP是论的历史背景下，一些城市的主政者仍然以追求高水平的GDP增速作为经济发展的主要目标，而许多个体也仍然将对经济利益的追求放在人生目的的首位，新的发展理念在全社会达成共识仍然是一个需要逐步实现的过程。

三、文化共识现状

从文化上来看，可以从两个维度来理解共识问题。一个维度是从中国作为多民族国家来考量不同民族文化之间的共识问题。世界上绝大多数的多民族国家，都面临着亚文化之间的共识问题，中国也不例外，不能用大一统的中华文化共识来看待少数民族的文化共识。

另一个维度是从文化的核心——价值共识的角度来考量，在这个角度来看，文化共识实际就包括了政治、经济、社会各个领域所体现出来的价值。过去大一统的儒家文化的核心价值已经不再成为整个社会的共识，中国共产党提出了社会主义核心价值体系和社会主义核心价值观，是希望使社会主义核心价值观成为中国社会的最大价值共识，并且在实践上也得到了普遍的认可。据中国社会科学院社会学研究所 2013 年开展的“中国社会状况综合调查”(CSS2013)第四期的全国调查，在对 10240 名民众所作的社会应该尊崇的价值观念调查中，所列举的平等、民主、公正、文明、富强、和谐、团结、尊重人权、尊崇宪法、诚信、爱国、法治、自由、创新、崇尚科学、包容、友善、敬业、集体主义 19 项社会价值理念中，有 6 项价值理念排在第一序列，有 40%左右的公众选择，分别是平等(47.2%)、民主(43.1%)、公正(40.3%)、文明(39.7%)、富强(39.3%)与和谐(37.7%)。而第二序列中(约 20%选择)，诚信(22.4%)、爱国(21.9%)、法治(19.7%)和自由(18.7%)同样属于社会主义核心价值观的内容。此调查覆盖全国 31 个省、直辖市和自治区，具有一定的说服力，从调查中不难发现，民众认为社会应该遵循的价值观念与社会主义核心价值观在某种程度上是契合的。而据另一些调查表明，中国社会在伦理道德层面的共识度较高，例如从最新的世界价值观的调查结果来看，有 99.2%的受访人认为家庭非常重要或相当重要，而《中国伦理调查报告》也表明，面对当今中国社会最具根本意义的伦理关系的结构是什么的问题，有 40.1%的受访者认为是血缘关系，其他回答依次是个人与社会的关系(占 28.1%)和个人与国家的关系(占 15.5%)，这表明在当今中国社会中，家庭伦理观的价值共识度是非常高的。而具体到主导文化的价值共识来看，现代中国社会已经不再是原来那个同质化倾向较严重的社会，绝对的价值统一已不再可能，价值的多元与差异成为常态，但是，绝对的价值多元也是不可能的，我们需要在多元与统一之间寻找某种融合，也就是实现某些层面的价值共识。从价值共识的角度看，中国共产党一直致力于社会主义核心价值观的提炼与宣传，将其升华为全体人民共同的意愿和理想，并内化为人们行为处事的根本观念。而据一些学者的实证研究，社会主义核心价值体系在不同收入群体当中虽然存在差异，但从总体上来看，“呈现出主流认同稳定、价值共识基础形成的特点，超过50%的调查对象能够客观评价社会主义核心价值体系为实现社会建设目标所具有的价值引领功能，对个体实现人生价值也有方向指引、动力激发的功能”。①

四、社会共识现状

社会方面看，环境、就业、住房、食品药品安全、医疗、养老、教育、收入分配、征地拆迁等问题仍然比较突出。这些问题的客观存在是我们面临的现实社会实践，也是我们追求和实现社会共识的实践基础。只有从这些社会现实出发，才能够在不同领域发现、理解和实现合理的共识。当然，由于社会生活丰富驳杂，相应的社会共识度也很难估算和测量，共识度的差异往往较大。例如，根据世界价值观(World Value Survey)第七轮(2017—2022年)的调查结果，对于家庭在生活中是否重要这一问题，有99.2%的受访者选择了“非常重要”和“很重要”，表明在家庭很重要这一问题上达成的共识度非常高。在发展经济、创造就业优先还是保护环境优先的问题上，有68.2%的人认为应该优先保护环境，说明保护环境的共识度比较高。而在移民是否增加了国家的犯罪率的问题上，29.7%的人认可，37.1%的人认为很难说，32.6的人不认可，② 可见在这一问题上的看法更加趋向多元，共识度较低。

第二节　当代中国社会共识所面临的挑战

虽然社会共识属于思想观念领域的问题，但是社会存在决定社会意

① 肖云忠. 利益分化对社会主义核心价值体系认同影响的实证研究[J]. 观察与思考，2014(6)：39-43.

② Haerpfer, C., Inglehart, R., Moreno, A., Welzel, C., Kizilova, K., Diez-Medrano J., M. Lagos, P. Norris, E. Ponarin, B. Puranen. Would Values Survey: Round Seven — Country-Pooled Datafile Version 3.0. Madrid[Z]. Spain & Vienna, Austria: JD Systems Institute & WVSA Secretariat, 2022.

识，政治共识、文化共识与社会共识的挑战更深层次地来自于市场经济的发展所带来的利益多元，利益多元本身也会带来价值的多样，再加上全球化时代，各种思想、观念都显现出来，并且伴随着网络技术的发展，各种思想、观念、价值都可以通过不同的渠道进行传播。市场经济的发展、全球化的影响、网络技术的发展交织在一起，给我国政治、文化、社会各个层面的共识都带来挑战。

一、利益多元化的挑战

按照马克思主义的历史唯物主义观点，利益是人类活动的动力，“随着分工的发展也产生了单个人的利益或单个家庭的利益与所有互相交往的个人的共同利益之间的矛盾”。① 也就是说，利益矛盾是在人类历史发展到一定阶段后必然出现的现象，具有普遍性。同时，我国市场经济的发展是在传统的小农经济和中华人民共和国成立之后的计划经济基础上逐步建立起来的，社会结构的变化带来了利益多元化，这种利益多元化现象又具有一定的特殊性，主要表现在两个方面：一是利益主体多元化；二是利益多元化。

从利益主体多元的角度来看，我国市场经济体制的确立使得传统的以宗法血缘关系为基础的人身依附关系逐渐解体，以人格自由、身份平等、权利义务对等的契约关系逐渐形成；同时，计划经济体制下个人、集体、国家利益高度一致的整体化的利益结构被打破，个人追求自身利益时不再遮遮掩掩，而是走向合法化和正当化。各种利益主体，无论是群体还是个人，都追求自己的利益需求，从群体来看形成了高收入群体、中等收入群体与低收入群体等不同的利益群体；从地区来看也存在着不同区域的利益矛盾、城乡利益矛盾；从范围来看，有个人利益、群体利益与社会利益。不同的利益群体在追求自身的利益的过程中会产生各种矛盾和冲突。这些利益矛盾和冲突既可能是不同利益主体之间产生的，也可能是同一利益主

---

① 马克思恩格斯选集(第1卷)[M]. 北京：人民出版社，1995：84.

体不同的利益层面所产生的。尽管我国社会成员在根本利益上是一致的，并且在改革开放以来，人民的利益在实践中得到很大范围的保障和实现，但是我们也必须承认，随着贫富差距拉大、腐败现象严重、就业医疗等民生问题突出等问题的显现，社会各阶层的利益矛盾越来越突出，一些阶层在维护既得利益与另一些阶层想扩大自身利益之间会产生种种社会矛盾。例如在资源有限的情况下，城乡、东西部、不同阶层、不同行业之间可能会为了争夺有限的资源而产生矛盾和冲突。而同一利益主体也会为了某一方面或某些方面的利益而牺牲其他方面的利益，而这种牺牲往往又会产生利益追求的片面性和畸形化，使得人内心也面临着利益选择的矛盾和冲突，例如对经济发展与环境保护的利益关系，在我国经济发展的不同时期或者在不同的人群中人们的取舍是存在着不一致甚至对抗的。虽然利益矛盾和冲突在任何阶级社会里都是不可避免的，并且适度的冲突还能对主体发展经济的主动性和积极性产生正面的促进作用。但是，如果利益分化越来越严重，利益冲突越来越激烈，就会对如何在这些利益冲突中达成共识带来巨大挑战。

从利益多元化的角度来看，市场经济体制的确立使得计划经济体制下整体化的利益结构复杂化，均等化的利益分配被打破，统一的利益关系也逐步分解，多种所有制成分、多种经济行为主体、多种分配方式并存的新的经济格局形成，人们对利益的需求越来越多元化。从利益的具体内容来看，表现为经济利益、政治利益和文化利益；从利益的实现时段来看，表现为短期利益与长远利益；从涉及范围来看，表现为个人利益、群体利益与社会利益；从利益的种类来看，有普遍利益与特殊利益。这些不同的利益不仅会导致不同主体之间的矛盾。而且会产生不同利益之间的矛盾，例如城市建设中为了修地铁而打围施工，影响到人们的交通出行，产生了短期利益与长期利益的矛盾。再如距垃圾处理厂选址比较近的人反对修建垃圾场，背后反映的就是特殊利益与普遍利益之间的矛盾。

二、价值多样化的挑战

从人类发展的历史来看，价值从来都不是一元的，虽然在不同时期都有人试图让某种价值一统天下，但是这种努力从来都没有真正实现过。当然承认价值的多元性并不意味着我们信奉相对主义，事实上任何社会甚至整个人类社会都存在着某些普遍的价值，但是这些普遍的价值在不同的历史和文化中也是以不同的方式被解读和运用的。当今中国的价值多元化现象更是比过去任何时候都要突出，这种突出的价值多元现象给社会共识的达成带来了极大的挑战。

第一个挑战在于价值多元化现象背后极其复杂的原因。首先，从经济基础来看，是利益分化的必然结果。人们的价值观念来自于社会生活的现实，不同的利益群体存在着不同的价值观念，而前文已经指出，中国面临着过去前所未有的大变局，与此带来的就是不同的价值观念。其次，从中国发展历史时期来看，是转型期的必然状况。对中国社会发展的现状，学界使用得最多的一个词莫过于“转型”。中国面临着多重转型，有计划经济向市场经济的转型，有前工业社会向工业社会的转型，还有工业社会向后工业社会的转型，转型时期多种社会形态在同一时空下并存，不可避免地带有各个时期的价值观念。最后，从世界历史范围来看，是全球化的必然影响。当全球化已经变成一种世界发展趋势的时候，没有人能够阻挡它。全球化使人类前所未有地紧密联系起来，大大扩展了人们之间交往的广度和范围。在全球化的发展浪潮中，如果说中国过去更多的是被推动地向前的话，那么近年来随着国家实力的增强，它越来越走向主导的地位，但是这种主导地位更多地体现在经济发展上，统计显示，中国已经不仅是世界第二大经济体，而且还是世界上最大的商品出口国和第二大进口国，因此中国经济的发展对全球都有着重大的影响。但是，在世界经济发展越来越紧密联系、越来越相互依存的时候，各种文化价值观念却并没有因此而统一或一元，而是伴随着经济交往，不同的价值观念、信仰体系得以传播和交流，并呈现出越来越多元的样态，再加上一些西方敌对势力有意无意地进行价值观念的渗透，使得我国出现官方所主导的马克思主义与新自由主义、文化保守主义、民主社会主义等种种社会思潮的并存，更不用说各种未形成“主义”的价值观念。这些不同的原因交织在一起带来了中国价值多元现象的复杂性，使得中国社会达成社会共识的过程中，外在的价值冲突背后有着各种深层次原因，有的可能是因利益冲突而起，有的可能是西方意识形态的渗透，等等。这些多元价值冲突“已经在一定程度上造成了主导价值的认同危机，阻碍人们确立一种普遍有效的价值规范，整个社会的理想、信念受到普遍怀疑”。① 并且不同原因下的价值冲突要实现共识所要采取的手段、达成的目标都存在着差异，这些给社会共识的达成带来了巨大的考验。

价值多元给社会共识所带来的第二个挑战是价值标准的多元化。在计划经济时期，虽然仍然有各种不同的价值观念存在，但是整个社会有相对统一的评价标准，例如集体主义、奉献，等等。但是，随着市场经济的发展、利益分化的加剧、西方各种观念所带来的冲击，人们不仅有了更多的价值选择，而且价值评价也更加失去了统一的标准。虽然目前社会主义核心价值体系或社会主义核心价值观作为统摄所有价值观的基础，在全社会达成最大限度的共识，但是即使社会主义核心价值观得到了许多人的认可，对其中的内容比如自由、民主、平等仍然存在着不同的理解和评价标准。

三、网络化的挑战

随着网络技术的迅猛发展，我国的网民人数越来越多，2022 年 8 月 31 日，中国互联网络信息中心(CNNIC)发布的第 50 次《中国互联网络发展状况统计报告》显示，截至 2022 年 6 月，我国网民规模为 10.51 亿，互联网普及率达 74.4%，网民人均每周上网时长为 29.5 个小时。比起 1997 年的

① 胡春阳. 转型时期社会主义核心价值观认同建构[J]. 中国特色社会主义研究, 2015(1): 65-70.

62万网民人数、25年前网民数量成几何倍数增长，其中网民使用手机上网的比例达99.6%。可以预见的是，随着移动互联网技术的发展，手机的进一步普及，中国网民规模将会进一步扩大，覆盖的人群也更加广泛，“低龄化”和“高龄化”的趋势进一步显现。

网络技术对共识的实现来说是把双刃剑，一方面它扩展了信息的传播渠道，党和政府的声音可以通过网络迅速传播出去，不再需要自上而下逐级传播而造成信息的衰减或变形，传播的效率发生了革命性变革；同时，单向的传播方式变为双向甚至多向，垂直式的沟通渠道变得扁平，改变了信息不对称、反馈速度慢、缺乏互动沟通的传统传播弊端，人们不仅接收信息，还可以通过网络表达自己的情绪、诉求和意见，人民了解信息、沟通信息、参与共识行为的渠道得以拓展，党和政府了解民意、问政于民、回应民情的新平台也得以搭建，从而有助于全社会加强沟通、增进理解、化解矛盾、促进共识。

但另一方面，网络技术的发展也给共识的实现带来了挑战。主要表现为：其一，政府互联网思维大大落后于网络技术的快速发展。虽然近年来政府越来越重视互联网思维，但是比较而言，网络治理水平、政府网络平台(包括政府网站、App、微博、微信等)的成熟度及活跃度、新旧媒体的整合程度等都处于起步阶段，尤其是大量的政府官员互联网意识不强，遇到网络舆情仍采用传统的诸如“拖堵封删”等行政化的管理手段，疏导、引导能力不够，在网络事件发生时，往往缺乏有效共识手段或错过最佳的应对时期。

其二，网络舆论的非理性特征突出。网络技术的发展带来了表达渠道的便捷，多元的价值诉求、多元的价值认知都在网络上得以表达，只要有一部手机、能够接入互联网，任何人都可以随时把所见、所思放到网络上进行传播，如果事件本身引起足够的关注，那么这件事就可能成为网络热点事件。更不用说网红、网络“大V”的影响力巨大，一次视频直播、一条微博、一个朋友圈状态都可能会带来巨大的影响。这其中不乏真知灼见，但也存在大量非理性的表达。加上我国网民结构的年轻化特征，一些非理性、情绪化的表达很容易影响、感染大量的网民，而使他们失去对事件理性而冷静的思考，这种从众和盲从的心理也使社会共识的达成变得更加艰难。

其三，传统的共识建构方式受到网络的冲击。在非网络社会中，可以通过权威的力量、意识形态的灌输等方式来实现共识，但是网络的虚拟性、开放性、平等性、互动性、参与性、去中心化等特点使得传统社会中的权威不断受到挑战，仅仅通过知识、信息的独占来获得权威，通过权威的力量建构共识已很难发挥过去的作用。在传统的舆论生态中，马克思主义的主流意识形态地位被牢牢把握住，但是网络兴起以来，新自由主义、民粹主义、新左派等各种思潮有了比较便捷的传播渠道，并且都能找到各自的蹙拥，使得马克思主义的主流意识形态地位受到挑战，仅仅依靠意识形态的强制很难说服人达成广泛的共识。

第三节 中国社会共识的实现路径

中国社会共识的实现，需要从历史唯物主义的角度出发，立足于当前中国建设发展的实际，从人民社会生活的实践出发，维护人民群众的共同价值、实现人民群众的共同利益，尊重不同个体需要的差异性，同时又要在多样化的统一中，将人民的需要的现实性转化为共同实践的信念。

当前中国社会最大的现实，归根结底就是人民利益在现实生活中的实现，毛泽东同志曾经指出，“一切群众的实际生活问题，都是我们应当注意的问题。假如我们对这些问题注意了，解决了，满足了群众的需要，我们就真正成了群众生活的组织者，群众就会真正围绕在我们的周围，热烈地拥护我们。”①可见，人民的利益并不是建构在观念之上，而是建立在现实生活的基础之上。

人民的利益首先具有整体性和一致性。不同的个体在社会共同体中存

① 毛泽东选集(第1卷)[M]. 北京：人民出版社，1991：137.

在着根本利益的一致性、在民族国家中也存在着民族利益的整体性。这种一致性与整体性将每一个个人与他人、社会、国家联结起来，使整个社会和国家具有共同的发展目标。因此，实现人民在社会生活中的利益，奠定社会共识的现实基础，就意味着要最大限度地实现社会公共利益，包括增强国家整体实力、提升公共服务的质量和水平、改善生态环境，等等，最大限度地反映和表达人民的共同利益诉求，在实现共同利益的基础上实现个体的利益。

当然，由于个体生活实践的多样性和复杂性，不同个体利益存在具体的个体特征，这些具体利益有时还相互矛盾。如果不能协调各种利益关系，最大限度地实现人民的利益就只能是一句空话。因此，除了实现人们的共同利益之外，协调各方相互矛盾、冲突的利益也是实现共识的重要一环。个体的不同利益，不管是局部利益、现实利益还是短期利益，只要是合法的，都应该得到尊重和承认、保护和保障。在这些利益发生矛盾冲突的时候，按照公平正义的原则进行协调和整合，改革利益分配机制，防止利益差距两极化，将利益差别控制在人们可以接受的范围之内，是合理确定社会共识目标的前提和基础。在此基础上，应该从共识主体、共识客体、中介三个层面来实现我国的社会共识。

一、主体维度：培育现代公民

在我国传统社会向现代社会、计划经济向市场经济等多重转型的过程中，培养具有现代素质的公民是实现社会共识的前提。

首先，培养人们的主体意识，提升人们的共识意愿。社会共识是人们在政治、经济、文化生活的实践中建构和实现的，它不是单方的认同过程，而是必须在不同主体之间的相互联系、相互沟通中达成。要让人们认识到每个人都是社会生活中的主体，而不是无关紧要的客体，并且每个人都生活在社会之中，每一个个体价值、利益的实现都离不开与他人的沟通与合作，因此每个人都应该作为具有独立意识的个体参与到社会共识的建构中去。

其次，培养人们的宽容态度，促进人们的相互包容。宽容是指共识主体在共识行为中，对与自身意见不同、或不喜欢或不赞同的他人持容忍的态度。虽然宽容原则在政治自由主义理论家那里颇为重要，但是即使不持自由主义立场，宽容原则仍然是达成共识的一个非常重要的原则。甚至有学者指出，“在人类生活的各种场合与环境下，宽容实际上越来越成为人们交往的基本要求。没有宽容，就没有真正的交往。”①正如前文已经多次强调，实现共识并不是要消除差异，但是在一个社会包括国际社会中，一定程度的共识又是必不可少的，要解决差异与共识之间的对抗与张力，除了以上的原则之外，宽容原则必不可少。联合国教科文组织曾经在1995年通过了一项《宽容原则宣言》，对宽容的含义及适用都进行了说明。具体就宽容在共识实现中的应用来说，应该包括几个方面的内涵。

一是对不同文化、不同的思想表达形式和不同的行为方式的容忍。《不列颠百科全书》里所说，“宽容(来自于拉丁文 tolerare，意即忍受)：允许别人自由行动或判断；耐心而毫无偏见地容忍与自己的观点或公认的观点不一致的意见。”②联合国对宽容所下的界定还包括对他人观点的承认、尊重、欣赏和接纳，这种定义对宽容的要求稍显严苛，往往很难实现，因此，本书对宽容所作的界定是最低限度的容忍。这种容忍在某种意义上来说，是展开共识行为的基础，如果主体双方不能容忍对方的不同意见或观点，那么双方的共识行为是无法进行下去的。

二是求同存异，而不是让步、屈尊或迁就。这意味着不同的个人、群体和文化可以通过交流和沟通互相了解，但是不能将自身的观点强加于他人身上。尤其是我国作为一个多民族国家，一方面同为一个民族国家，不同民族的人们之间存在着共同的国家认同，另一方面在不同的民族内部，

---

① [美]乔治·F. 麦克林. 多元文化社会中的宽容精神[J]. 邹诗鹏，译. 求是学刊，2005，32(1)：6-10.

② [美]房龙. 人类的解放[M]. 樊霞，吴迎春，编译. 北京：国际文化出版公司，1997：4.

他们又往往具有自身的民族认同，不同民族之间的共识达成就需要遵循宽容的原则，那就是，承认不同民族之间文化、习俗、宗教等差异性，追求共同的国家认同。

三是互相宽容，也就是说，在共识行为中，宽容是双向的。虽然有人认为，宽容只发生在强势的一方，如有学者指出，“宽容行为是指在各种不同的情境中，行动者虽然有能力，但却有意识、有原则地不去干涉敌对的他人。”①但是，宽容更应该是双向的，而并不是像许多实行文化多元主义政策的国家中，多数群体按自身的文化标准对少数群体所作出的单向的不歧视态度，而是双方都应该培育容忍甚至欣赏差异的精神，因此在我国，宽容应该既表现在多数群体对少数群体的习俗、宗教等文化的宽容，也包括少数群体对多数群体的文化的宽容。

当然，宽容并不是无限制、绝对的，而是有限度的，宽容原则的最低限度是穆勒所提出的“伤害原则”，也就是说，宽容不能超出自身会受伤害的限度，Catriona Mckinnon 也从另一个角度提出，不喜欢与不赞成不能对他人或社会造成实际的伤害。②“如果人们主张一种绝对的宽容——即使对不宽容者也是如此，而且不保卫宽容的社会来抵抗不宽容者的进攻，宽容者就会被消灭，宽容也随之消失”。③ 另外，宽容的限制还与政治共识相关，文化共识的问题也可能走向政治共识，如果少数民族群体坚持自己的信仰体系，而这种信仰体系又与主流文化的信仰不相容时，就会产生政治与法律问题。例如在我国，我可以对你的宗教当中斋戒的习俗表示宽容，但对一夫多妻的习俗却不可能宽容，因为这显然不符合我国法律的基本规定。当然，对某些以宗教信仰为名，行暴恐分裂之实的行为，更是超出了宽容的范围了。

---

① Cohen, Andrew Jason. What Toleration is [J]. Ethics, 2004(115): 68-95.

② Catriona Mckinnon. Toleration and the Character of Pluralism[M]// McKinnon, Catriona, Castiglione, Dario. Culture of Toleration in Diverse Societies: Reasonable Toleration. Manchester: Manchester University Press, 2003: 57.

③ 贺来. 宽容意识[M]. 长春：吉林教育出版社，2001：161.

最后，培育人们的理性精神，提升主体的共识能力。按照韦伯对人类社会行动的区分，人的社会行动包括工具理性行动和价值理性行动，以及由行动者的情绪或感情所决定的情感行动，由习俗或惯例决定的传统行动。① 无论是选择手段与目标通过了理性计算的工具理性行动，还是目的由既定的价值体系所决定的价值理性行动，还是情感行动或传统行动，事实上在人的社会行动中是难以截然区分的。在人们相对理性的行为中，也可能会有非理性的因素在其中起作用，但是，我们仍可以从工具理性和价值理性两个层面对人的理性进行说明。当然，哈贝马斯认为韦伯的工具理性也好，价值理性也罢，都是独白式的理性，因此他提出了交往理性，希望通过不同主体之间交往的"真诚性、开放性、平等性"，来实现其交往理性。他的交往理性概念可以看作是抵御工具理性的侵蚀，恢复和重建价值理性的努力。然而，虽然他摒弃了韦伯的从个体角度出发研究理性问题的方式，但是在某种意义上仍然可以说是在韦伯的价值理性与工具理性的分析框架之下进行的批判和重建，并且他所提出的交往主体之间需要满足的"真诚性、开放性、平等性"要求带有"过强"的特征，这种完全的理性在现实生活中很难实现。也正因为如此，美国学者西蒙提出了"有限理性人"的概念，表明人由于种种因素的限制，不可能具有完全理性，而只能具有有限理性。从共识实现的现实出发，遵循适度理性的原则有利于摆脱对过分理想化的追求，使得人们对共识的预期更加务实，从而使共识的实现也更加具有可行性。

从工具理性层面来说，对主体有几个基本的要求。一是主体能够出于某种至少是自身认为适当的理由行事，而不是受情感等非理性因素的支配。既然是主体自身的理由行事，那么这种理由就不一定是正确的，这表明理性具有可错性，并非霍布斯所断言的理性本身始终是正确的。二是主体愿意认可所应该要遵循的规范。三是主体愿意接受按照这些规范投票、

① George Ritzer. 社会学理论[M]. 马康庄，陈信木，译. 台北：巨流图书公司，1988：237-238.

协商或谈判所得到的结果。

而从价值理性角度来说，在不同的共识情境之中，对理性的实质性要求是不尽一致的。首先，在根本的政治问题中，要实现共识，需要遵循一种公共理性。这是一种严格意义上的理性原则，要求参与者从公共的善出发，而不是出于自身的偏好或者利益去达成共识。在实践中，主体总会存在个体的利益、偏好、价值，对根本性的政治问题的考量往往也会裹挟其个人利益或偏好于其中，很难完全遵循公共理性原则。因此，公共理性是一种规范性的实践理由，也就是"不管一个人有没有欲望做某件事情，他都应该做这件事情"。① 罗尔斯对这种公共理性有过详细的论述，在他看来，公共理性并不是与私人理性对立的一个概念，他认为不存在私人理性之类的东西，他所说的公共理性是政治生活中的理性，区别于市民社会生活、家庭生活中的社会理性，他将后者称为非公共理性。公共理性的"公共性"在三个方面表现出来："作为公民自身的理性，它是公共的理性；它的目标是公共的善和根本性的正义；它的本性和内容是公共的，是由社会的政治正义观念表达的理想和原则所给定，并有待于在此基础上作进一步的讨论。"②公共理性的要求和应用是非常严格的，所涉及的是根本性的政治问题，所以罗尔斯本人也承认人们对公共理性的尊重、承认和应用，更多的是一种理想、一种可能，这种理想和可能在现实社会中或许永远无法实现。并且公共理性价值有很多种，罗尔斯作为例证的是"公平正义"，这只能作为其中的一种，在不同的政治体系中，存在着不同的公共理性价值。但是，无论这个社会遵循的是何种公共理性价值，要达成根本性政治问题上的共识，主体都应该遵循这一公共理性，这意味着在对待所要达成的共识目标、在达成共识过程中所提供的理由以及最后对达成的共识所持的态度等方面都要遵循公共理性原则。

其次，在一般的政治领域以及社会生活领域，并不能要求主体是理想

---

① 徐向东. 实践理性[M]. 杭州：浙江大学出版社，2011：5.

② [美]约翰·罗尔斯. 政治自由主义[M]. 万俊人，译. 南京：译林出版社，2000：196.

的理性主体，满足罗尔斯的公共理性以及哈贝马斯所说的所有的理性要求，因此为了要对某一公共政策或事件达成共识，需要遵循的是一种有限理性原则，也就是要求主体在达致共识的过程中能够充分认识并且阐述自己采取共识行动的理由或原因，而这些理由，可以分成多种类型。一是出于自身的偏好或者利益所作出的理由，也就是徐向东所说的动机性理由，指“不管一个行动者为此而采取一个行动的理由是否确实辩护了他的行动，一旦他确实从这样一个理由行动，我们就可以把这个理由称为行动的‘动机性理由’”。① 在这种情况下，理由可能并不具有客观上的合理性或道德上的正当性，但是只要是出于行动者的动机，仍然可以认为行动者是出于理性行事。例如一个企业出于对利益的追求，不加处理地将污水排到公共河流中，虽然这种出于自己利益而破坏环境的行为得不到辩护，但仍可以说它是一种动机性理由，对企业来说也是一种理性行为。然而，即使这种“动机性理由”能称得上是符合理性原则的，但是主体为了使自己的主张更具有说服力，更倾向于选择辩护性理由(justifying reasons)，也就是“我们在某些条件下能够共同分享的理由”,② 当向他人解释或者应对他人的质疑时，表明自身的行为是正当的、合法的和合情合理的，并且这种辩护被理性的行动者认为是有效的。

最后，在私人领域，例如家庭生活或者朋友的私人交往中，要达成共识，对理性的要求则比较低。毕竟，现实中的人是理性与非理性的结合体，再理性的人也或多或少具有非理性的特质或信念，因此，如果达成共识的目标得以实现，而不违反公序良俗，我们认为都是可以接受的。

二、客体指向：形成全体人民的最大公约数

当前中国社会共识的客体指向是要形成全体人民的最大公约数，也就是在某些领域实现尽可能高的共识度。当然，在社会结构急剧转型、人民

① 徐向东. 实践理性[M]. 杭州：浙江大学出版社，2011：5.
② 徐向东. 实践理性[M]. 杭州：浙江大学出版社，2011：4.

利益诉求多元、社会文化多样的背景下，共识目标存在着复杂性与多元性，要求100%的高共识度已经是不可能的。况且，在社会生活中，并不是共识度越高越好，在不同的领域中要求不同的共识度，只有这样，社会才是一个张弛有度、稳定和谐的社会。例如在政治领域，对于国家根本政治制度，我们希望共识度越高越好，只有这样，才能够最大限度地维护中华民族的国家认同和民族认同，避免民族国家的分裂。但是在社会生活领域，由于社会生活的复杂性，往往保护多样化的生活样态，维持一定的共识度就可以了。而在个人与个人的交往中，则可以包容多元，并不一定要追求共识。

从这样的原则出发，再探讨中国社会共识的客体指向，也就是在哪些领域形成全体人民的最大公约数的问题，主要涉及三个层面："中国梦"是全社会的利益共识；社会主义核心价值观是全社会的价值共识；"四个自信"是全社会的思想意识共识。

国家强盛、民族振兴、人民幸福的中国梦将国家的、民族的、个人的梦相统一，将历史、现实与未来相统一，使全体人民成为利益共同体、命运共同体。正如习近平同志在十二届全国人大一次会议上所指出的那样："生活在我们伟大祖国和伟大时代的中国人民，共同享有人生出彩的机会，共同享有梦想成真的机会，共同享有同祖国和时代一起成长与进步的机会。"①它能成为全社会最大公约数的内在逻辑在于，它最大限度地兼容了全社会、全体人民的根本利益，各阶层、各民族、各地区人民都能够在国家强盛与民族复兴中实现自身的利益、自我的梦想。正所谓社会存在决定社会意识，有了这种共同的利益，中国梦就成为全体人民的共同意识，成为全社会的共同理想和目标。当然，我们也要看到，具体到人民幸福，则会因主体的生活实践不同而存在差异和区别。国家富强、民族复兴的整体性和一致性与人民幸福存在相关性，同时不同的人的幸福又存在个体差异

---

① 习近平. 在第十二届全国人民代表大会第一次会议上的讲话[M]. 北京：人民出版社，2013：5.

性，因此，在获得国家富强、民族复兴的最大共识的同时，也要尊重人民的具体幸福的差异性。

从价值取向来看，正如前文指出，价值多样化已然是当代中国价值共识的一个重要挑战，但是从人类发展历史来看，任何社会都需要有某种全社会所认同的共同的核心价值观，核心价值观是一个民族、一个国家最持久、最深层的力量，体现出一个社会是非曲直评判的价值标准。社会主义核心价值观从国家、社会、个人三个层面提出全社会应该崇尚和倡导的价值目标、道德准则和精神风尚，是对社会主义意识形态凝聚的进一步凝练和升华。从国家发展层面来看，建设富强、民主、文明、和谐、美丽的现代化国家是国家发展目标的共识；从社会层面来看，建立起自由、平等、公正、法治的社会是社会进步需要实现的共识；从个人层面来看，培养爱国、诚信、敬业、友善的个人是个人交往层面需要实现的共识。社会主义核心价值观扎根于中国特色社会主义的实践，回答了建设什么样的国家、建设什么样的社会、培育什么样的公民的问题，具有丰厚的实践基础。同时，社会主义核心价值观体现出对“讲仁爱、重民本、守诚信、崇正义、尚和合、求大同”等优秀传统文化的传承和创造性转换。中华优秀传统文化作为民族的记忆、民族的共同意识以及民族的气质，在全社会具有强大的凝聚力和感召力，为核心价值观在民众中的认同提供了丰厚的滋养和历史文化基因。此外，社会主义核心价值观又吸收了世界有益的文明成果，从而带有极大的包容性和时代特征，代表着人类先进的价值理念，也向世界充分展示了中国人民所倡导的社会和谐发展的理念。社会主义核心价值观的提出，为当前多样化的思潮和价值观念提供精神旗帜、思想引领和文化导向，“以消除人们由于价值评价标准不一致所造成的共同体内部分歧和内耗，消除他们的内心焦虑与行为冲突，从而使整个社会共同体处于一种和谐的秩序中”。① 因此，应该也能够得到全社会的认同，内化为全社会

① 周中之，石书臣．社会主义核心价值体系教育探索［M］．上海：上海人民出版社，2007：137.

的价值共识。

从思想意识层面来看，道路自信、制度自信、理论自信和文化自信的“四个自信”是全社会思想意识共识。从心理学上看，自信是对自我能力、价值的一种感知和确信，但它不仅仅是个体心理的一种感觉，还具有社会文化属性，其主体还可以是某一群体，群体的信心可以成为群体团结凝聚的重要纽带。坚持道路自信就是要坚信中国特色社会主义道路是历史的选择、人民的选择，是适合中国国情的道路。中国特色社会主义道路，就是在中国共产党领导下，立足基本国情，以经济建设为中心，坚持四项基本原则，坚持改革开放，解放和发展社会生产力，巩固和完善社会主义制度，建设社会主义市场经济、社会主义民主政治、社会主义先进文化、社会主义和谐社会、社会主义生态文明，促进人的全面发展，逐步实现全体人民共同富裕，建设富强、民主、文明、和谐、美丽的社会主义现代化国家。中国特色社会主义道路是在鸦片战争以来，在无数仁人志士寻找救亡图存的道路而遭遇失败之后，中国共产党带领人民探索出的一条适合中国国情的道路，尽管这条道路仍是未完成时，但是其深厚的历史渊源和广泛的现实基础，其合规律性与合目的性的统一让我们有理由对这条道路充满信心。坚持制度自信，就是要坚持对中国特色社会主义制度的信心。中国特色社会主义的制度主要指中国特色社会主义根本政治制度、基本政治制度和基本经济制度，中国特色社会主义根本政治制度是指人民代表大会制度，基本政治制度是指中国共产党领导的多党合作和政治协商制度、民族区域自治制度以及基层群众自治制度，基本经济制度是指坚持以公有制为主体、多种所有制经济共同发展。中国特色社会主义制度是中国人民在走中国特色社会主义道路的过程中建立起来的，从中华人民共和国成立初期法治的不完善到依法治国战略的确认，从中华人民共和国成立初初期所实行的“一大二公”的公有制经济到社会主义市场经济，从强调管理到强调社会治理，等等，都体现出中国特色社会主义制度在实践中不断完善和发展。坚持理论自信，就是要坚持对中国特色社会主义理论的信心。中国特色社会主义理论是包括邓小平理论、“三个代表”重要思想、科学发展观和习近平新时代中国特色社会主义思想在内的科学理论体系，在新的时代条件下系统回答了什么是社会主义、怎样建设社会主义，建设什么样的党、怎样建设党，实现什么样的发展、怎样发展，以及新时代坚持和发展什么样的中国特色社会主义、怎样坚持和发展中国特色社会主义，建设什么样的社会主义现代化强国、怎样建设社会主义现代化强国，建设什么样的长期执政的马克思主义政党、怎样建设长期执政的马克思主义政党等重大理论实际问题，是对马克思主义、毛泽东思想的继承和弘扬，是指导中国特色社会主义实践道路的理论基础。而文化自信则更基础、更广泛、更深厚，中华优秀传统文化、革命文化、社会主义先进文化积淀着中华民族最深层的精神追求，代表着中华民族独特的精神标识。虽然中国是多民族国家，但是同为中华民族，不同族群或民族享有共同的历史、文化以及自然地理环境，形成了相同或近似的命运感，因此不同族群之间的认同与整个中华民族的认同之间具有高度的相似性与同一性。道路自信、制度自信、理论自信、文化自信是辩证统一的，从外在来说，就是要对中国特色社会主义道路、制度、理论的形成和发展有着历史合理性的评价，并且对它们在实现国家发展、社会进步和人民利益中所发挥的巨大作用有着现实的认知，对其优越性和生命力充满持久的认同和信任；从内在来说，对中华文化有着更加持久的信心。“四个自信”一旦成为全社会的共同思想意识，必将推动每个人参与到国家富强、民族振兴、个人幸福的伟大中国梦的实现中来，整个社会也必将更加迸发出生机和活力。

三、中介手段：构建多元的共识方式

从具体手段选择来说，畅通沟通渠道、扩大公民参与以促进社会共识。通过各种载体来搭建沟通的平台，使个人与个人之间、个人与政府之间、群体与群体之间能够形成有效的信息流动和对话机制，各自充分表达自身的观点，个人、群体的合理诉求能够得到有效的表达，党和政府的主张也能够得到有效的传达，并且把不同利益群体的诉求融入政治决策过程之中，在沟通中整合共同利益，促进全社会的基本政治共识。具体而言，

可以从以下几方面入手。

一是建立信息共享机制。人们之间的误解、不理解、歧见的产生往往是因为获得的信息存在差异造成的，“盲人摸象”就是一个最典型的例子。因此，要实现社会共识，就要求人们获得各种必要的信息。现代网络技术的迅猛发展给信息的发布和共享提供了便捷的条件，尤其是在一些重大突发事件发生时，网络上第一时间会有各种各样的信息出现，而这其中有诸多信息是不全面的，这也给谣言的产生提供了空间。因此，党和政府第一时间将全面真实的信息披露给公众，一方面可以让公众了解真相，另一方面也可以对公众的意见和建议进行搜集，加强沟通，增进理解，从而实现良性互动，凝聚社会共识。

二是建立畅通的利益表达和反馈机制。社会共识过程是一个双向互动的过程，因此仅仅有信息的接收还不够，不同人群的意见和诉求也需要有畅通的表达渠道。作为人民代表大会制度和政治协商制度的补充，各地进行了一些有益的实践，例如听证会、电视问政、网络问政，等等。应该建立更加常态化的表达和反馈机制，例如可以通过完善政府部门的热线电话、公务网站、App、微信公众号等方式，使人们的诉求能够及时、充分地表达出来，并且将这些问题的处理结果及时反馈给相关人员。

三是采用多元化的共识手段。前文提出共识手段包括协商、投票、谈判以及意识形态的灌输，这些手段都有各自适用的范围。例如民主协商制度更多采用的是协商，人民代表大会制度采用了协商和投票，市场行为中谈判得到广泛运用，而意识形态领域则以教育和灌输为主。从具体手段来看，我们可以通过公民教育来达成文化共识，也就是通过对共同的语言、习俗、价值、伦理道德等方面的宣传，整合各族群，使各族群特别是少数族群认识到自己不仅是族群中的一员，更重要的是国家中的一员，具有公民的身份。对于打着文化多元主义、尊重族群文化的旗号，行国家分裂之实的行为，要予以坚决的反对和抵制。

第八章 当代人类共识问题的理论回应

在全球化不断深入、世界各国交往越来越密切的今天，一定的共识达成已经超越了国家、民族的范畴，成为全人类能否共同发展的重要因素。如何达成人类共识，也相应地产生了不同的理论回应，其中人类命运共同体理念自提出以来，就受到广泛关注，并且得到国际社会的普遍认可，被写入联合国决议中。人类命运共同体理念反映出对深厚的中华优秀传统文化的继承和弘扬，对西方共同体思想的批判吸收，对马克思主义的继承、发展和创造，是解决人类共识问题的重大理论创新。它不仅是中国特色大国外交和新型国际关系的重要遵循，同时所包含的核心思想、传达的核心观念也是具有中国特色、中国气派与中国话语的共识理论。它不仅包括对共识面临的挑战的承认，也包括对国际社会共识可能性的基础的把握；不仅包括共识主体的各方责任的阐释，也包括共识手段的选择、建议；不仅包括共识内容的深化，也包括共识达成路径的分析。可以说，人类命运共同体思想对我们进一步深化对共识问题的研究，以及将共识理论用于人类社会的发展具有重大理论意义和实践意义。

第一节 当代人类共识问题产生的时代背景

任何伟大思想的提出都与时代的发展息息相关，反映出时代的特征，致力于解决时代的问题。正如有学者指出，马克思主义本身就是世界的哲学，“它的产生不仅深深植根于当时最先进的科学、技术和社会化大生产体系，立足于当时如火如荼的世界性阶级斗争和社会变革浪潮，还批判地吸取了人类哲学思维长期发展积淀的全部积极成果，从而超越并领先于当时的历史时代，真正成为一种世界的哲学并极大地影响了整个世界。”①习近平新时代中国特色社会主义思想作为中国化的马克思主义，同样秉持马克思主义的理论品质，立足于人类历史发展实践，提出了人类命运共同体理念。

一、全球化的世界需要对人类未来命运进行考量

在国际交往和国际合作越来越频繁的今天，不同民族、地区、国家从来没有像现在这样紧密联系在一起。如果说在过去，许多问题局限在某一国家或者地区，那么今天，随着国际交往越来越频繁、各国合作越来越紧密，战争、疾病、环境污染、恐怖活动等种种问题已经成为全球所面临的共同问题，没有任何国家可以独善其身，凭一己之力将其解决。人类社会如何面对人类共同的挑战？这一时代的拷问要求新的思想作出理论上的回答。正是在这一背景之下，人类命运共同体思想应运而生，为回答这一时代之问提出了解决方案。

人类的发展相互依赖。马克思早在《共产党宣言》中就指出，“过去那种地方的和民族的自给自足和闭关自守状态，被各民族的各方面的互相往来和各方面的互相依赖所代替了”。② 在全球化时代，没有任何国家可以“躲进小屋成一统”，国家之间的相互依赖的深度和广度前所未有，罗伯特·基欧汉和约瑟夫·奈更是在《权力与相互依赖》中将这种相互依赖命名为“复合相互依赖”。这种复合相互依赖的特点在于：国家、非政府组织、跨国机构等以多种渠道进行相互联系，各国国内政策的相互影响扩大，内外政策之间的界限也变得模糊，与外交政策有关的问题也增多了。外交领域的政策除了涉及军事安全、意识形态、领土争端等传统外交议题外，已经产生了能源、资源、环境等一系列新问题，这些问题相互交织，已经很

① 欧阳康. 哲学研究方法论[M]. 武汉：武汉大学出版社，1998：79-80.

② 马克思恩格斯选集(第1卷)[M]. 北京：人民出版社，2012：404.

难明晰问题的重要等级。在这些问题上，军事力量不再起主要作用，更多起到的是相互博弈和讨价还价的威慑作用，直接诉诸武力、发生持久性冲突的可能性比过去要小很多。① 罗伯特·基欧汉和约瑟夫·奈的分析表明，在这样一个国家之间相互依赖的全球化时代，国家之间的相互依存度更加紧密、更加复杂、更加多样化，每个国家都必须将自身的发展与世界的发展联系起来，将自身的命运与全球的命运联系起来，以开放、包容的发展理念融入到全球的发展体系之中，实现互动、合作、共赢、可持续的发展。

风险与挑战全球共存。世界经济论坛连续几年发布的年度《全球风险报告》中，对历年来全球所共同面临的风险与挑战进行了梳理和分析，可以说人类所共同面临的风险与挑战并没有随着人类社会发展而减少，反而变得更为多样、复杂和严峻。《2020 年全球风险报告》所列出的排在前几位的重大风险，都离不开世界各国的共同应对。一是经济稳定和社会凝聚的风险，2019 年全球经济速度放缓，如果不采取协作的行动，全球经济将陷入长期的低迷。此外世界两大经济体中国和美国之间的贸易摩擦走向不明朗，给世界经济发展增添了诸多不确定性因素，急需两国积极开展对话交流。二是气候变化和生物多样性的加速丧失，环境污染、生物多样性的丧失带来的风险，可能会给地球、人类带来不可逆转的后果。世界各国需要履行《巴黎协定》，承担相应的责任，共同应对气候变化的威胁。三是互联网治理挑战，第四次科技革命带来互联网的迅速发展，但同时全球技术治理框架尚未形成，网络安全遭遇极大挑战。互联网无国界，需要世界各国积极合作，构建新型全球网络治理体系。四是全球卫生体系面临巨大压力，不断变化的社会、环境、人口和技术趋势使全球卫生体系不堪重负，尤其是 2020 年肆虐全球的新冠肺炎疫情，暴露了全球卫生体系的短板与不足，需要全世界团结合作方能应对。

---

① ［美］罗伯特·基欧汉，约瑟夫·奈．权力与相互依赖——转变中的世界政治［M］．林茂辉，等译．北京：中国人民公安大学出版社，1992：27-33．

二、不确定性的世界需要“确定性”的方向

当今世界，传统问题仍然存在，新的问题又层出不穷，放眼世界，我们面临的是百年未有之大变局，整个人类社会的发展充满了不确定性。从世界经济发展来看，20 世纪 80 年代末在西方世界兴起的“华盛顿共识”曾经在全球化进程中得到许多国家的热捧，但在发展中国家的实践中却饱受诟病，甚至其产出地美国都抛弃了“华盛顿共识”的基本理念。中美两大经济体的经贸摩擦在升级和缓和中不断博弈，不仅直接影响两国在经济领域中的合作，同时也对全球经济治理带来负面影响。加上 2020 年新冠肺炎疫情在全球蔓延，各国应对成效参差不齐，对全球经济发展带来诸多不确定性因素。

从世界政治格局来看，一方面，世界多极化进程加速，日趋均衡的国际格局大势不可逆转；但另一方面，以美国为代表的西方国家不愿意放弃长期以来的霸主地位，将发展中国家的快速发展看作是对其影响力、价值观和财富的挑战。甚至是在新冠肺炎疫情到来时，人类本应同舟共济地应对人类共同的敌人，但是一些国家却对病毒标签化、疫情政治化，从制度、意识层面对中国的抗疫举措进行指责和攻击。再加上中东地区冲突的不断加剧，都对世界政治格局的走向带来诸多不确定性和不可预测性。

从世界文明发展走向来看，按照马克思主义的观点，文化作为上层建筑，受到经济基础、生产方式等社会存在的影响，因此形成了多样性的世界文明图景。不同文明有着自身的历史基因和生存土壤，凝聚着一个国家、一个民族的精神追求和价值导向，在世界文明的大花园里，各自绽放自身的魅力。全球化带来的并不是文明的一体化或一元化，相反，正是在各国文明的交流互鉴中，不同文明展现出自身的特点，又在相互碰撞中相互学习、相互吸收，共同推动人类文明的发展。但是，一些人仍然秉持冷战思维、零和博弈等陈旧观念，不仅不尊重人类文明的丰富性和多样性，反而提出“文明冲突论”“文明优越论”“历史终结论”等论调，将国家之间其他领域的差异和矛盾解读为文明的冲突，甚至试图将自身的价值观念强

加到他国头上，给世界文明多样性发展带来诸多不确定性因素。

在各种不确定性显著增加的当下，世界各地区、国家是合作还是对抗、共赢还是独占、冲突还是和谐，急需某种确定性的方向指引人类未来发展，而人类命运共同体理念则是对这一方向的最好回答。无论世界充满多少不确定性因素、面临多少不确定的未来，可以确定的是，人类社会发展到现在，需要超越传统的血缘和地域的局限，而将人类看作是共生共在的命运共同体看待，合作建设一个可持续发展的全球体系。

三、多极化的世界需要新型大国承担起大国责任和大国担当

第二次世界大战以来，随着亚非拉民族解放运动的兴起以及冷战结束后两极格局的终结，国际政治经济新秩序的倡导和呼声越来越强烈，世界多极化进程不断向前推进。与单极世界、两极世界相比，世界多极化更能体现国际社会对公平正义与合作共赢的追求，更契合维护世界和平与发展的深层需要，更有助于全球治理体系的改革完善。①

中国一直致力于推进世界的多极化发展，在维护自身主权的同时，积极为实现世界和平与发展贡献力量。邓小平提出的和平与发展两大主题到现在仍不过时，他还多次谈到未来的世界不是一两个超级大国说了算，第三世界的力量日益壮大，并且在当时中国综合实力并未走到世界前列的时候，仍然指出中国在多极化的世界中怎么样也算一极。经过40多年的改革开放，中国创造了经济快速发展和社会长期稳定的两大奇迹，不仅为那些既希望实现发展又希望保持自身独立性的发展中国家指明了一条新的道路，并且也日益走近世界舞台的中央，国际影响力越来越强，也越来越有能力为世界多极化进程作出更大的贡献。主张亚洲新安全观、提出"一带一路"倡议、推动七十七国集团和不结盟运动等传统南南合作机制以及金砖国家、上海合作组织等新兴国际合作机制……中国积极参与国际事务与全球治理，致力于构建世界经济政治新秩序，同时积极支持广大发展中国

① 金鑫，林永亮. 共同推动世界多极化深入发展[N]. 人民日报，2019-02-15.

家在国际事务中有更多的发言权，为推进世界多极化进程提出中国方案、贡献中国智慧、发挥中国力量。

当然，世界多极化是一个长期、复杂而曲折的历史进程，某些超级大国对以中国为代表的发展中国家的崛起始终充满疑虑和警惕，“中国威胁论”“中国崩溃论”等论调此起彼伏，单边主义、霸权主义思想仍有一席之地。但习近平作出世界多极化深入发展，国际力量对比朝着有利于维护世界和平方向发展的论断，强调世界多极化趋势是符合人类历史发展规律的，世界各国不分大小、强弱、贫富，都是国际社会的平等成员，应该共同推动国际关系民主化。主张世界的命运必须由各国人民共同掌握，世界上的事情只能由各国政府和人民共同商量来办。在此基础之上，倡导人类命运共同体意识，表明发展起来的中国愿意作为一个负责任的大国承担起应有的责任，促进中国和世界各国良性互动、互利共赢。

第二节　当代人类共识理论的内在建构

人类命运共同体概念一经提出，其内涵不断丰富、外延不断扩大，已经发展为一个较为完善的理论体系。

一、人类命运共同体的基本含义

人类命运共同体概念的核心在于“共同体”这一概念，共同体思想在中国传统文化、西方文化以及马克思主义中都有阐述。在中国传统文化中，“天下大同”的天下情怀，反映出中华民族不仅关注自身民族、国家的发展，而且将民族、国家的发展与整个世界的命运联系起来，甚至超越国家、民族的界限，致力于人类共同发展，追寻“大道”的价值理念，为世界人民谋大同；“协和万邦”的思想，反映出中国自古以来对和平的追求，深谙“国虽大，好战必亡”的历史规律，在国际交往中强调以和为贵，永不称霸，愿意同世界各国人民和睦相处、和谐发展，共谋和平、共护和平、共享和平；“和而不同”的文化观则体现了中华民族开放、包容的文化心态，主张尊重文明多样性，承认文明之间的差异，在文明交流、文明互鉴、文明共存中推动世界文明发展。

在马克思那里，人类社会的最高理想就是建立一个自由人的联合体，“代替那存在着阶级和阶级对立的资产阶级旧社会的，将是这样一个联合体，在那里，每个人的自由发展是一切人的自由发展的条件”。① 在这样的共同体中，“任何人都没有特殊的活动范围，而是都可以在任何部门内发展，社会调节着整个生产，因而使我有可能随自己的兴趣今天干这事，明天干那事，上午打猎，下午捕鱼，傍晚从事畜牧，晚饭后从事批判……”② 个人真正实现自身自由而全面的发展，同时又为共同体的发展作出贡献，实现个人与共同体之间的双赢。这样一个共同体实现人、自然、社会三者真正的和谐统一，是对过去所有社会形态的超越和扬弃，是一种完全崭新的社会形态。要实现这样一个共同体的理想，需要全世界无产者联合起来，从现实出发，立足于现实生活实践，逐渐在全球范围内极大地丰富和发展生产力，打破国家和阶级之间的界限，消灭剥削和两极分化，在实现自身解放的同时实现全人类的解放。最终国家和阶级也将消亡，所有民族能够共享发展的成果，并为共同体作出贡献。

西方思想体系对共同体的研究也非常丰富。事实上，“共同体”概念本身就来源于拉丁文 communis，意思是普遍、共同。在古希腊学者那里，城邦可以说就是最早的共同体，城邦的最终目标就是要实现至善。霍布斯等近代哲学家则从自由的角度对共同体进行过阐释。而“共同体”这一概念在滕尼斯的代表作《共同体与社会——纯粹社会学的基本概念》中得到了充分的研究。他在对共同体与社会的区分中，阐释了他的共同体思想，在他那里，“共同体的类型主要是建立在自然的基础之上的群体(家庭、宗族)里实现的，此外，它也可能在小的、历史形成的联合体(村庄、城市)以及在

① 马克思恩格斯选集(第1卷)[M]. 北京：人民出版社，1995：294.
② 马克思恩格斯选集(第1卷)[M]. 北京：人民出版社，2012：165.

思想的联合体(友谊、师徒关系等)里实现。”①在他所描述的共同体中，情感和道德起到重要的作用，个人的权利通过共同体的身份得到体现，这些也成为后来社群主义的核心观点。对此，海德格尔持反对态度，他认为共同体应该是关于此在本真的生存、与他人的本真关系的观念，强调人在共同体中的差异性。

正是在对东西方思想关于“共同体”理念的批判吸收的基础上，习近平提出了“人类命运共同体”这一概念。人类命运共同体是“世界命运应该由各国共同掌握，国际规则应该由各国共同书写，全球事务应该由各国共同治理，发展成果应该由各国共同分享”②的新型共同体。

二、人类命运共同体的具体形态

人类命运在很多方面休戚与共，涉及不同国家和地区、不同领域，正是基于这一基本事实，人类命运共同体思想具有丰富的具体形态。

一是周边命运共同体、亚洲命运共同体、亚太命运共同体、中非命运共同体、中巴命运共同体、中拉命运共同体、中乌命运共同体、中柬共同体等涉及地区问题的共同体。这种共同体理念的特征有三点，第一点是主张不同国家有不同的历史文化传统和社会制度，也有多种多样的安全利益和诉求，这是客观存在的事实，也是世界文明多样性的体现，是世界的基本特征，同时也是推动人类文明向前发展的动力。第二点是在当今世界，自然灾害、气候变化、传染病疫情、恐怖主义等问题是全球所面临的共同挑战，各国相互联系、相互依存、相互合作、相互促进的程度空前加深，只有坚持超越意识形态和社会制度差异，共商、共建、共享，才能推进各国及全球向前发展。第三点是中国坚持“天下大同、和而不同”的价值观念，加强与各国的交流合作，更加积极参与全球治理，为构建一个更加公

① ［德］斐迪南·滕尼斯．共同体与社会——纯粹社会学的基本概念［M］．林荣远，译．北京：商务印书馆，1999：2．

② 习近平．习近平谈治国理政(第2卷)［M］．北京：外文出版社，2017：540．

平、平等、繁荣的世界发挥建设性作用。

二是海洋命运共同体。关于海洋对人类社会生存和发展的重要意义，习近平在集体会见出席海军成立70周年多国海军活动外方代表团团长时指出，我们人类居住的这个蓝色星球，不是被海洋分割成了各个孤岛，而是被海洋联结成了命运共同体，各国人民安危与共。① 海洋命运共同体是人类命运共同体的重要组成部分，是对人类命运共同体理念的丰富与发展，不仅对维护海上安全与稳定提出了中国主张，而且对人类与海洋的和谐共存提出了新的理念。其一，合则有利，斗则必伤。应当坚决反对霸权主义和动辄以武力相威胁的做法，坚持把和睦相处、和平发展作为处理海洋事务的基准或底线。其二，利益交织、相互依存。海洋分布的广泛性和功能的多样性，把各个国家乃至全人类紧密联系在一起，利益彼此交织、安危唇齿相依，总体上看是一荣俱荣、一损俱损。其三，维护底线、照顾关切。依法尊重各国、各地区合理的海洋利益要求，照顾彼此核心诉求和重要关切，不断夯实合作发展的基础。其四，平等协商、互谅互让。各国各地区应本着务实诚恳的态度，坚持和谐包容、相互尊重、平等对待，积极沟通协商。要树立长远眼光，善于换位思考。其五，求同存异、共商共建。推动形成良好的沟通机制，及时解决涉海重大紧急问题。在积极沟通的基础上，寻求原则立场的最大一致和具体事务处置的最佳路径。化解分歧、搁置争议、放眼长远，按照有利于人类发展、促进互利共赢的原则，通过协商推进海洋开发建设，公平分享相关成果。

三是网络空间命运共同体。在网络技术迅猛发展的今天，各国经济、金融、能源、交通各领域对网络的依赖度越来越大，网络安全、网络规则、网络霸权等问题日益引发人们关注，也成为事关各国安全、互联网健康发展、全球合作与交流的重大问题。从习近平提出的互联网发展治理"四项原则""五点主张"以及世界互联网大会发布的《携手构建网络空间命运共同体》概念文件出发，可以将网络空间命运共同体的理念概括如下。

---

① 新华社. 习近平集体会见出席海军成立70周年多国海军活动外方代表团团长[EB/OL].［2021-11-05］. http://jhsjk.people.cn/article/31045360.

第一，网络空间命运共同体是发展共同体，要实现各国互联网技术的共同发展；安全共同体，各国要共同促进互联网安全，打击侵犯个人隐私、侵犯知识产权、推行种族主义、散布虚假信息、实施网络诈骗、网络恐怖主义活动等全球公认的违法犯罪行为；责任共同体，政府、国际组织、互联网企业、技术社群、社会组织、公民个人等各类主体都有责任参与网络空间治理；利益共同体，各国在互联网治理中存在着共同的利益。第二，网络空间命运共同体的目标是要世界各国以及各类主体共同应对网络空间风险挑战，实现发展共同推进、安全共同维护、治理共同参与、成果共同分享。

四是人类健康命运共同体。在人类命运共同体理念正式提出七周年之际，全球经历了新冠肺炎疫情这一重大公共卫生事件。在抗击新冠肺炎疫情的过程中，习近平首次提出人类卫生健康共同体的崭新倡议。人类卫生健康共同体的提出，首先是对人类命运共同体的内涵的进一步丰富和发展，意味着人类命运共同体理念更加务实、更加具体。其次，这一概念体现出中国主张全世界各国人民的生命健康权是最基本的人权，无论种族、文化、国别，每个人的生命安全、身体健康都应该被尊重，这应该成为世界共同的价值观念，也是人类命运共同体的题中应有之义。最后，人类健康命运共同体的提出，并不意味着世界各国都要采取相同的措施去抗击疫情、保障人民健康，而是主张各国根据自身的社会制度、治理模式、文化传统、社会环境、疫情状况等差异，因地制宜采取适合自身实际又不违反科学的抗疫方法。同时，中国又积极与世界卫生组织和世界各国分享信息、交流经验，共同开展科学研究，为构建人类健康命运共同体贡献中国智慧和中国方案。

除此之外，人类命运共同体的形态还包括核安全命运共同体等，这些共同体的具体形态丰富了人类命运共同体的内涵，也使得人类命运共同体的构建更加具体、现实。

三、人类命运共同体理念的价值意蕴

人类命运共同体理念倡导的是一种新的世界秩序观念，强调用新的思

维方式看待国际事务与人类未来。

一是整体论的思维方式。人类命运共同体理念强调世界是有机整体，因此需要研究整体中的各个要素、结构和功能。人类命运共同体的要素包括不同的国家、国际机构等组织要素，政治、经济、文化、生态等内容要素，国际法规、协定、共识等规则要素，和平、安全、繁荣、开放等目标要素，等等。这些要素之间既存在着一定的独立性，同时又内在地联系在一起，这些要素的系统综合就构成了人类命运共同体，这一结构具有动态性和开放性特征，随着国际交往的频繁和深入不断发展变化。人类命运共同体的结构还表现为能够保持自我、发展自我、更新自我的功能。各国在经济上的合作、政治上的交流以及国际间的各种规则、条令都能够对人类命运共同体的动态平衡和稳定起到积极的调节作用，同时人类命运共同体又需要不断的发展和更新，要积极地应对人类面临的各种挑战、适合历史发展的变化，实现全球的整体可持续发展。

二是主体性思维方式。人类命运休戚与共是客观存在，但要构建人类命运共同体离不开人们的主动积极作为。在人类的实践活动中，人们作为主体，总是根据自身的需要去掌握和改变客体，获得支配和主体地位。如果没有对客体的正确把握和认识，这种实践活动可能具有盲目性和无效性，甚至产生具有破坏性的反主体性效应。正如有学者指出，“人与人之间的各种社会关系及相应的社会组织，本来是人们为了更好地集结起来与自然界斗争而创造出来的，但它们一旦产生出来，便具有了一种超越于其中的任何个体活动形式的总体性运动方式和发展规律，成为先在于个体存在的外部自然——社会环境中不可分割的组织部分，在人们对其人缺乏理解和掌握时，甚至也会作为一种制约的甚至强制性的破坏力量而盲目地发挥作用，成为人们活动的障碍。”①为避免这种反主体性效应的产生，人类首先应该对自身共同的命运有深入理解和认识，在此基础之上构建出高效、理想、完善的政治经济新秩序，使自身在与自然的共生共存中取得更

① 欧阳康. 社会认识方法论[M]. 武汉：武汉大学出版社，1998：499.

大的自由，获得更大的发展。

三是包容的价值观念。如前文所述，哈贝马斯提出的“交往理论”、罗尔斯的“公共理性”“重叠共识”、伽达默尔的“视界融合”、费孝通的“文化自觉”等思想，都对在人类命运共同体的构建中增进包容和理解、化解价值冲突、扩大共识上有着一定的理论价值。可以说，强调人类命运的整体性并不抹杀构成整体的部分的差异性，这种整体性也不是同一性，相反，人类命运共同体内部主体的多元异质性决定了共同体是以“多样性”和“差异性”为根本特征的。正是因为世界上不同国家、不同民族具有差异性，才使共同体的产生有了必要和可能，才使得这一概念有了存在的前提和基础。正是因为民族种族、文化观念、社会制度的差异，才使得人类文明呈现出丰富多彩的画面，一个绝对同质化的世界无需再单独提出命运共同体的主张。而包容作为一种价值就意味着承认世界差异性以及差异存在的合理性，意味着国家之前相互承认对方存在、发展的合理性，承认与他者的共在、共存，因此也是维护人类命运共同体的最基本的价值底蕴。

第三节　当代人类共识所面临的挑战

当今时代，人类社会大发展大变革大调整趋势不可避免，但其中的不确定性、不稳定性、不可预测性因素也在增多。这种复杂的状况使得一方面国际社会普遍认可人类命运共同体理念，但另一方面，在具体构建人类命运共同体的历程中仍然存在诸多挑战。

一、国家利益的冲突

按照马克思主义的历史唯物主义观点，利益是人类活动的动力，“随着分工的发展也产生了单个人的利益或单个家庭的利益与所有互相交往的个人的共同利益之间的矛盾”。① 也就是说，利益矛盾是在人类历史发展到

① 马克思恩格斯选集(第1卷)[M]. 北京：人民出版社，1995：84.

一定阶段后必然出现的现象，具有普遍性，在国家层面同样如此。

不同国家之间利益多元化现象非常突出，从利益的具体内容来看，表现为经济利益、政治利益和文化利益；从利益的实现时段来看，表现为短期利益与长远利益；从涉及范围来看，表现为国家利益与全球利益；从利益的特殊性来看，有普遍利益与特殊利益之分。这些不同的利益不仅会导致不同国家之间的矛盾，而且会导致不同利益之间的矛盾，例如新冠肺炎疫情到来的时候，许多国家为防输入封闭国门，产生了短期利益与长期利益的矛盾。再如一些发达国家拒绝遵守《巴黎协定》，背后反映的就是特殊利益与普遍利益之间的矛盾。

可以说，国家这一共同体存在的必要性，很大程度上就在于维护本国本民族的共同利益。正如马克思一针见血地提出："实际需要、利己主义是市民社会的原则；只要市民社会完全从自身产生出政治国家，这个原则就赤裸裸地显现出来。①因此在国际交往中，各国都强调其自身利益的重要性，这就使得国家间利益争夺时有发生，甚至一些国家只在意自身利益，为了自身利益不惜损害他国利益甚至全球利益，给人类命运共同体的构建带来困难。

二、文明与价值的多元

从人类发展的历史来看，价值从来都不是一元的。当然承认价值的多元性并不意味着我们信奉相对主义，事实上任何社会甚至整个人类社会都存在着某些普遍的价值，但就是这些普遍的价值在不同的历史和文化中也是以不同的方式被解读和运用的。当今世界的价值多元化现象更是比过去任何时候都要突出，这种现象给人类社会共识的达成带来了极大的挑战。

当全球化已经变成一种世界发展趋势的时候，没有人能够阻挡它。全球化使人类前所未有地紧密联系起来，大大扩展了人们之间交往的广度和范围。但是，在世界经济发展越来越紧密联系、越来越相互依存的时候，

① 马克思恩格斯全集(第3卷)［M］. 北京：人民出版社. 2002：194.

各种文化价值观念却并没有因此而统一或一元，而是伴随着经济交往，不同的价值观念、信仰体系得以传播和交流，并呈现出越来越多元的样态，并且不同原因下的价值冲突要达成何种程度的共识、采取何种方式或手段等问题，都给人类命运共同体构建带来了巨大的考验。

同时，不同国家对价值的评判也有自身的标准，即使是同样一个词，都可能有不同的理解，例如我国的社会主义核心价值观的自由与西方国家所说的自由就存在着理解和认识上的诸多差异。更不用说一些国家对于其他领域的分歧也用意识形态的对立、文明的冲突加以解释，进一步放大了价值观的差异。

三、逆全球化的挑战

回顾全球化的发展历程，可以说，全球化一直是在争议中向前推进的。支持全球化的观点认为，经济全球化是生产力发展与国际分工的必然选择，有利于生产要素在全球范围内实现最佳配置，以及资本和产品在全球范围内流动，并促进科技在全球的运用与发展，推动不发达地区经济的发展。但同时，制约全球化的力量从来没有停止过与推动全球化的力量博弈。尤其是20世纪80年代以来，一些国家产生逆全球化思潮，发展到近年，其影响力持续扩大并延续至今。

逆全球化主张的背后有非常复杂的原因，一方面在全球化进程中，一些国家享受到全球化带来的红利，财富得到增长，而一些国家则在全球化分工中难以占有一席之地，使得国别之间的收入差距进一步拉大，全球化的负面影响得以显现。在对这些问题进行质疑和批判的过程中，产生了贸易保护论、边缘化依附论、比较优势陷阱论等逆全球化理论。同时，一些国家内部贫富差距也不断扩大，使得社会矛盾积聚甚至激化，加上逆全球化理论的助推，民间的逆全球化运动时有出现。尤其是在一些西方国家召开如世界银行年会等重要会议时，这些国家的民众直接进行集会、示威、游行，抗议全球化浪潮。2008年金融危机发生后，各国经济增速放缓、失业人口增加，一些国家贸易保护主义抬头，逆全球化思潮再度兴起。另一方面，民族主义、民粹主义、生态环境问题等非经济因素也助推了逆全球化的势头。

新冠肺炎疫情在全球蔓延之时，一些国家为应对疫情，被迫停工、停产，封闭边境，国际贸易受阻，全球产业链亦遭受重大冲击，逆全球化的呼声再次加强。一些国家为了减少疫情给国内产业发展以及就业带来的冲击，维护全球价值链中的原有地位，提出要加快本国制造业回流。逆全球化所带来的诸如全球性政治与社会危机、国际政治分裂等问题已经显现，给构建人类命运共同体带来极大挑战。

第四节　当代人类共识达成的可能性

正如前文指出，人类命运共同体的构建遭遇多重挑战，甚至还有人质疑，不同制度、不同意识形态的国家真的有共同的命运吗？中国何来底气倡导构建人类命运共同体呢？这些质疑是在研究人类命运共同体理念时绕不开的问题，我们认为，人类命运共同体思想是有着其存在论、价值论和利益基础的。

一、人类社会的相互依存是人类命运共同体思想的存在论基础

从存在论的角度来看，人是社会性动物，人只有在与他人、社会交往中才能体现自身的本质属性，并且由人所组成的共同体——国家也是相互依存的。人类社会发展到今天，随着全球化的发展，人类向马克思所指明的“世界历史”发展，不同国家、不同地区、不同民族的人在全球化时代以前所未有的紧密度相互联系和影响，人类进入世界历史发展阶段。在这样一个发展阶段，一个国家很难孤立地发展自身而不与其他国家发生联系，也很难有一个国家能够长期持续发展壮大而不受世界是否和平稳定的影响，世界在某种意义上成为一个“命运共同体”。虽然不同国家有着不同的利益、价值、目标，甚至这些利益、价值、目标还会彼此矛盾、冲突，但从人类发展历史来看，不同国家之间的分歧积聚到一定程度可能转化为严

重的矛盾和冲突，如果不加以引导和控制，将会给人类社会的和平稳定发展带来负面的影响，有时区域性矛盾往往演变成全球性问题，任何一个国家都难以独善其身，因此分歧不能无限地扩大。这也是为什么许多的争端、摩擦、冲突最后都需要诉诸对话与合作来凝聚共识、解决分歧的原因，韩朝和谈、中美贸易谈话等就是明证。而从另一个角度来说，也正是因为分歧的存在，人类社会才会多样化、丰富多彩，如果人类社会千篇一律，也就没有提出人类命运共同体理念的必要了。

二、人类具有一定的共同价值是人类命运共同体思想的价值论基础

共同价值的存在是人类命运共同体能够成为当代全球共识的价值基础。从价值论的角度来看，虽然从全球来看，由于文化、制度等各方面的差异，一些国家认可的价值并不一定被其他国家所认可，甚至不同国家的价值还可能互相矛盾、冲突，但并不意味着所有的差异都不能得到协调或者统一。国际社会的争端，总需要由一些共同的价值来进行调解和解决，这些价值对维护国际秩序的良好运行起着重要作用。这些就体现为全球的共同价值，也是人类命运共同体得以可能的价值基础。

利用前文提到的共识度概念，可以说，对人类最核心、最底线、最基本的价值，例如对人的生命的尊重、对世界和平与发展的追寻等应该成为全球最大公约数、达到百分之百共识；而对其他价值，则可根据具体情况达到一定程度、一定范围的共识，而不要求百分之百的共识度。

三、人类具有一定的共同利益是人类命运共同体思想的利益基础

共同利益的存在是人类命运共同体能够成为当代全球共识的实践基础。在当今的世界中，不同国家、地区存在着一定的共同利益，这是人类命运共同体可以成为全球共识的基石。按照马克思主义的基本观点，人们的首要利益就是自身的生存和发展，当然，不同的人对生存和发展的诉求也是存在着差异的，西方发达国家与非洲原始部落的人们在基本的生存和

发展的需求上存在巨大差异，也正因为如此，不少人对人类命运共同体的倡议存疑。那么，不同的国家之间是否存在着共同的利益呢？我们可以考察下国家之间可能的利益关系。

第一，不同国家利益不同，甚至相互之间存在着冲突和对立。例如一个国家入侵另一个国家，想要占领其国土、掠夺其资源、奴役其人民，两国之间的利益就是彼此对立矛盾的。第二，不同国家具有相同的利益。例如，两个国家之间存在领土争端，两个国家都希望拥有此领土的主权，但若一个国家拥有了此领土的主权，另一个国家就不能再拥有，在这种情况下，由于资源的有限性和排他性，往往一方需求和利益的满足会影响到另一方需求和利益的实现。第三，不同国家具有共同的利益。在这种情况下，利益不具有排他性，例如生态环境是与地球上所有国家都息息相关的，如果地球生态崩溃，所有国家都将深受其害，因此尽管在此问题上存在一些局部分歧，但在全球生态保护理念上比较容易达成共识。

在第一种和第二种情况下，不同国家之间的利益冲突、对立和排斥，一方要实现自身利益往往建立在牺牲另一方的利益的前提之下，因此比较难达成实质共识。甚至可以说，站在各自的立场上，这些不同利益不管是局部利益、现实利益还是短期利益，只要是合乎国际公认的规则，都应该得到尊重和承认、保护和保障(当然一国入侵另一国不符合这一原则)。但是，一定的程序共识仍是可以实现的，双方可以通过对利益冲突处理规则进行协商，在解决的机制、规则和程序上达成共识，并且同意接受并遵循由此所得出的结果。

而在第三种情形中可以看到人类命运共同体理念的基石。尽管不同国家或地区仍存在局部争端、矛盾、斗争、冲突，但不同国家生活在同一个地球上，处于同一个历史时期，共同的时空决定了共同利益的存在，诸如生态环境保护、全球减贫、资源再生与可持续发展、全球和平等，使得人类的利益具有整体性和一致性，这种一致性与整体性将所有国家和地区联结起来，构成了一个命运共同体，使得人类具有了共同的发展目标。因此，要实现人类的共同利益，奠定命运共同体的现实基础，就意味着各国应该最大限度地实现全球公共利益，包括维护世界和平与发展、改善生态环境等，在全球共同利益的实现基础上实现每个国家的利益。尤其是在大的风险挑战面前，人类之间的相互依存度更是大大凸显。在流行性疾病到来之时，病毒成为人类共同的敌人，无论是什么种族、文化或者制度，没有任何国家可以独善其身，尽管因为病毒阻隔的需要，国家之间会关闭边境，但从长期趋势来看，不可能有哪个国家成为长期自我封闭的孤岛。一国战胜疾病并不意味着人类战胜疾病，只有所有国家共同击退病毒才能宣告最后的胜利。正如世界卫生组织总干事谭德塞在演讲中所说，“在一个分裂的世界里，我们无法战胜这种流行病。”世界各国只有同舟共济、守望相助，才能合力应对危机和挑战，推动全人类的可持续发展。

第五节　当代人类共识的构建路径

人类共识的达成，需要接受把人类看作共同体的这一理念，更重要的是，还要践行在具体的行动中，所有国家以及国际组织都需要承担相应的责任，通过一致行动构建人类命运共同体。

一、主体层面的共识要求

从主体角度来说，首先，不同国家需要加强信息沟通和交流。如前文所述，在很多时候，误解、不理解、歧见的产生往往是获得的信息存在差异造成的。只有各国加强信息的沟通，增进理解，才能实现良性互动。其次，大国小国都要承担起相应的责任。大国要尊重彼此核心利益和重大关切，管控矛盾分歧，努力构建不冲突不对抗、相互尊重、合作共赢的新型关系。小国也要主动发声，积极参与全球事务。无论大国小国，都应该遵守通用的国际规则，尊重不同国家对自身道路、制度的选择，尊重不同国家的历史与文化，尊重联合国等国际组织发挥协调斡旋的主渠道作用。再次，联合国等国际组织也要充分发挥其作用，在全球重大问题上，发挥统筹协调作用，动员全球力量有效应对。在新冠肺炎疫情应对中，世界卫生组织就在疫情监测、信息发布、经验交流、国际合作、技术分享等方面充分发挥了引领作用。

二、内容层面的共识要求

从内容角度来说，各国要将建设持久和平、普遍安全、共同繁荣、开放包容、清洁美丽的世界作为推动建设人类命运共同体的目标共同努力。持久和平，就要求各国无论大小一律平等，不能以大压小、以强凌弱、以富欺贫。对分歧和争端，主张以对话、协商解决。大国之间相处遵守不冲突不对抗的原则，相互尊重、合作共赢。大国与小国之间践行正确义利观，义利相兼，义重于利。普遍安全，就要摒弃冷战思维，树立共同、综合、合作、可持续安全的新观念，要推动经济和社会领域的国际合作齐头并进，统筹应对传统和非传统安全威胁，防战争祸患于未然。要实现共同繁荣，就应该秉承开放精神，推进互帮互助、互惠互利，打造兼顾效率和公平的规范格局。开放包容，就要坚持和而不同、兼收并蓄的文明交流，不同文明相互尊重、平等相待、彼此借鉴、和谐共存，推动人类文明实现创造性发展。清洁美丽，就要构筑尊崇自然、绿色发展的生态体系，共同解决好工业文明带来的矛盾，以人与自然和谐相处为目标，实现世界的可持续发展和人的全面发展。

三、实现人类命运共同体的共享

共享是全球治理目标，也是人类命运共同体建设的价值旨归。共享包括发展机会共享、发展能力的共享以及发展成果的共享。

构建人类命运共同体，意味着各国要在命运共同体建设中享有发展的机会。中国改革开放以来的40多年，不仅是自身抓住发展机会，取得巨大经济腾飞的40多年，同时也给世界经济发展带来重大机遇。作为世界第一出口大国，中国为满足世界各国人民生活需求作出重大贡献，给世界人民提供了大量物美价廉的商品；作为持续多年的世界第一大出境旅游客源国，中国为许多国家的旅游业发展作出了重大贡献，促进了这些国家的消费与就业；作为“一带一路”的倡导者，中国为带动周边国家经济发展作出了重大贡献，使这些国家经济焕发出新的生机与活力……中国提出构建人类命运共同体，同时又不断身体力行，践行人类命运共同体理念，在发展自身的同时与其他国家共享发展机会。

构建人类命运共同体，意味着各国要在命运共同体建设中增进和确保发展的能力。世界上绝大多数国家，尤其是发展中国家，面临着巨大的发展压力，迫切需要融入全球发展的大潮，在全球发展中提升自身的发展能力。2015 年习近平在联合国发展峰会上向世界传递中国经验时，就着重强调“增强各国发展能力”“国际社会要帮助发展中国家加强能力建设”，可见发展能力尤其是新兴国家和发展中国家的发展能力在人类命运共同体建设中的重要性。王绍光在《中国崛起的世界意义》中提出了强制能力、汲取能力、濡化能力、认证能力、规管能力、统领能力、再分配能力七大基础性国家能力，这些能力对发展中国家来说尤其重要。一方面，发展中国家可能通过自身加强能力建设，提升基础性国家能力；另一方面，也可以借鉴吸收他国经验，在合作交流中提升能力。

构建人类命运共同体，意味着各国要在命运共同体建设上实现发展成果的共享。正如前文指出，逆全球化呼声之所以此起彼伏，一个重要的原因是并非所有国家都在全球化中获益，相反，一些国家资源被占有、产业空间被挤占、就业机会被攫取、贫困问题长期得不到解决……如果不是所有国家、所有阶层、所有人群都能享受到全球化所带来的成果，实现利益共享、达到共赢目标，那么人类命运共同体建设就遥遥无期。中国主张共享发展理念，其中重要的内容就是要共享发展的成果，按照有学者的分析，共享发展的成果至少包含以下四个方面的内容：“共享是全民共享，共享发展是人人享有、各得其所，不是少数人共享、一部分人共享；共享是全面共享，共享发展就要共享国家经济、政治、文化、社会、生态各方面建设成果，全面保障人民在各方面的合法权益；共享是共建共享，共建才能共享，共建的过程也是共享的过程，充分发扬民主，广泛汇聚民智，最大激发民力，形成人人参与、人人尽力、人人都有成就感的生动局面；

共享是渐进共享，共享发展必将有一个从低级到高级、从不均衡到均衡的过程，即使达到很高的水平也会有差别。”①这一理念在国际社会也同样适用。在国际社会中，共享是全人类的共享，而不是少数国家、少数人共享；共享是全面共享，是共享人类命运共同体建设中各方面的成果；共享是共建共享，所有国家都享有参与人类命运共同体建设的权利；共享是渐进共享，承认不同国家的共享度存在差异才是实事求是的态度。

① 辛向阳，王珊珊. 共享发展：内涵、机制和途径[N]. 北京日报，2016-09-13；任理轩. 坚持共享发展——“五大发展理念”解读之五[N]. 人民日报，2015-12-24.

结 束 语

本书到这里即将结束，但应该说对共识问题的研究还有诸多可以探讨之处。虽然本书立足于社会共识，从社会的不同层面对共识问题进行了研究，力求面面俱到，但有些地方也不免泛泛而谈。在社会生活中，对于共识如何达成、共识的达成有何种手段，大多可以在工具层面解决。困难在于价值层面如何解决共识问题，涉及共识是否有必要、什么样的共识是有必要的、什么情况下多元与差异比共识更为可贵等问题。而这些问题由于社会生活的复杂性和多样性，很多时候无法得出统一的回答。以政治生活为例，一个秩序良好的社会离不开一定的共识，尤其是基本的政治信念例如国家存在的必要性、根本政治制度的认可等如果都缺乏广泛的共识，那么这个社会可以说是岌岌可危的，但是如果在政治生活的各个层面都要求实现共识，那么社会又可能成为死水一潭或者在表面的平静之下免不了暗流涌动。这就是本书通过不同学派观点的碰撞提出的“共识度”的概念所想要阐述和分析的。虽然本书尝试对共识度进行解析，但仍然只是提供了一种思路，在什么情况下要求什么样的共识度，不同的共识度的要求、标准何在，等等，恐怕都还需要进一步深入的研究。具体到当今中国社会，一方面，人们在交往过程中面临诸多矛盾与冲突，在从认识和理念上达成共识的基础之上，还应该在行动与现实中实现“共同行动”，以化解冲突。也就是说，只有当全社会在社会共识的基础之上实施共同行动时，社会稳定、和谐才有可能真正实现。而从另一方面来看，一旦社会共识具有非理性的特征，共识引发的共同行动也可能是无序的、具有破坏性和不受控制的，甚至发生难以遏制的灾难。更不用说在某些情况下，高共识度有助于凝聚人心、促进和谐，但是在某些问题上，尊重差异、谋求多元反而是更好的解决之道。一个事事都能实现百分之百共识度的社会不但不可能，也无必要，甚至可能很危险。这些问题都给今后的进一步研究指明了方向。

参考文献

1. 中文著作类

[1][美] 阿拉斯戴尔·麦金太尔. 追寻美德：伦理理论研究[M]. 宋继杰，译. 南京：译林出版社，2003.

[2][美] 阿拉斯戴尔·麦金太尔. 谁之正义？何种合理性？[M]. 万俊人，译. 北京：当代中国出版社，1996.

[3][法]路易·阿尔都塞. 保卫马克思[M]. 顾良，译. 北京：商务印书馆，2006.

[4][法]埃米尔·涂尔干. 社会分工论[M]. 渠东，译. 北京：生活·读书·新知三联书店，2000.

[5][英]安德鲁·埃德加. 哈贝马斯：关键概念[M]. 杨礼银，朱松峰，译. 南京：江苏人民出版社，2009.

[6][英]安德鲁·海伍德. 政治学核心概念[M]. 吴勇，译. 天津：天津人民出版社，2008：21.

[7][英]A. R. 拉德克利夫·布朗. 原始社会的结构与功能[M]. 潘蛟，王贤海，等译. 北京：中央民族大学出版社，1999.

[8][美]阿拉斯戴尔·麦金太尔. 伦理学简史[M]. 龚群，译. 北京：商务印书馆，2003.

[9][美]本尼迪克特·安德森. 想象的共同体：民族主义的起源与散布[M]. 吴叡人，译. 北京：商务印书馆，2003.

[10][英]布伦达·拉尔夫·刘易斯. 君主制的历史[M]. 荣予，方力维，

译. 北京：生活·读书·新知三联书店，2007.

[11][加]查尔斯·泰勒. 自我的根源：现代认同的形成[M]. 韩震，等译. 南京：译林出版社，2001.

[12][加]查尔斯·泰勒. 童之林，等译. 承认的政治[M]//汪晖，陈燕谷. 文化与公共性. 北京：生活·读书·新知三联书店，1998.

[13][英]戴维·莫利，凯文·罗宾斯. 全球媒介、电子世界景观与文化边界[M]. 司艳，译. 南京：南京大学出版社，2001.

[14][美]道格拉斯·凯尔纳，[美]斯蒂文·贝斯特. 后现代理论——批判性的质疑[M]. 张志斌，译. 北京：中央编译出版社，2001.

[15][美]丹尼斯·姆贝. 组织中的传播和权力：话语、意识形态和统治[M]. 北京：中国社会科学出版社，2000.

[16][英]戴维·米勒、[英]韦农·波格丹诺. 布莱克维尔政治学百科全书[M]. 邓正来，等译. 北京：中国政法大学出版社，2002.

[17][法]爱弥尔·涂尔干. 宗教生活的基本形式[M]. 渠东，汲喆，译. 上海：上海人民出版社，1999.

[18][美]E. 博登海默. 法理学、法律哲学与法律方法[M]. 邓正来，译. 北京：中国政法大学出版社，1999.

[19][德]斐迪南·滕尼斯. 共同体与社会——纯粹社会学的基本概念[M]. 林荣远，译. 北京：商务印书馆，1999.

[20][德]尤尔根·哈贝马斯. 包容他者[M]. 曹卫东，译. 上海：上海人民出版社，2002.

[21][德]哈贝马斯. 公共领域的结构转型[M]. 曹卫东，等译. 上海：学林出版社，1999.

[22][德]哈贝马斯. 现代性的哲学话语[M]. 曹卫东，等译. 南京：译林出版社，2004.

[23][德]哈贝马斯. 在事实与规范之间——关于法律和民主法治国的商谈理论[M]. 童世骏，译. 北京：生活·读书·新知三联书店，2003.

[24][德]哈贝马斯. 交往与社会进化[M]. 张博树，译. 重庆：重庆人民

出版社，1989.
[25][德]尤尔根·哈贝马斯. 后形而上学思想[M]. 曹卫东，等译. 南京：译林出版社，2001.
[26][德]尤尔根·哈贝马斯，米夏埃尔·哈勒. 作为未来的过去[M]. 章国锋，译. 杭州：浙江人民出版社，2001.
[27][德]尤尔根·哈贝马斯. 交往行为理论(第1卷)[M]. 曹卫东，译. 北京：人民出版社，2004.
[28][美]汉娜·阿伦特. 人的条件[M]. 竺乾威，译. 上海：上海人民出版社，1999.
[29][德]汉斯-格奥尔格·伽达默尔. 真理与方法(上卷)[M]. 上海：上海译文出版社，1999.
[30][德]黑格尔. 黑格尔早期著作集(上卷)[M]. 贺麟，译. 北京：商务印书馆，1997.
[31][德]黑格尔. 法哲学原理[M]. 范扬，张企泰，译. 北京：商务印书馆，1961.
[32][英]霍布斯. 利维坦[M]. 吴福刚，译. 北京：中国社会出版社，1999.
[33][德]康德. 实践理性批判[M]. 邓小芒，译. 北京：人民出版社，2003.
[34][德]康德. 历史理性批判文集[M]. 何兆武，译. 北京：商务印书馆，1996.
[35][德]康德. 形而上学原理——权利的科学[M]. 沈叔平，译. 北京：商务印书馆，1991.
[36][法]克劳德·列维-斯特劳斯. 结构人类学[M]陆晓禾，黄锡光，等译. 北京：文化艺术出版社，1989.
[37][美]克莱德·克鲁克洪，等. 文化与个人[M]. 高佳，何红，译. 杭州：浙江人民出版社，1986.
[38][美]克利福德·格尔茨. 文化的解释[M]. 韩利，译. 南京：译林出版社，1999.
[39][英]拉尔夫·达仁道夫. 现代社会冲突[M]. 林荣远，译. 北京：中

国社会科学出版社，2000.
[40][美]L. 科塞. 社会冲突的功能[M]. 孙立平，等译. 北京：华夏出版社，1989.
[41][俄]列宁. 列宁选集(第1卷)[M]. 北京：人民出版社，1995.
[42][法]卢梭. 社会契约论[M]. 何兆武，译. 北京：商务印书馆，1980.
[43][法]卢梭. 论人类不平等的起源和基础[M]. 李常山，译. 北京：商务印书馆，1997.
[44][芬]罗明嘉. 奥古斯丁《上帝之城》中的社会生活神学[M]. 张晓梅，译. 北京：中国社会科学出版社，2008.
[45][英]洛克. 政府论(下篇) [M]. 叶启芳，瞿菊农，译. 北京：商务印书馆，1964.
[46][英]雷蒙德·威廉斯. 文化与社会[M]. 吴松江，张文定，译. 北京：北京大学出版社，1991.
[47]马克思. 1844年经济学哲学手稿[M]. 北京：人民出版社，2000.
[48]马克思恩格斯全集(第一卷)[M]. 北京：人民出版社，1995.
[49]马克思恩格斯全集(第16卷)[M]. 北京：人民出版社，1964.
[50]马克思恩格斯全集(第18卷)[M]. 北京：人民出版社，1964.
[51]马克思恩格斯选集(第1卷)[M]. 北京：人民出版社，1995.
[52]马克思恩格斯选集(第2卷)[M]. 北京：人民出版社，1995.
[53][英]马林诺夫斯基. 巫术科学宗教与神话[M]. 李安宅，译. 北京：中国民间文艺出版社，1986.
[54][澳]迈克尔·A. 豪格. [英]多米尼克·阿布拉姆斯. 社会认同过程[M]. 高明华，译. 北京：中国人民大学出版社，2011.
[55][英]迈克尔·曼. 社会权力的来源(第一卷)[M]. 陈海宏，等译. 上海：上海人民出版社，2007.
[56][美]迈克尔·J. 桑德尔. 自由主义与正义的局限[M]. 万俊人，等译. 南京：译林出版社，2001.
[57][英]迈克尔·莱斯诺夫. 社会契约论[M]. 刘训练，李丽红，张红梅，

译. 南京：江苏人民出版社，2012.
[58][美]路易斯·亨利·摩尔根. 古代社会[M]. 杨东尊，张栗原，冯汉骥，译. 北京：商务印书馆，1971.
[59][美]乔纲森·弗里德曼. 文化认同与全球性过程[M]. 郭建如，译. 北京：商务印书馆，2003.
[60][英]齐格利特·鲍曼. 共同体[M]. 欧阳景根，译. 南京：江苏人民出版社，2003.
[61][美]乔·萨利托. 民主新论[M]. 冯克利，阎克文，译. 北京：东方出版社，1998.
[62][美]乔治·赫伯特·米德. 心灵、自我与社会[M]. 霍桂桓，译. 北京：华夏出版社，1999.
[63][英]乔治·克劳德. 自由主义与价值多元论[M]. 应奇，张小玲，杨立峰，王琼，译. 南京：江苏人民出版社，2006.
[64][法]让-弗朗索瓦·利奥塔. 后现代状况——关于知识的报告[M]. 长沙：湖南美术出版社，1999.
[65][法)让-皮埃尔·韦尔南. 希腊思想的起源[M]. 秦海鹰，译. 北京：生活·读书·新知三联书店，1996.
[66][美]萨丕尔. 语言论——言语研究导论[M]. 陆卓元，译. 北京：商务印书馆，1985.
[67][美]塞缪尔·亨廷顿. 变革社会中的政治秩序[M]. 李盛平，杨玉生，等译. 北京：华夏出版社，1998.
[68][美]塞拉·本哈比. 民主与差异：挑战政治的边界[M]. 黄相怀，等译. 北京：中央编译出版社，2009.
[69][英]史密斯，等. 文化研究精粹读本[M]. 北京：中国人民大学出版社，2006.
[70][英]特瑞·伊格尔顿. 文化的观念[M]. 方杰，译. 南京：南京大学出版社，2006.
[71][法]维克多·埃尔. 文化概念[M]. 康新文，晓文，译. 上海：上海

人民出版社，1988.
[72][古希腊]亚里士多德. 政治学[M]. 吴寿彭，译. 北京：商务印书馆，1983.
[73][古希腊]亚里士多德. 亚里士多德全集(第8卷)[M]. 苗力田，译. 北京：中国人民大学出版社，1997.
[74][古希腊]亚里士多德. 尼各马可伦理学[M]. 廖申白，译. 北京：商务印书馆，2003.
[75][加]约翰·华特生. 康德哲学原著选读[M]. 韦卓民，译. 武汉：华中师范大学出版社，2006.
[76][美]约翰·罗尔斯. 正义论[M]. 何怀宏，何包钢，廖申白，译. 北京：中国社会科学出版社，1998.
[77][美]约翰·罗尔斯. 作为公平的正义：正义新论[M]. 姚大志，译. 上海：上海三联书店，2002.
[78][美]约翰·罗尔斯. 政治自由主义[M]. 万俊人，译. 南京：译林出版社，2011.
[79][澳]约翰·S. 德雷泽克. 协商民主及其超越：自由与批判的视角[M]. 丁开杰，等译. 北京：中央编译出版社，2006.
[80][美]A. 约翰. 西蒙斯. 道德原则与政治义务[M]. 郭为贵，李艳丽，译. 南京：江苏人民出版社，2009.
[81][美]约翰·西蒙斯. 隐然同意与政治义务[M]//毛兴贵. 政治义务：证成与反驳. 南京：江苏人民出版社，2007.
[82][美]詹姆斯·博曼，威廉·雷吉. 协商民主：论理性与政治[M]. 陈家刚，等译. 北京：中央编译出版社，2006.
[83]陈国灿. 历史性[M]//蒋大春，陈启能. 史学理论大辞典. 合肥：安徽教育出版社，2000.
[84]邓启耀. 中国神话的思维结构[M]. 重庆：重庆出版社，2004.
[85]冯友兰. 中国现代哲学史[M]. 广州：广东人民出版社，1999.
[86]费孝通. 论文化与文化自觉[M]. 北京：群言出版社，2007.

[87]贺来. 宽容意识[M]. 长春：吉林教育出版社，2001.
[88]胡军良. 哈贝马斯对话伦理学研究[M]. 北京：中国社会科学出版社，2010.
[89]寇鸿顺，当代西方共识民主理论研究[M]. 北京：人民出版社，2014.
[90]梁丽萍. 政治社会学[M]. 北京：中央编译出版社，2009.
[91]李德顺. 价值论[M]. 北京：中国人民大学出版社，2007.
[92]刘泽华，汪茂和，王兰仲. 专制权力与中国社会[M]. 长春：吉林文史出版社，1988.
[93]欧阳康. 社会认识论导论[M]. 北京：中国社会科学出版社，2010.
[94]欧阳康. 马克思主义认识论研究[M]. 北京：北京师范大学出版社，2012.
[95]欧阳康. 社会认识方法论[M]. 武汉：武汉大学出版社，1998.
[96]欧阳康. 哲学研究方法论[M]. 武汉：武汉大学出版社，1998.
[97]邵志芳，高旭辰. 社会认知[M]. 上海：上海人民出版社，2009.
[98]万俊人. 附录：政治自由主义的现代建构——罗尔斯《政治自由主义》读解[M]//[美]约翰·罗尔斯. 政治自由主义. 万俊人，译. 南京：译林出版社，2011.
[99]王晓升，等. 西方马克思主义意识形态理论[M]. 北京：社会科学文献出版社，2008.
[100]汪晖，陈燕谷. 文化与公共性[M]. 北京：生活·读书·新知三联书店，1998.
[101]王文东. 当代中国发展语境中的正义共识研究[M]. 北京：人民出版社，2010.
[102]王凤才. 从公共自由到民主伦理——批判理论语境中的维尔默政治伦理学[M]. 北京：人民出版社，2011.
[103]尹保云. 什么是现代化——概念与范式的探讨[M]. 北京：人民出版社，2001.
[104]应奇，刘训练. 当代社会契约论[M]. 南京：江苏人民出版社，2007.
[105]余英时. 中国文化史通释[M]. 北京：生活·读书·新知三联书店，

2012.
[106]吴育林，等. 当代中国价值问题与价值重构[M]. 北京：人民出版社，2014.
[107]姚大志. 当代西方政治哲学[M]. 北京：北京大学出版社，2011.
[108]杨伯峻. 论语译注[M]. 北京：中华书局，1980.
[109]杨向奎. 大一统与儒家思想[M]. 北京：北京出版社，2011.
[110]张洪成. 社会共识论[M]. 济南：中国图联出版社，2010.
[111]周民锋. 当代中国意识形态观研究[M]. 北京：人民出版社，2012.
[112]周中之，石书臣. 社会主义核心价值体系教育探索[M]. 上海：上海人民出版社，2007.
[113]习近平. 论坚持推动构建人类命运共同体[M]. 北京：中央文献出版社，2018.

2. 中文期刊类

[1][美]艾瑞克·托马斯·韦伯. 新旧社会契约论[J]. 毛兴贵，译. 国外理论动态. 2012(5)：37-50.
[2]白鹏. 如何实现价值共识[J]. 大众科技，2008(7)：201-203.
[3]陈先达. 论普世价值与价值共识[J]. 哲学研究，2009(4)：3-9.
[4]陈炳辉，王卫. 民主共识的达成——协商民主解决多元偏好冲突的路径选择[J]. 厦门大学学报(哲学社会科学版)，2012(5)：35-42.
[5]程广云. 论哲学的多样性与对话的可能性[J]. 哲学动态，2012(3)：18-25.
[6]程广云，韩璞庚. 论普世价值如何可能[J]. 学术月刊，2002(5)：14-21.
[7]陈喜波，韩光辉. 中国古代"大一统"思想的演变及其影响[J]. 中共中央党校学报，2005(8)：58-63.
[8]邓红蕾. 论共识的"利益效应"——以先秦法家商、韩思想为例[J]. 江汉论坛，2010(4)：54-59.
[9]郜会远. 试论政治共识的达成条件[J]. 安徽工业大学学报(社会科学

版) 2008, 25(6): 11-12.
[10]郜会远. 试论政治共识的基本内涵及现实意义[J]. 湖北社会科学, 2008(1): 51-53.
[11]顾肃. 多元社会的重叠共识、正当与善——晚期罗尔斯政治哲学的核心理念评述[J]. 复旦学报(社会科学版), 2011(2): 55-62.
[12]韩东屏. 如何达成价值共识 [J]. 河北学刊, 2010(1): 37-43.
[13]韩东屏. 评价的意义与普遍有效性[J]. 湖北大学学报(哲学社会科学版), 2006, 33(2): 125-130.
[14]贺来. 道德共识与现代社会的命运[J]. 哲学研究, 2011(5): 25-30.
[15][德]黑格尔. 论自然法的科学探讨方式[J]. 程志民译. 哲学译丛, 1997, 1997(4): 1-11.
[16]胡敏中. 论价值共识[J]. 哲学研究, 2008(7) : 96-102.
[17]胡春阳. 转型时期社会主义核心价值观认同建构[J]. 中国特色社会主义研究, 2015(1): 65-70.
[18]洪汉鼎. 伽达默尔的前理解学说(上)[J]. 河北学刊, 2008, 28(1): 43-52.
[19]寇鸿顺. 从"协合"到"共识": 利普哈特多元社会民主思想探析[J]. 河南社会科学. 2011, 19(1): 84-87.
[20]李咏梅. 论现代化价值冲突中的民族共识[J]. 黑河学院学报, 2010, 1(3): 32-35.
[21]刘晗. 无强制共识的可能——哈贝马斯话语理论的乌托邦之维[J]. 哈尔滨工业大学学报(社会科学版), 12(1): 131-137.
[22]吕元礼. 论社会转型时期政治共识的达成方式——以邓小平的"南方谈话"为例[J]. 社会科学研究, 2005(4): 25-27.
[23]吕庆广. 战后美国社会共识论的兴起与影响[J]. 学术探索, 2012(7): 44-47.
[24]马九福. 略论和谐社会政治共识建设[J]. 华东理工大学学报(社会科学版), 2007, 22(3): 63-66.

[25]欧阳康．实践哲学思想溯源[J]．华中科技大学学报(社会科学版)，2006，20(1)：18-23.
[26]欧阳康．马克思现代性理论的价值取向及当代意义[J]．江海学刊，2006(1)：301-301.
[27]欧阳康．多元化进程中的文化认同与文化选择[J]．华中科技大学学报(社会科学版)，2011，25(6)：1-7.
[28]欧阳康，王晓磊．在个性自由与集体合作之间保持张力——论马克思“共同体”思想的价值维度及其启示[J]．求索，2008(5)：81-83.
[29]潘于旭．认同、共识及其价值论建构的意义[J]．江苏社会科学，2014(1)：49-57.
[30]王晓升．强意识形态、弱意识形态与理性共识——从哈贝马斯公共领域理论看意识形态斗争策略[J]．学术研究 2011(4)：14-21.
[31][美]瑞克·托马斯·韦伯．新旧社会契约论[J]．毛兴贵，译．国外理论动态，2012(5).
[32]沈湘平．反思价值共识的前提[J]．学术研究，2011(3)：5-8.
[33]沈湘平．价值共识是否以及如何可能[J]．哲学研究，2007(2)：107-111.
[34]汪信砚．普世价值·价值认同·价值共识——当前我国价值论研究中三个重要概念辨析[J]．学术研究，2009(11)：5-10.
[35]俞可平．中国公民社会的兴起及其对治理的意义[J]．中国社会科学季刊，1999 年秋季号.
[36]吴育林，陈水勇．交往理性视阈中的价值共识[J]．学术研究，2011：24-30.
[37]夏甄陶．关于认识的语言符号中介[J]．哲学研究，1994(6)：24-32.
[38]徐勇．一体化中的文化自我强化与政治共识[J]．天津社会科学，2010，3(3)：45−48.
[39]肖云忠．利益分化对社会主义核心价值体系认同影响的实证研究[J]．观察与思考，2014(6)：39-43.

[40]夏庆波. 罗尔斯的“重叠共识”理念及其启示[J]. 华中科技大学学报(社会科学版), 2008, 22(4): 30-33.
[41]杨松. 哈贝马斯对西方元伦理学的批评、纠偏与误解[J]. 福建论坛(人文社会科学版), 2011(2): 44-49.
[42]袁峰. 政治共识与和谐社会[J]. 上海师范大学学报(哲学社会科学版), 2008, 37(1): 36-42.
[43]颜学勇, 周美多. 基于共识的治理: 后现代情境下政策共识的可能性及其限度[J]. 电子科技大学学报(社会科学版), 2011, 13(4): 19-25.
[44]张康之, 张乾友. 论共同行动中的共识与默契[J]. 天津社会科学, 2011(5): 58-67.
[45]张康之, 张乾友. 论共同行动的基础[J]. 南京农业大学学报(社会科学版), 2011, 11(2): 79-87.
[46]章国锋. 哈贝马斯访谈录[J]. 外国文学评论, 2000(1): 27-32.
[47]张廷国, 马金杰. 规范的重建和反思——从哈贝马斯到霍内特[J]. 求是学刊, 2008, 35(2): 30-34.
[48]张曙光. 走向“公共性”的文化价值秩序[J]. 中国人民大学学报, 2007, 21(6): 15-17.
[49]张华夏. 论价值主体与价值冲突[J]. 中山大学学报: 社会科学版, 1998(3): 2-9.
[50]赵汀阳. 论道德金规则的最佳可能方案[J]. 中国社会科学, 2005(3): 70-79.
[51]郑广永. 社会共识与建设社会主义和谐社会[J]. 党政干部学刊, 2010(1): 10-13.
[52]周显信. 政治共识: 一种政治社会学的分析视角[J]. 马克思主义与现实. 2012(3): 187-192.
[53]金鑫, 林永亮. 共同推动世界多极化深入发展[N]. 人民日报, 2019-02-15.
[54]辛向阳, 王珊珊. 共享发展: 内涵、机制和途径[N]. 北京日报,

2016-09-13.
[55]任理轩. 坚持共享发展——"五大发展理念"解读之五[N]. 人民日报, 2015-12-24.
[56]宫瑜. 交往理性与道德共识[D]. 长春: 吉林大学, 2011.
[57]谷生然. 社会信仰论[D]. 武汉: 华中科技大学, 2009.
[58]胡红声. 社会心态论[D]. 武汉: 武汉大学, 2004.
[59]栗志刚. 民族认同论[D]. 武汉: 华中科技大学, 2011.
[60]邵南征. 社会道德论[D]. 武汉: 华中科技大学, 2011.
[61]杨玲. 文化交往论[D]. 武汉: 华中科技大学, 2010.
[62]张冉. 文化自觉论[D]. 武汉: 华中科技大学, 2010.
[63]郑文先. 社会理解论[D]. 武汉: 武汉大学, 1998.

3. 外文参考文献

[1]Albert Weale. Democratic Justice and the Social Contract[M]. New York: Oxford University Press, 2013.
[2]Amy Gutmann and Dennis Thompson: Why Deliberative Democracy? [M]. Princeton: Princeton University Press, 2004.
[3]Arnold W. Green. Sociology: An Analysis of Life in Modern Society [M]. New York: McGraw-Hill Book Co., 1960.
[4] Bellamy, Richard. Liberalism and Pluralism: Towards a Politics of Compromise [M]. London: Routedge, 1999.
[5] Cohen, Joshua. Deliberation and Democratic Legitimacy [M]// Alan Hamlin, Philip Pettit. The Good Polity. Oxford: Basil Blackwell, 1989.
[6]Galston, William A. Liberal Pluralism: The Implications of Value Pluralism for Political Theory and Practice[M]. Cambridge: Cambridge University Press, 2002.
[7]Jeremy Weber, Colin M. MacLeod. Between Consenting People Political Community and Themeaning of Consent[M]. Vancouver: UBC Press, 2010.

[8]J. O. Hertzler. American Social Institutions：A Sociological Analysis [M]. Boston：Allyn and Bacon (Boston), 1961.

[9]Margalit, Avishai. On Compromise and Rotten Compromises[M]. Princeton：Princeton University Press, 2009.

[10]Michael Walzer. Thick and Thin[M]. South Bend：Notre Dame Press, 1994.

[11]Moffe, Chantal. Democracy, Power and the Political[M]. Democracy and Difference：Contesting the Boundaries of the Political. Princeton：Princeton University Press, 1996.

[12]Nicholas Rescher. Pluralism：Against the Demand for Consensus [M]. Oxford：Clarendon Press, 1993.

[13]Paul Weithman, Why Political Liberalism? On John Rawls's Political Turn[M]. New York：Oxford University Press, 2013.

[14]Ralf Dahrendorf. Essays in the Theory of Society[M]. Stanford, Calif.：Stanford University Press, 1968.

[15]R. Geuss. The Idea of a Critical Theory [M]. Cambridge：Cambridge University Press, 1981.

[16]Shawn W. Rosenberg. The Not So Common Sense：Differences in How People Judge Social and Political Life[M]. Yale：Yale University Press, 2002.

[17]Albert Weale. Democratic Justice and the Social Contract[M]. New York：Oxford University Press, 2013.

[18]Adam Przeworski. Consensus, Conflict, and Compromise in Western Thought on Representative Government[J]. Procedia Social and Behavioral Sciences, 2010(2)：7042-7055.

[19]A. John Simmons. Justification and Legitimacy[J]. Ethics, 1999(109)：739-771.

[20]A Moore. Deliberative Voting：Clarifying Consent in a Consensus Process[J].

Journal of Political Philosophy, 2014(3): 1-18.

[21]Bernard Manin. On Legitimacy and Political Deliberation [J]. Political Theory, 1987 (15): 338-368.

[22]Black, D. On the Rationale of Group Decision-Making [J]. Journal of Political Economy, 1948, 56(1): 23-34.

[23]Caulkins D, Hyatt SB. Using Consensus Analysis to Measure Cultural Diversity in Organizations and Social Movements[J]. Field Methods, 1999, 11(1): 5-26.

[24]Cohen, Andrew Jason. What Toleration is [J]. Ethics, 2004(115): 68-95.

[25]David M. Ryfe. Does Deliberative Democracy Work? [J]. Annual Review of Political Science, 2005(8): 49-71.

[26]David S. Owen, Deliberative democracy: On James Bohman's Public Deliberation: Pluralism, Complexity and Democracy [J]. Philosophy Social Criticism, 2001(5): 117-124.

[27]Dressler W W. Measuring Cultural Consonance: Examples with Special Reference to Measurement Theory in Anthropology [J]. Field Methods. 2005, 17(4): 331-355.

[28]Eun-Yeong Na, John Duckitt. Value Consensus and Diversity between Generations and Genders [J]. Social Indicators Research, 2003, 62-63 (1): 411-435.

[29]Furlow C A. Comparing Indicators of Knowledge within and between Cultural Domains[J]. Field Methods. 2003, 15(1): 51-62.

[30]Gilbert, Margaret. Modelling Collective Belief [J]. Synthese, 1987, 73 (1): 185-204.

[31]Herbert McClosky. Consensus and Ideology in American Politics [J]. The American Political Science Review, 1964, 58(2): 361-382.

[32]Henrik Friberg-Fernros, Johan Karlsson Schaffer. The Consensus Paradox:

Does Deliberative Agreement Impede Rational Discourse? [J]. Political Studies, 2014(62): 99-116.

[33]Hruschka D J, Maupin J N. Competence, Agreement, and Luck: Testing Whether Some People Agree More with a Cultural Truth than Do Others[J]. Field Methods, 2013, 25(2): 107-123.

[34]Iris Marion Young. Activist Challenges to Deliberative Democracy [J]. Political Theory, 2001, 29(5): 670-690.

[35]Irving Louis Horowitz. Consensus, Conflict and Cooperation: A Sociological Inventory[J]. Social Forces, 1962, 41 (2). 177-188.

[36]Jeffrie G. Murphy. Hume and Kant on the Social Contract[J]. Philosophical Studies, 1978, 33(1): 65-79.

[37]Jaskyte, William W. Dressler. Studying Culture as an Integral Aggregate Variable: Organizational Culture and Innovation in a Group Nonprofit Organizations[J]. Field Methods, 2004(16): 265-284.

[38]James Bohman. Public Reason and Cultural Pluralism: Political Liberalism and the Problem of Moral Conflict[J]. Political Theory, 1995, 23(2): 253-279.

[39]James Bohman. The Coming of Age of Deliberative Democracy[J]. Journal of Political Philosophy, 1998, 6(4): 400-425.

[40]Jane Mansbridge, et al. The Place of Self-interest and the Role of Power in Deliberative Democracy [J]. Journal of Political Philosophy, 2010, 18 (1): 64-100.

[41]John S. Dryzek, Simon Niemeyer. Reconciling Pluralism and Consensus as Political Ideals[J]. American Journal of Political Science, 2006, 50(3): 634-649.

[42]John Thrasher. The Fragility of Consensus: Public Reason, Diversity and Stability[J]. European journal of philosophy, 2015, 23(4): 933-954.

[43]Jurgen Habermas. Reconciliation Through the Public Use of Reason:

Remarks on John Rawls's Political Liberalism[J]. The Journal of Philosophy, 1995, 92(3): 109-131.

[44] Krisch N. Who is Afraid of Radical Pluralism? Legal Order and Political Stability in the Postnational Space[J]. Ratio Juris, 2011, 24(4): 386-412.

[45] Linda C. Garro. Remembering What One Knows and the Construction of the Past: A Comparison of Cultural Consensus Theory and Cultural Schema Theory[J]. Ethos, 2000, 28(3): 275-319.

[46] List, Christian. Two Conceptions of Agreement [J]. The Good Society 2002, 11(1): 72-79.

[47] Mansbridge, J., Bohman, J. et al. The Place of Self-Interest and the Role of Power in Deliberative Democarcy[J]. Journal of Political Philosophy, 2010, 18(1): 64-100.

[48] Mark Button, Kevin Mattson. Deliberative Democracy in Practice: Challenges and Prospects for Civic Deliberation[J]. Polity, 1999, 31(4): 609-637.

[49] Markell, P. Contesting Consensus: Rereading Habermas on the Public Sphere[J]. Constellations, 1997, 3(3): 377-400.

[50] Philip Gleason. Identifying Identity: A Semantic History[J]. The Journal of American History, 1983, 69 (4): 910-931.

[51] Reyes-García V, Byron E, Vadez V, Godoy R, Apaza L, Limache EP, et al. Measuring Culture as Shared Knowledge: Do Data Collection Formats Matter? Cultural Knowledge of Plant Uses Among Tsimane' Amerindians, Bolivia[J]. Field Methods, 2004, 16(2): 135-156.

[52] Robert Goodin. Political Ideals and Political Practice [J]. British Journal of Political Science, 1995 (25): 37-56.

[53] Richard Bellamy, Martin Hollis. Consensus, Neutrality and Compromise [J]. Critical Review of International Social and Political Philosophy, 1998, 3 (1): 54-78.

[54] Richard L. Priem, David A. Harrison, Nan Kanoff Muir. Stuctured Conflict and Consensus Outcomes in Group Decision Making [J]. Journal of Management, 1995, 21(4): 691-710.

[55] Romney A K, Batchelder W H, Weller S C. Recent Applications of Cultural Consensus Theory [J]. American Behavioral Scientist. 1987, 31 (2): 163-177.

[56] Romney, A. Kimball, Susan C. Weller, William H. Batchelder. Culture as Consensus: A Theory of Culture and Informant Accuracy [J]. American Anthropologist, 1986(88): 313-338.

[57] Shalom H. Schwartz, Galit Sagie. Value Consensus and Importance: A Cross-National Study [J]. Journal of Cross-Cultural Psychology, 2000 (31): 465-497.

[58] Tomas McCathy. Kantian Constructivism and Reconstructivism: Rawls and Habermas in Dialogue [J]. Ethics, 1994, 105 (1): 44-63.

[59] Thomas Payne. The Role of Consensus [J]. The Western Political Quarterly, 1965, 18(3): 21-23.

[60] Valerio Nitrato Izzo. Beyond Consensus: Law, Disagreement and Democracy [J]. Int J Semiot Law, 2012(25): 563-575.

[61] Webster C M, Iannucci A L, Romney A K. Consensus Analysis for the Measurement and Validation of Personality Traits [J]. Field Methods, 2002, 14(1): 46-64.

[62] Weller S C. Cultural Consensus Theory: Applications and Frequently Asked Questions [J]. Field Methods, 2007, 19(4): 339-368.

[63] Weller S C, Baer R. Measuring Within- and Between-Group Agreement: Identifying the Proportion of Shared and Unique Beliefs Across Samples [J]. Field Methods, 2002, 14(1): 6-25.